행복@로컬

정석의 하동 · 목포 · 전주 · 강릉 한달살이 이야기

행복@로컬

발 행 일 2024년 2월 28일
1판 2쇄 2024년 5월 6일

지은이 정 석
펴낸이 서영주
총편집 김동주
편집제작 솜씨디자인

펴낸곳 레벤북스
출판등록 2019년 9월 18일 제2019-000033호
주소   서울 강북구 오현로7길 20 (미아동)
취급처 레벤북스보급소 **전화** 02 944 8300
팩스   02 986 1365   **통신판매** 02 945 2972

이메일 bookclub@paolo.net
       www.paolo.kr

디자인 솜씨디자인

ISBN 979-11-969116-6-9

이 책의 판권은 지은이에게 있으며 이 책 내용의 전부 또는
일부를 재사용하려면 지은이의 서면 동의를 받아야 합니다.

© 정 석. 2024

정석의 하동·목포·전주·강릉 한달살이 이야기

행복@로컬

정 석 지음

+

당신은 어디에서 행복한가요?
행복은 장소와 연결되어 있습니다.

수도권이 아닌 비수도권에서,
대도시가 아닌 중소도시에서,
신도시가 아닌 구도심에서,
도시가 아닌 농산어촌 시골에서,
'로컬'에서 더 행복할 수 있습니다.

당신을 '로컬'로 초대합니다.
+

머리말

로컬에서 행복했던 나의 1년

"세계는 한 권의 책이다. 여행하지 않은 자는 그 책의 단지 한 쪽만 읽었을 뿐이다."

- 아우구스티누스

    2018년 2학기 〈마을 만들기 스튜디오〉 수업에서 아주 흥미로운 사실을 발견했다. 이 수업의 주제는 우리 대학 교정의 건물 내외부 공간을 지혜롭게 고쳐 보는 '캠퍼스 리디자인'이었는데, 한 팀 학생들이 재미있는 조사 결과를 발표했다. 서울시립대학교 캠퍼스의 30여 개 건물과 여러 장소들을 학생들이 얼마나 알고 또 이용했는지를 알기 위해 '캠퍼스 이용 현황'을 조사했더니 평균 20%에 불과하다는 결과였다.

    대학생들에게 학교는 집보다 더 중요한 삶터일 것이다. 학교에서 어쩌면 가장 많은 시간을 보낼지 모른다. 그런데 학교 캠퍼스의 공간 가운데 20% 정도만 사용하고 있다면 좀 아깝지 않은가? 나머지 80%의 공간의 대부분도 학생 누구나 자유롭게 이용 가능한 곳일 텐데, 한번 가 보지도 않고 이용하지 않은 채 대학을 졸업한다.

마을과 도시도 다르지 않다. 당신이 살고 있는 마을을 얼마나 사용하고 있는가? 당신의 도시는 또 얼마나 적극적으로 이용하고 있는가? 내 소유의 '개인 공간'만 내 것인 것처럼 생각하기 쉽지만 그렇지 않다. 구성원들이 함께 쓰는 '공유 공간'도, 시민 모두를 위해 만들어 놓은 다양한 '공공 공간'도 실은 다 내 것이다. 집에서 조금만 걸어가면 도서관도 있고, 공원도 있고, 문화예술을 향유할 공간들이 있는데도 모르거나 관심이 없어서 전혀 이용하지 않는다면, 나에게 주어진 선물들을 열어 보지도 않고 쌓아 두고 있는 것이나 다를 바 없다.

국토 공간은 어떠한가? 금수강산 대한민국 국토를 당신은 얼마나 많이, 요긴하게, 풍성하게 쓰고 있는가? '구글 지도'에 나의 위치 정보 제공을 허락하면 '타임라인'에 내가 다녀온 곳들이 자세히 기록된다. 어제 다녀온 곳들과 이번 달 오간 곳들은 물론이고 몇 년 전의 내 행적까지 나의 공간 이용 현황을 자세히 볼 수 있다. 국내는 물론이고 해외여행을 다녀온 기록까지 모두 확인할 수 있다.

내가 태어나서 자란 곳, 공부하러 유학을 간 곳, 군 생활을 했던 곳, 직장 생활을 했던 곳들이 지금까지 내가 사용한 국토 공간일 것이다. 여기에 더해 여행했던 곳 또는 업무나 다른 이유로 잠시 방문했던 곳까지가 내가 지금까지 살고 머물고 오간 국토의 전부일 것이다. 학생들의 캠퍼스 이용 현황처럼 당신의 국토 이용 현황을 수치로 표시하면 몇 퍼센트 정도나 될까? 한번 계산해 보기 바란다.

"아! 몰려다니지 말고, 구장을 넓게 써야 해요!"

꽤 오래 전 국가대표 축구 경기 때 해설자가 종종 외쳤던 말이다. 공이 있는 곳으로 선수들이 우르르 몰려다닌다면 좋은 경기를 할 수 없다. 공격수는 빈 공간으로 침투해야 하고 공격수가 받기 좋게끔 달려가는 쪽의 빈 공간으로 패스해야 슈팅 기회를 얻게 된다. 축구공을 따라 우르르 몰려다니는 게 수준 낮은 축구라면, 구장을 넓게 쓰면서 빈 공간을 활용하는 축구가 수준 높은 축구다.

과거에 비하면 대한민국 국가대표 축구 수준은 아주 현격히 올라갔다. 세계 무대에서 활약하는 훌륭한 선수들의 인력풀도 풍부하고 기량도 좋아졌으며 무엇보다 전술과 팀플레이 또한 확연히 달라졌다. 축구는 이만큼 진화했는데 대한민국 국민들의 국토 공간 이용은 점점 더 악화되고 있다. 가장 큰 문제는 인구의 급격한 감소이고, 더욱 심각한 것은 인구의 쏠림 현상이다.

줄어드는 인구로 국토 전반이 위기인데, 수도권으로의 인구 쏠림 현상은 지속되고 더욱 강화되고 있어 문제가 더욱 위중하다. 국토 면적의 11.8%에 불과한 수도권의 인구는 2019년을 기점으로 전체 인구의 절반을 넘겼다.

대한민국의 인구가 급격히 줄고 있는데도 수도권 인구는 계속 늘고, 비수도권의 중소 도시 원도심과 농산어촌 시골은 인구를 빼앗겨 소멸을 눈앞에 두고 있다. 대한민국 인구 위기는 악순환의 덫에 빠져 있는 형국이다. 0.7%까지 떨어진 출생률은 인류 역사에서 전례가 없는 일 아닌가. 출생률이 상대적으로 높은 비수도권에서 극심한 경쟁으로 출생률이 낮을 수밖에 없는 수도권으로 젊은 층의 인구가 옮겨 가면 갈수록 출생률은 더욱 낮아질 것이다.

축구 경기야 몇 게임 잃어도 그만이지만 대한민국 국토의 인구 쏠림 현상은 국가의 지속 가능성을 위협하는 가장 큰 요인이니 해법을 찾아야 한다. 지금 풀지 못한다면 대한민국의 미래는 암울하다. 악순환의 고리를 끊어야 희망이 있다. 수도권으로의 인구 쏠림을 막아야 한다. 수도권에서 비수도권으로, 방방곡곡 로컬로의 자발적 인구 이동만이 대한민국의 희망이다. 어떻게 해야 할까?

이 책은 이런 절박함에서 비롯되었다. 1981년 대학에 입학해서 지금까지 40년이 넘게 도시를 공부해 온 사람으로서 마을과 도시, 지역과 국토까지 줄줄이 엮여 있는 이 문제를 오래 고민해 왔다.

2019년에 펴낸 책 「천천히 재생」에서 '행복하지 않은 선진국 대한민국'의 근본 원인을 나는 '성장거점개발론'으로 일관해 온 개발 시대에 이미 배태되었던 '성장통'과 '개발병'으로 진단했고, 이를 치유하기 위한 해법으로 '무심한 잉여와 절절한 결핍의 연결'을 통한 '재생전략'을 제시했다.

지금 잉여와 결핍의 연결이 가장 절절히 요구되는 게 '국토와 인구의 연결'이다. 넓고 깊고 저마다 매력이 넘치는 대한민국 로컬로 사람들이 찾아오는 꿈을 꾸었고, 그것이 가능할지 1년 동안 실험해 보았다. 마침 2021년에 수업이 없는 1년간의 '연구년' 기회를 얻어 기뻤다. 설레는 마음으로 한 해 동안 대한민국 구석구석 로컬을 다녔다.

연구년 연구 주제는 '로컬에서 더 행복한 사람들'이었다. 서울과 수도권이 아닌 비수도권 지역에서, 대도시가 아닌 중소 도시에서, 신도시가 아닌 원도심에서, 도시가 아닌 농산어촌 시골에서 더 행복하게 일하며 사는 사람들을 찾아가 만나고 그들의 행복한 삶을 영상으로 기록해 더 많은 사람들에게 공유하는 것이었다.

하동, 목포, 전주, 강릉 네 곳에서는 한달살이를 했다. 그해 3월 첫 기착지 하동에 가서 보름을 보냈고, 7월에 다시 와서 마저 한 달을 채웠다. 8월에는 목포에서, 10월에는 전주에서 한 달 살기를 했고, 2022년 1월에는 마지막으로 강릉에서 한 달을 살았다. 로컬에서 한 달을 살아 보며 많은 걸 배우고 느꼈다. 대한민국의 희망도 발견했다.

이 책에는 로컬에서 한 달을 살며 내가 발견하고 느낀 행복 이야기가 담겨 있다. '로컬에서의 행복'이란 뜻을 담아 책의 제목을 「행복@로컬」로 정했다. 로컬은 행복의 땅, 기회의 땅이다. 수도권에서, 대도시에서, 신도시에서, 도시에서 살고 있는 분들에게 이 책을 권한다. 지금 살고 있는 곳에서 100% 행복하지 않다면, 더 행복한 대안이 있음을 잊지 마시라. 한 번에 찾지 못해도 두드리듯, 맛보듯, 로컬에 와 보길 청한다. 나의 로컬 한달살이를 통해 로컬에서의 행복한 삶을 조금 더 풍부하게 맛보려면 유튜브 채널 〈도시의 정석〉에 연구년 한 해 동안 내가 올린 170개 영상도 시청해 보길 권해 드린다.

나처럼 한달살이가 가능하다면 한 곳에서 한 달을 살아 보고, 또 다른 곳에서도 한 달씩 살아 보시라. 여의치 않으면 일주일도 좋고 보름도 좋다. 바쁘게 목적지를 오가는 보통의 여행 말고 천천히 한 곳에 머무는 '체류형 로컬 여행'이 좋다. 지역에 머물며, 지역에 스며들고, 그 지역 사람이 되어 보는 것은 아주 놀라운 경험이다. 대한민국의 로컬이 얼마나 넓고 깊고 맛깔나는지 알게 될 것이다. 행복한 삶은 장소와 연결되어 있고, 행복에 이르는 길은 외통수가 아니라 아주 다양한 길들이 있음을 발견하게 될 것이다. 세계를 한 권의 책으로 비유했던 아우구스티누스의 명언은 대한민국 국토에도 똑같이 적용될 수 있을 것이다. 세계라는 책도, 국토라는 책도 한 쪽만 읽지는 말자.

"대한민국은 한 권의 책이다. 로컬을 여행하지 않은 자는 그 책의 단지 한 쪽만 읽었을 뿐이다."

2024년 2월

정석

* 이 책을 출간하기 전에 네이버 프리미엄 콘텐츠 채널 <두근두근 도시의 정석>에 한달살이 이야기를 연재했고, 여기에는 이 책에 실린 사진들을 포함해 많은 사진과 영상이 올려져 있다. 본문 제목 아래 '큐알(QR) 코드'를 스캔하면 해당 글과 영상을 볼 수 있음을 알려 드린다.

차례

로컬에서 행복했던 나의 1년 _ 머리말

1. 하동 한달살이 – 고요해졌다. 세상도, 나도

19_ 섬진강 은모래밭을 맨발로 걷다 | 24_ 고맙습니다, 매우 감사합니다 | 34_ 면장에서 협동조합 대표로 변신한 사람 | 46_ '고하버거'를 만든 여섯 청년들 | 58_ 시골에서 행복하게 일하는 청년 PD | 66_ 순이, 경이, 석이의 하동 여행 | 77_ 통계학 전공 청년이 '지리산농부마을'을 만든 이유 | 86_ 주막, 양조장, 펍에 와이너리까지 있는 시골이라면? | 98_ 하동 차를 새롭게 만나는 자리, '베름빡'과 '산몬당' | 107_ 작은 것들 잇고 엮어 '마을 호텔'을 만든 사람들 | 119_ 하동에서 하동했다. 더욱더 하동하려면?

2. 목포 한달살이 – 세상에 이렇게 재미있는 곳이 있다니…

132_ '괜찮아마을'과 '건맥'이 목포로 나를 불렀다 | 140_ 낯선 도시와 친해지는 비법 'BBW' | 150_ 목포에 와서 더 행복한 두 남자 이야기 | 160_ 힐링했다, 섬마을인생학교에서! | 172_ 서산동 보리마당과 다순구미 조금새끼 | 182_ 음악과 함께한 목포 낭만 여행 | 191_ 목포에서 떠나는 섬 여행 – 압해도, 암태도, 자은도 | 201_ '임자', 몰라봐서 '무안'합니다 | 209_ 목포 '한달살이'에서 목포 '환갑잔치'로!

3. 전주 한달살이 – 마음이 따뜻해진다. 여기 있기만 해도

224_ 사장님 댁을 통째로 빌리다 | 231_ 고향사람 환영해 준 동네잔치 음악회 | 239_ 어린이도 어른도 화요일엔 책모임 | 248_ 책의 도시 전주에서 도서관 순례를 | 261_ 우주피스를 꿈꾸는 서학동 예술마을 | 273_ 가족과 지인을 전주로 초대하기 | 281_ 팔복예술공장과 전주 인수인계 | 286_ 전북 BRT+전북시민=전북민국 | 296_ 전북 청년들에게 '정치'를 권하다 | 304_ 환영도 송별도 음악회, 역시 예향 전주!

4. 강릉 한달살이 – 오! 역시 강릉이다. 살아 보니 알겠다

314_ 강릉에 왔다. 일만 했다. 그래도 좋았다 | 326_ 명주상회에서 한달살이 선배를 만나다 | 331_ 강릉의 심장이 다시 뛰게 | 340_ 강릉시장과 지역 언론을 만나다 | 354_ '강릉다움'이 무너지지 않게 하려면? | 361_ 전국에서 주민 회의를 가장 잘하는 마을 | 373_ 미싱타는 여자들과 성장거점개발론 | 382_ 등대도 마을도 함께 살리고, 동네 가게와 로컬도 살리고! | 392_ 강릉에서 만난 친구들 | 400_ 강릉 청년들을 연결하다

로컬에서 찾은 대한민국 치유의 길 _맺음말

| 415_ 하나, 행복한 로컬을 만드는 '5대 영양소'
| 419_ 둘, '메가시티'보다 '소도시 연합'으로!
| 424_ 셋, '일백탈수'로 '지역민국'을!

부록 | 430_ 나의 연구년 로컬 체류 및 방문 일지

1. 하동 한달살이

고요해졌다. 세상도, 나도

화개 정금차밭에서 인생 샷을 찍었다. ⓒ오동수

섬진강 은모래밭을 맨발로 걷다

"석이 형, 형이랑 누나랑 하동에 한번 오세요. 아주 기가 막힌 경험이 될 거예요." 대학 시절 교사연합회 활동을 함께했던 후배 오동수 실장의 전화를 받고 우리 부부가 하동에 갔던 게 2020년 9월 26일 토요일 오후였다. 한 달에 한 번 보름달이 뜨는 토요일 저녁마다 하동군 악양면 평사리공원 오토캠핑장에 가까운 섬진강 백사장에서 열리는 '섬진강 달마중' 행사에 초대를 받아서였다. 행사를 기획하고 진행하는 주체는 하동 주민들이 만든 '하동주민공정여행 놀루와협동조합'이었고, 전국의 축제를 누비며 전문 진행자 'MC 도널드'로 명성을 얻었던 오동수 후배가 하동에 정착해 '놀루와'에서 실장으로 일하며 하동 사람으로 변신하던 무렵이었다. 아이들이 어렸을 때 여름휴가차 온 가족이 하동에 온 뒤로 꽤 오랜만의 여행이었다.

해가 저 멀리 섬진강과 지리산 중간쯤으로 서서히 질 무렵 행사장에 도착했다. 진행 스태프들이 참가자들에게 행사 키트를 나눠 주었다. 키트 안에는 달 모양의 작은 등과 등불, 종이배와 작은 양초, 블루투스 스피커와 박순현 시인의 「그녀는 불통 중」이라는 시집이 들어 있었다. 또한 모래밭에 앉거나 누울 수 있게 널찍한 깔개도 준비되어 있었다.

오랜만에 맨발로 모래밭을 걸었다.

섬진강의 너른 은모래밭 한가운데 커다란 달 모양의 둥근 등이 있는 곳이 무대로 보여 그 앞 가까이에 자리를 잡았다. 해가 저야 본 행사가 시작될 모양이었다. MC 도널드는 참가자들에게 등불을 켜고 맨발로 모래밭을 걸어 보라고 권했다. 우리도 각각 등불을 하나씩 손에 들고 맨발로 모래밭을 걸었다. '아! 이게 얼마만일까? 이렇게 맨발로 모래밭을 걸어 본 게. 그것도 더없이 아름다운 섬진강 은모래밭에서!'

아내는 맨발로 걸으며 사뿐사뿐 춤을 췄다. 아내가 즐거워하니 내 마음도 기쁨으로 가득 차올랐다. 키트에 담겨 있던 작은 종이배에 소원을 적고 양초에 불을 붙여 종이배 위에 올린 뒤 강물에 띄웠다. 저녁노을 아래 윤슬이 반짝거리는 섬진강에서 작은 종이배들이 흘러가는 모습이 무척 아름다웠다. 해가 산 너머로 지고 어둠이 내릴 무렵, 커다란 달 모양의 등에 불이 켜졌고 '섬진강 달마중' 프로그램이 시작되었다. 해금 연주와 시 낭송 등 멋진 공연이 한 시간쯤 이어졌고, 어둠이 짙어 갈 무렵 MC 도널드는 참가자들에게 이렇게 말했다. "여러분, 이제 그 자리에 그대로 누워 보세요. 그리고 무엇이 보이는지 살펴보세요."

섬진강 은모래밭에 누우니 동쪽 하늘에 둥실 떠오르는 보름달이 보였다. 그리고 별들이 보였다. 앉아 있을 때와 달리 누워 있으니 마음이 한결 더 편안해졌다. 강에서 불어오는 바람이 몸을 스치고 지나갈 무렵 귀에 익은 피아노 연주곡이 들려왔다. 베토벤의 '월광 소나타'였다. 고등학교 때부터 참 좋아했던 곡, 특히 비오는 날 창밖에 내리는 비를 바라보며 듣곤 했던 최애 음악을 여기 섬진강변에서 듣게 되다니! 절묘한 앙상블이었다. '월광 소나타'를 온몸으로 감상하던 15분이 참으로 달콤했다. 그리고 특별했다. 음악을 듣고 보름달과 별을 바라보며 옆에 있던 아내에게 조용히 속삭였다. "여보, 하동 참 좋다. 지리산에 섬진강에 남해 바다까지 다 가진 정말 멋진 곳이야. 내년 연구년에는 여기 하동에 와서 한 달쯤 살고 싶어." 아내도 맞장구를 쳐 주었다. 행사가 다 끝난 후 달 모양의 등 앞에서 사진을 찍었다. 행사 키트와 깔개를 반납하러 갈 때도 아내는 등불을 들고 맨발로 모래밭을 걸으며 덩실덩실 춤을 추었다.

달마중 행사 뒤에는 입석마을 형제봉 주막에서 막걸리를 마셨고, 이튿날 아침엔 구재봉에 올라 악양 평사리 들판의 아름다운 풍경을 내려다보았다. 감동이 밀려왔다. 오동수 실장은 우리 부부를 화개 정금차밭으로 데려가 인생 사진을 찍어 주었다. 굽이쳐 흐르듯 아름다운 곡선으로 이어지는 차밭을 바라보며 차를 내려 마시고, 사랑하는 사람과 오래 간직할 사진을 찍는 순간 행복이 가득 차오르는 느낌이 들었다. '고매감'이란 이름의 멋진 식당에서 점심 식사를 하면서 하동 사람들도 여럿 만나 인사를 나눴다. 오후에는 하동읍 송림공원 소나무 숲길도 걷고 붉게 물든 꽃무릇 군락 앞에서도 멋진 사진을 찍었다.

2021년 나의 '로컬에서 한 달 살기'의 첫 무대가 되었던 하동 한 달살이는 이렇게 시작되었다. 보름달이 뜨는 가을의 어느 주말 저녁 섬진강변 은모래밭에서 열린 '섬진강 달마중' 행사에 참가하면서, 그리고 1박 2일이라는 짧은 시간 동안 하동의 속살을 만나면서 그곳의 치명적인 매력에 여지없이 무너져 내렸다. 하동의 매력에, 아니 로컬의 마력에 깊이 빠지게 된 순간이었다.

달마중 행사 뒤 달모양 등 앞에서 사진을 찍는다.

ⓒ오동수

고맙습니다, 매우 감사합니다

2021년은 내게 잊지 못할 한 해로 기억될 것이다. 생애 처음 1년 기간의 연구년(안식년) 기회를 얻어 늘상 해 오던 일들을 내려놓고 평소와 다른 방식으로 살았던 색다른 한 해였다. 학교마다 조금씩 차이가 있겠지만, 대학 교수들은 대개 6년에 한 번씩 1년간의 연구년 기회를 얻고, 3년에 한 번씩 반년간의 연구년 기회를 갖는다. 2021년 나의 연구년은 당초 반년이었으나, 2019년과 2020년 2년 동안 대학 교무처장으로 열심히 일한 공로를 인정받아 총장 특별 권한으로 1년간의 연구년 기회를 받았다. 특별하고 감사한 선물이었다. 보직교수로 일하면서 스트레스도 많았고 피로도 쌓인 터라 2021년 연구년은 60세를 맞는 나의 '해방구'였다.

로컬의 한달살이 이야기를 하면 가장 먼저 묻는 게 숙소다. 어디에서 한 달을 살았는지, 비용은 얼마나 들었는지가 가장 궁금한 모양이다. 하동에서 나는 아주 좋은 사람을 만난 덕에 좋은 집에서 비용 들이지 않고 거저 살았다. 아주 큰 복이었다.

처음 하동에 갔을 때는 하동 와이너리 카페에서 며칠을 묵었다. 그리고 얼마 뒤 악양면 정서리 주암마을 서훈기 대표 집으로 숙소를 옮겨 내내 그곳에서 지냈다. 15년 전 40대 중반에 고향으로 돌아온 서훈기 대표는 부모님의 농장을 물려받아 농사도 짓고, 아주 멋진 농가 레스토랑 '지리산대박터 고매감'을 운영하고 있다. 고등학교에 다니는 자녀들과 아내는 진주에 살고, 레스토랑 가까이 있는 부모님이 사시던 집에서 서 대표 혼자 살고 있었는데 빈방 하나를 숙소로 내주어 한 달을 여기서 편안하게 지냈다.

서훈기 대표의 호는 '삼봉'이다. 라면을 끓이면 세 봉지가 기본이어서 호가 삼봉이다. 191센티미터 큰 키에 훈남인데 마음씨 따뜻하고 흠잡을 데 없이 좋은 사람이다. 서 대표 집에서 그와 거의 매일 함께 지낸 하동 한달살이가 더할 나위 없이 행복했다. 좋은 곳에서 좋은 사람들과 함께 지냈으니 어쩌면 당연한 일일지도 모른다. "교수님, 일어나셨습니까?" 새벽까지 유튜브 영상 작업을 하고 늦잠을 자고 있으면 서 대표가 조용히 부른다. 서 대표는 아주 부지런한 사람이다. 이른 새벽에 일어나 산에 다녀오는 걸로 하루를 시작한다. 악양면 평사리 들판을 에워싸고 있는 형제봉이나 구재봉에 오르기도 하고 주말에는 멀리 지리산 노고단에 다녀오기도 한다. 산에 다녀온 뒤에는 레스토랑 청소를 하고 음식 재료들을 준비한다. 주방을 책임지는 서 대표 누나와 아내가 출근할 때쯤 서 대표는 집에 와서 씻고 숨을 돌린 뒤 말쑥하게 차려입고 레스토랑으로 향한다.

정금차밭 포토 존에서 서훈기 대표와 함께. ⓒ서훈기

3월 말 하동에 왔을 때 마침 벚꽃이 절정이었다. "교수님, 벚꽃 구경 가실래요?" 어느 날 아침 서 대표는 트럭 앞자리에 나를 태우고 벚꽃 구경을 원 없이 시켜 주었다. 섬진강을 따라 이어지는 19번 국도변 벚꽃도 좋았지만, 화개 계곡 좌우의 길가에 펼쳐진 벚꽃이 특히 일품이었다. 지리산을 향해 올라가는 화개 계곡 왼쪽 길은 〈한국의 아름다운 길 100선〉에 선정된 '화개 십리벚꽃길'로 우리나라에서 손꼽히는 명소다. 화개 벚꽃길 구경을 마치고 내친김에 서 대표는 구례군 문척면 오산에 있는 '사성암'까지 안내해 주었다. 백제 성왕 22년(544)에 연기조사가 지은 암자로 원효, 도선, 진각, 의상 네 분 고승이 수도한 곳이어서 '사성암'이라 불린다. 사성암에 오르니 굽이쳐 흐르는 섬진강과 화개에서 만나는 경상남도 하동과 전라남도 구례 두 지역이 한눈에 들어왔다. 2020년 8월 폭우로 구례와 하동 일대가 큰 수해를 겪었을 때 많은 동물들이 목숨을 잃었는데, 수많은 소들이 500고지인 이곳까지 올라와 목숨을 부지했다는 이야기와 사진을 보니 사성암은 예나 지금이나 영험한 곳임을 새삼 깨달았다. "교수님, 이곳에서 무엇이든 간절히 빌면 다 이루어진답니다." 서 대표 말을 듣고 잠시 생각하다가 간절한 소원을 빌었다. 대한민국의 평화와 남북의 통일을.

어느 날은 회남재를 넘어 지리산 청학동과 삼성궁을 안내해 주었다. 소설 「토지」의 무대이기도 한 악양면 평사리 들판은 하늘에서 내려다보면 삼각형이다. 동정호와 부부송이 있는 아래쪽 너른 들은 섬진강과 만나고, 평사리 남동쪽의 구재봉과 북서쪽의 형제봉 산자락이 들판을 에워싸고 있는데, 이 두 산줄기가 삼각형 꼭짓점에서 만나는 곳이 회남재이고 그 너머가 지리산 청학동이다. 청학

삼성궁 건국전 앞 멧돌탑

동 안쪽에 자리한 삼성궁은 처음 가 봤는데 아주 놀라웠다. 우리나라를 세운 국조 환인, 환웅, 단군을 기리는 곳이어서 '삼성궁'인데, 한풀선사 강민주 선생이 1984년부터 혼자 돌을 쌓아 만든 거대한 도시처럼 보였다. 이른 봄이어서 진달래꽃이 여기저기 피어나고 매화꽃도 볼 수 있었다. 연못에는 알에서 깨어난 올챙이들이 꼬물꼬물 헤엄치며 생명의 기운을 자랑하고 있었다. 국조 세 분을 모신 건국전에 '홍익인간 이화세계(弘益人間 理化世界)'라는 글씨가 보인다. "널리 세상과 사람을 이롭게 하고, 이치로서 세상을 다스린다."는 조상들의 크고 바른 뜻이 잘 담겨 있다. 조상께 부끄럽지 않게 살자고 다짐했다.

그날 오후에는 남해 바다까지 다녀왔다. 회남재를 넘어갈 때와 다르게 돌아올 때는 청암면 묵계리 쪽으로 나왔다. 벚꽃 터널을 지나며 하늘하늘 내리는 묵계리 꽃비를 한참 구경했다. 하동은 지리산과 섬진강 그리고 남해 바다까지 다 가진 부자 지역이다. 크고 아름다운 산에 맑고 깨끗한 강까지, 거기에 풍요로운 남해 바다까지 모두 품었으니 아주 큰 복을 받은 곳이다. 땅이 좋으니 사람들도 좋을 수밖에. 중간에 오동수 실장까지 합류하여 남해대교를 건너 횟집에서 점심 식사를 한 뒤, 남해군 미조면 몽돌해변에서 바닷바람을 쐰 다음 유명한 남해 독일마을에 들러 맥주도 한잔하고 돌아왔다. 꽉 찬 하루였다.

서훈기 대표 덕분에 하동에서 행복했다. 서 대표는 연구년 주제로 내가 찾던 '로컬에서 더 행복한 사람' 제1호 인물이다. 하동군 악양면 정서리 주암마을에서 태어나 자랐고, 대학 졸업 후에는 잠시 주방장으로 일한 적도 있고 제약 회사 영업 사원으로 3년간 일했다. 그 뒤 수도권으로 삶터를 옮겨 농산물 유통 분야에서 15년간 일했고, 귀촌 직전에는 '과수원집 아들'이란 농산물 판매 회사를 창업하기도 했다. 아버지의 갑작스러운 별세와 건강이 안 좋으신 어머니를 뵈며 고민 끝에 2009년 1월에 고향으로 돌아왔다. 44세 한창 나이에 그동안의 도시 생활을 정리하고 귀향하기까지에는 "어차피 내려갈 거라면 한 살이라도 젊을 때 가자."는 아내의 조언이 큰 영향을 미쳤다고 한다. 서 대표 부모님은 임야 1만 5천 평에 고사리, 매실, 대봉감 농사를 지으셨다. 귀향 후 어머니를 도와 농사일을 하면서 새로운 기획을 시작했다. 농산물 유통 분야에서 오래 일한 덕분에 수확한 작물을 큰 어려움 없이 판매할 수 있었지만, 농산물의 가치를 더욱 끌어올리는 방법을 고민한 끝에 '친환경 유기농'이 답이라는 걸 깨달았다. 그래서 하동군 농업기술센터의 농업 교육에 열심히 참여해 3년 만에 유기농산물 인증을 받아 냈다.

서 대표는 공부에도 욕심이 많은 사람이다. 경상국립대학교 최고경영자과정을 수료했고, 경영대학원에 진학해 2년 반 동안 공부

지리산대박터 고매감 레스토랑 ⓒ서훈기

하여 MBA 과정도 마쳤다. 대학원 졸업 후에는 농생명과학대학 최고농업경영자과정 농촌관광과에 입학해 공부했다. 페이스북 등 소셜 미디어 활동에도 열심이고 '하동군 SNS 기자단' 1기 기자로도 활동하고 있다. 귀농한 지 10년째 됐을 때 그는 아주 혁신적인 계획을 세우고 실행에 옮겼다. '농사를 지어 내다 팔기'에 머물지 않고 '손님을 농장으로 불러들이기'라는 발상의 전환을 모색하여 '농가 레스토랑' 운영 쪽으로 결론을 냈다. 마침 음식 솜씨 좋은 누님이 가까이 계셔서 설득했고, 아내의 허락까지 받아 2018년 농업회사법인 '지리산내츄럴팜주식회사'를 설립한 뒤 농가 레스토랑 '지리산 대박터 고매감'을 오픈했다.

'고매감'은 고사리, 매실, 대봉감의 한 글자씩 따서 붙인 말이기도 하고, "고맙습니다, 매우 감사합니다."의 머리글자를 모은 말이기도 하다. 특허청에 상표등록까지 마쳐 이제 '고매감'은 서 대표의 별칭이 되었다. '고매감'에서 여러 번 식사를 했는데 하동군 최고 수준의 식당이 아닐까 싶다. 신선한 재료로 만드는 음식의 맛도 좋지만, 깨끗하고 우아한 인테리어와 빈틈없는 서비스까지 단연 최고라 자랑하고 싶다. 서 대표의 식당 운영 철학이 독특하다. 첫째는 위생과 청결이고, 둘째가 편안한 공간이며, 셋째로 음식의 맛을 꼽는다. 좋은 서비스는 건강한 몸과 마음에서 나온다며 농사짓고 식당을 운영하는 틈틈이 짬을 내어 마라톤, 걷기, 산행, 사진 출사, 자전거 타기 등 취미 생활도 열심이다.

2023년 하동군 귀농·귀촌 우수사례 수기 공모전이 열렸는데 참가할지 말지 고민이라는 페이스북 글을 읽고 꼭 참가하라고 권했다. 나의 조언 때문이었는지 서 대표는 '지금 알고 있는 것을 그때 알았더라면?'이란 제목의 글로 공모전에 참가해 최우수상을 받았다. 큰 상을 받았으니 다음에 만나면 술을 사라고 해야겠다. 그가 올린 글을 찬찬히 읽어 봤다. 2009년 고향으로 돌아와 열심히 살아온 그의 15년 이야기가 압축되어 있다. 로컬에서 행복하게 살고 있는 사람, 서훈기 대표의 삶이 그대로 녹아 있는 마지막 구절을 옮긴다.

서훈기 대표가 예쁘게 찍어 준 우리 부부 ⓒ서훈기

"농부는 땅을 보고 살지만, 가끔은 하늘도 보고, 들녘도 보고, 벗도 만나고, 책도 읽고, 글도 쓰며 때론 일이 아닌 운동으로 온몸이 젖도록 운동도 하고, 주민들과 허심탄회하게 술도 한잔하며 살아가는 것이 시골살이 행복의 바로미터 아니겠는가? '바쁜 놈이 일한다.'라는 옛말처럼 앞으로도 몸은 바쁘지만 아름답고 품격 있는 전문 농업인으로 살아갈 것이다. 고맙습니다, 매우 감사합니다."

면장에서 협동조합 대표로 변신한 사람

2021년 하동 한달살이를 할 때 하동과 나를 연결해 준 사람이 있다. 조문환 대표다. 나도 아내도 전혀 연고가 없던 곳 하동. 겨우 한두 번 스치듯 지나간 게 다였으니 나는 하동을 알지 못하는 낯선 이방인이었는데 짧은 한 달 동안 하동 지역과 하동 사람들과 나를 촘촘하게 엮이도록 안내해 준 사람이 조 대표다. 여기저기 데려가서 하동 공부를 하게 해 주었고, 이방인이나 여행객은 만나기 어려운 귀한 사람들과 연결해 주었다. 고마운 사람이다.

조문환 대표는 '하동주민공정여행 놀루와협동조합'을 만든 사람이다. '놀루와' 대표가 되기 전까지 그는 하동군 공무원이었다. 그는 2017년 6월 악양면장의 임기를 마치고 28년 공무원 생활을 마감했다. 정년까지 7년이나 남았는데 스스로 사표를 내고 주민여행사를 창업했다. 특이한 사람 아닌가. 공무원 생활을 일찍 마감한 데

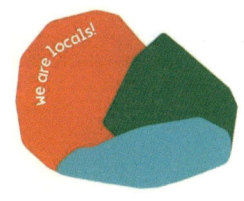

놀루와 협동조합의 로고
ⓒ놀루와

엔 가족들의 지지도 한몫했다. 하동군 공무원인 아내와 음악을 전공한 두 아들이 모두 남편이자 아빠의 결심을 존중하고 지지해 주었다. 비교적 안정적인 공무원 자리를 스스로 일찍 접고 전혀 다른 삶을 살게 된 이유는 무엇일까? 추측하건대 공무원으로 살아오면서 몇 번의 계기가 있었던 것 같다. 농촌관광대학에 등록해 주말마다 수원까지 통학하며 '농촌 관광'을 공부하면서 새로운 비전을 발견했을 것이고, 하동과 농촌의 어려움을 알리는 '하동편지'를 매주 써서 농촌관광대학에서 알게 된 지인과 벗들에게 보냈던 것도 변신의 징검다리가 되었을 것이다.

2012년 겨울부터 1년 동안 아내와 함께 매주 토요일마다 섬진강을 따라 걸은 것도 그의 결심에 힘을 주었을 것이다. 하동에 살면서 섬진강을 무척 좋아했는데, 어느 날 "네가 나를 좋아한다는데 한 번이라도 섬진강 전체를 걸어 봤어?" 하는 목소리를 듣고 "그래. 한번 걸어 보자." 하고 결심했단다. 섬진강 발원지부터 시작해서 매주 섬진강을 따라 걸었고, 때론 금요일 저녁에 미리 와서 마을 회관에서 자고 일찍 일어나 새벽 강을 걸었다고 한다. 강을 걸으며 만나게 되는 섬진강 사람들과 교류하며 새로운 것들을 보고 듣고 묻고 나누었을 것이다.

섬진강을 따라 걷던 때의 조문환 대표 ⓒ조문환

    2017년 퇴직 뒤 그는 곧바로 이탈리아로 날아갔다. 괴테가 200여 년 전 일상에서 탈출해 이탈리아를 주유했던 것처럼, 그도 석 달 동안 괴테의 여행길을 따라 걸으며 그동안 일에 치여 만나지 못했던 자신과 만나고 앞으로의 삶을 가늠해 보았을 것이다. 그때의 경험을 담아 2018년 8월에 「괴테를 따라 이탈리아 로마 인문 기행」이란 제목의 책을 냈다. 시골 공무원 조문환은 재능이 많은 사람이다. 공무원이면서 시인이고 작가였으며 사진에도 조예가 깊다. 책도 여러 권 출간했다. 2011년부터 매주 지인들에게 보냈던 편지를 묶어 이듬해 「시골 공무원 조문환의 하동편지」를 출간했고, 섬진강을 따라 걸으며 생각하고 느꼈던 것들을 묶어 2013년에는 섬진강 에세이 「네 모습 속에서 나를 본다」를 펴냈고, 2015년에는 사진 에세이 「평사리 일기」를 출간했다. 2016년의 시집 「바람의 지문」까지 네

권의 책을 퇴직 전에 출간했다. 퇴직 뒤에도 앞서 언급한 「괴테를 따라 이탈리아 로마 인문 기행」과 사진 시집 「반나절의 드로잉」을 2018년에 출간했고, 2020년에 출간했던 「나는 마을로 출근한다」에는 나의 짧은 추천사도 실려 있다. 2022년에 펴낸 시집 「시위를 당기다」에는 지금 우리가 겪고 있는 국토 불균형과 지방 소멸의 문제를 아프게 꼬집는 아래와 같은 절창들이 실려 있다.

> 상행선은 늘 붐비고
> 하행선은 늘 한산하다
> 서울은 상행선 끝에 있다
> '천국 가는 길' 전문

> 대한민국에는 서울과 안 서울이 있다
> …중략…
> 서울에는 사람이 살고
> 안 서울에는 '그 밖의 지방 사람'이 산다
> 대한민국은 서울만 대한민국이다
> '서울과 안주 서울' 부분 발췌

퇴직 1년 뒤인 2018년 8월 조문환은 '하동주민공정여행 놀루와 협동조합'을 만들었다. '주민공정여행'이란 수식어가 말해 주듯

'놀루와'는 주민이 만든 주민을 위한 주민의 여행사다. 여행자보다 주민을 위한 여행업을 하자는 취지였고, 여행객 유치보다 주민의 지속 가능한 삶을 더 중시한다. 하동의 다채로운 자연과 풍요로운 인문학적 자산들을 활용해 여행, 문화 기획, 교육, 지역 활성화 비즈니스 모델을 개발하기 위해 만든 야심 찬 협동조합이다.

2018년 출범한 '하동주민공정여행 놀루와협동조합'은 짧은 기간에 눈부신 성취를 거둔다. '섬진강 달마중'은 한국관광공사 야간관광 100선에 선정되었다. 게다가 소설「토지」의 배경인 평사리 들판 6킬로미터를 천천히 걸으며 차도 즐기고 버스킹도 감상하는 '평사리 들판 슬로 워크', 농한기인 1월 볏짚으로 만든 축구공으로 평사리 들판에서 축구하는 '논두렁 축구 대회'까지 하동 악양면 평사리의 멋진 자원을 기막히게 활용한 대박 상품들 아닌가? 그뿐 아니다. 차에 익숙하지 않은 MZ 세대들이 하동의 차 문화를 자연스럽게 받아들이고 즐기게 했던 '하동 차마실'과 '다담인다실', 그리고 차밭의 숙박 공간에 머물며 차 문화를 즐기는 '다숙茶宿'까지 참신한 프로그램들이 아주 많다. 2021년 5월에는 악양면 입석마을의 비어 있던 창고를 되살린 '마을 미술관 선돌'이 문을 열었고, 악양면 대촌마을에 있던 빈 창고도 '대촌 광장'이라는 이름으로 최근 되살아나 주민과 여행객의 소통 공간으로 활용되고 있다.

하동의 옛 이름인 '한다사'를 본뜬 '한다사 자서전 쓰기 학교'도 감동이다. 하동에서 한달살이를 하던 2021년 4월, '제3회 한다사 자서전 쓰기 학교' 졸업식에 참석했다. 어르신 열 분이 각각 자서전을 내고 졸업과 동시에 작가가 되는 모습을 바라보며 가슴 뭉클했던 기억이 난다. 저마다의 우여곡절이 담긴 어르신들의 자서전에서는 특히 가슴 먹먹하게 하는 시들이 뇌리에 남는다.

'하동주민공정여행 놀루와협동조합'은 2021년 한국 관광의 별 특별상을 받았다. 경사요 또 경사다. 나의 하동 한달살이를 마음먹게 해 준 섬진강 달마중 행사를 비롯해 하동의 멋진 콘텐츠를 살린 여러 프로그램들이 이제 대한민국을 대표하는 주민여행사의 놀라운 역량과 빛나는 업적으로 공인받은 것이니 어찌 축하하지 않을 수 있을까? 조문환 대표를 비롯해 놀루와의 젊은 PD들, 조합원들, 협력사 '다포' 대표들, 놀루와를 뜨겁게 사랑하고 응원하는 모든 이들과 함께 축하할 경사다. 만세! 놀루와 만세!

조문환 대표와 함께했던 하동 공부 여행도 오래 잊지 못할 소중한 추억으로 남아 있다. 가장 기억에 남는 건 섬진강 발원지인 '데미샘'을 함께 찾아갔던 여행이다. 하동에 와서 한달살이를 막 시작하던 2021년 3월 31일 아침, 조 대표 차를 타고 하동을 출발해 진안군 백운면 팔공산 자락의 섬진강 발원지 데미샘을 찾아갔다. 섬진강은 대단한 강이니 강의 발원지도 아주 웅장한 산이거나 거대한

폭포에서 시작되지 않을까 생각했는데, 발원지 데미샘은 산 허리춤의 아주 작은 샘이었다. 조 대표가 처음 데미샘을 찾아왔을 때도 충격이었고, 충격은 곧 일깨움이었다고 한다. 큰 것만 좋아하는 세태에 젖은 자신을 망치로 때려 정신 차리게 해 준 고마운 충격이었다고 했다. 진안 데미샘에서 발원한 섬진강은 약 212킬로미터, 600리를 흐른다. 진안, 임실, 순창, 남원, 곡성, 구례, 하동, 광양만을 거쳐 노량 바다를 지나 마침내 남해와 만난다.

조 대표와 둘이 섬진강 발원지를 찾아가는 길에 그가 아내와 함께 1년간 섬진강을 걸었던 이야기를 들었다. 강을 따라 걸으며 섬진강을 끼고 사는 사람들 사이의 동질감을 발견했다고 한다. 진안군 석전마을 경로당에서 점심을 얻어먹은 적이 있는데 어른들에게서 섬진강을 닮은 사람들의 모습을, 아니 어쩌면 섬진강의 모습을 봤다고 했다. 경로당에서 무밥, 무김치, 무국으로 음식 대접을 받은 뒤 밥값을 드리려 하니 어르신들이 등 떠밀며 "사람이 그러는 것 아녀."라고 했단다. 그 말을 들으며 강처럼 베푸는 사람들을 보았다고 했다. 강을 끼고 사는 사람들, 강을 닮은 사람들은 그곳이 전라도든 경상도든 다르지 않다는 걸 느꼈다고 했다.

섬진강을 따라 걸은 1년간의 이야기를 사진과 글로 엮어 출간한 책이 「네 모습 속에서 나를 본다」였다. 제목처럼 조 대표는 일상에서 늘 보아 오던 거울 속 겉모습이 아닌 자신의 내면을 섬진강에서 보았다고 했다. 강에서 나의 내면을 보듯, 다른 사람을 통해 자기 모습을 보았다고 했다. 맞는 말이다. 내 앞에 있는 상대방 얼굴이 편안하다면 내가 그에게 좋은 영향을 준 것일 수도 있고, 그에게서 좋은 영향을 내가 받은 것일 수도 있다.

 섬진강 발원지인 데미샘의 물맛이 아주 좋았다. 내친김에 데미샘 위에 있는 해발 1,100미터 높이의 '천상데미'까지 걸어 올라갔다. 정상에 오르니 장수 읍내가 보이고 진안도 보였다. 금강의 발원지인 '뜬봉샘'도 가까이 있다고 했다. 섬진강 발원지를 처음 보면서 깨달은 게 있다. 크지 않은 작은 샘에서 크고 웅장한 것이 시작된다. 처음부터 큰 것만 찾지 말고 작고 귀중한 것들의 가치를 새롭게 봐야 한다. 데미샘을 만난 게 마치 엄마를 만난 느낌이었다. 졸졸 흐르는 물소리가 편안했다. 내가 죽지 않고 살아갈 기운을 받은 느낌이었다. 데미샘을 보고 진안 읍내에서 점심을 먹은 뒤 차를 타고 옥정호와 섬진강댐을 거쳐 하동으로 돌아왔다. 섬진강의 끝인 남해까지 가 보지 못했는데도 꼬박 하루가 걸렸다. 섬진강댐을 보는 마음이 무거웠다. 한 해 전 섬진강댐 방류로 구례와 하동이 겪었던 엄청난 수해로 얼마나 많은 사람들이 가슴을 치며 피눈물을 흘렸을지 생각하니 가슴이 아렸다.

 며칠 뒤 조문환 대표는 나를 광양 옥룡사 동백나무 숲에 안내해 주었다. 옥룡사는 통일신라 시대였던 864년 도선국사가 창건했고 35년간 수행했던 곳이다. 옥룡사의 건물과 시설물들은 모두 사라져 지금은 빈터인데, 100년 이상 자란 울창한 동백나무 1만 그루가 숲을 이루고 있었다. 절터 한가운데 둘이 앉아 이런저런 얘길 나누었다. 조 대표는 7년 전 국악인 김새아가 여기서 불렀던 '상주 모심기' 노래를 얘기했고, 8년 전 이곳에서 썼던 시 '밤에 쓴 편지'를 직접 낭송해 주었다. 남해를 둘이 다녀왔던 하루 여행도 기억난다. 하동과 남해는 노량 바다를 사이에 두고 아주 가깝다. 하동도 크지만 남해도 아주 크고 너른 땅이다. '다랭이마을'과 '독일마을' 등이 명소로 알려져 많은 사람들이 찾아오는 남해를 전문가의 안내로 구석구석 돌아보니 새로운 느낌이었다.

마을 호텔을 준비하는 매계 마을에 가서 횡천댁과 강훈채 이장을 만났던 날도 생각난다. 마을의 빈집을 고치고 살리고 엮어 마을 호텔을 만드는 일은 말처럼 쉽지 않다. 하동군 악양면 가장 깊은 안쪽에 있는 매계마을이 마을 호텔을 준비하고 있다는 이야기를 여러 번 들었지만 반신반의했다. 쉽지 않은 일임을 잘 알기에 그랬다.

마을 호텔 매계 오픈 ⓒ놀루와

그런데 조 대표와 함께 매계마을을 둘러보고, 마을 회관에 전시된 지난 이야기들을 보고 듣고 생각해 보니 납득이 되었다. 강 이장 같은 열정적인 리더와 놀루와 같은 든든한 협력 기관이 손을 맞잡는 다면 안 될 일도 없을 것이다. 오랜 준비 끝에 '마을 호텔 매계'는 2023년 5월 문을 열고 손님을 맞기 시작했다.

조문환 대표는 내가 하동에서 한달살이를 하는 동안, 그리고 하동에 머무는 동안 아주 귀한 분들을 소개해 주었다. 진주문고 여태훈 대표 댁에 함께 찾아가 차를 마시며 대화를 나누던 기억도 새롭다. 그때 받아 온 차는 지금도 특별한 때에 내려 마신다. 차의 맛은 사람을 닮은 것 같다. 여 대표가 만든 차는 특별한 맛이 있다. 그래서 특별한 순간에 그 차를 마시게 된다.

하동군 적량면 삼화실에 '한국조형예술원 지리산아트팜 캠퍼스'가 있다는 것도 전혀 몰랐다. 조 대표의 안내로 가서 직접 보고, 놀라운 이 일을 시작해 이끌어 가고 있는 김성수 학장을 소개 해준 덕에 비로소 알게 되었다. 그 인연 때문이었는지 둘째 아들 정도운 작가가 2023년 '지리산국제환경예술제'에 참가해 전시회를 할 수 있었다.

정영록 교수와의 만남도 조 대표의 중매 덕이다. 하동에 있을 때

조 대표는 여러 번 정 교수 이야기를 했다. 서울대 교수로서 지방 소멸 위기를 막아야 한다는 열정이 강하고 스스로 구례군에 집을 마련해 서울에 이틀, 지방에 닷새를 사는 '2도 5촌'을 실천하는 분이라며 두 사람이 꼭 만나면 좋겠다는 얘길 여러 번 했다. 조 대표의 꿈이 이루어져 2021년 11월 2일, 창원에 일정이 있어 일부러 하동에 들러 두 밤을 자던 때 정영록 교수를 처음 만났다.

낯선 지역에서 한 달을 사는 것은 쉽지 않은 일이다. 나의 하동

정영록 교수(오른쪽 끝)와 놀루와 식구들과 함께 ⓒ오동수

한달살이도 그랬을 것이다. 좋은 사람들과의 인연으로 하동과 연이 닿았고, 하동에 가서 한 달을 지낼 때도 그 연을 이어 준 사람 덕에 외롭지 않고 풍성했다. 조문환 대표가 연결고리 역할을 해 주고 친절하게 안내해 준 덕이다. 감사드린다. 면장에서 협동조합 대표

로 변신한 사람 조문환. 그는 혁신가다. 혁신은 변신에서 시작된다. 늘 하던 대로 하고 가던 길로 갈 때 혁신은 멀다. 공무원을 그만두고 주민 품 안으로 뛰어든 사람. 지난 6년간 그는 어쩌면 이전보다 더 공무원답게 살고 있는지도 모른다. 그의 변신에서 시작된 하동의 혁신이 어디까지 이어질지 지켜보자. 응원하며. 대한민국 지역의 미래가 달린 일이니까.

진주문고 여태훈 대표 댁에서. ⓒ조문환

'고하버거'를 만든 여섯 청년들

하동 한달살이를 시작한 지 일주일쯤 지난 2021년 4월 2일 금요일, '놀루와' 양지영 PD가 운전하는 차를 타고 '고하버거'를 만든 청년들을 만나러 갔다. 서울, 부산, 대구, 안동, 태안 등 전국 여러 지역의 청년 여섯 명이 1년 전 하동군 고전면 고하리 주성마을로 내려와 수제 햄버거 가게와 카페 그리고 스테이까지 창업했다는 소식을 듣고 무척 궁금했다. 악양면 축지리의 초등학교 폐교 건물 2층에 있는 놀루와 사무실을 출발해 30분 정도 걸려서 고하리에 도착했다.

고하리는 '하동읍성'이 있던 곳이다. 하동읍성은 조선 태종 17년(1417)에 양경산 안쪽 골짜기를 감싸는 형태로 석축을 쌓아 만든 1400미터 길이의 포곡식 산성이다. 골짜기 중앙에 자리했던 하동현청과 민가를 보호하기 위한 읍성이었으나, 숙종 29년(1703)에 하동현청이 지금의 하동읍 자리로 옮겨 간 뒤로 중심지 역할도 넘겨

좌로부터 고수연, 김경호, 안효진, 정선영, 김준영, 최준호, 정상희 ⓒ고하버거

주고 말았다. 이순신 장군이 누명을 쓰고 의금부에서 고초를 겪다 석방되어 서울에서 경기, 충청, 전북, 전남, 경남을 거쳐 진주까지 백의종군의 길을 가던 도중에 이곳에서 이틀을 머무셨다고 하니 역사적 의미가 깊은 장소다. 읍성을 잠시 돌아봤다. 지형을 따라 오르내리는 성벽을 따라 걸었다. 성루는 없고 성벽과 성문의 옹성이 부분적으로 복원되어 있었다. 성을 쌓아 지키려 했던 현청 건물은 남아 있지 않고, 민가 몇 채만이 성안의 삶을 이어 오고 있었다.

예전에는 읍성 앞으로 흐르는 주교천에 배가 들어와 물류 이동이 쉬웠다고 한다. 주교천 가까이 '배다리공원'이 조성되어 있고, 배가 들어오는 곳이라는 뜻의 '배드리 장터'가 열리던 자리에는 '고전배드리장터문화관'이 세워져 있는데, 이 건물 2층에는 하동 고전면 출신의 형제 문인인 '정공채·정두수 기념관'이 자리하고 있다.

형 정공채(1934~2008)는 1957년에 현대문학에 등단한 뒤 여러 권의 시집과 전혜린 평전을 출간한 유명한 시인이고, 아우 정두수(1937~2016)는 3500여 곡의 대중가요를 만든 작사가로 유명하다. 나훈아의 '물레방아 도는데'의 가사 중에서 '돌담길'과 '징검다리', '물레방아'는 모두 이곳 배드리가 배경이었다고 한다. 이미자의 '흑산도 아가씨', 남진의 '가슴 아프게', 문주란의 '공항의 이별', 은방울자매의 '마포종점' 등 히트곡이 아주 많다. "정두수 작사, 박춘석 작곡, OOO가 부릅니다. OOOO."처럼 예전에는 사회자가 가수를 소개할 때 꼭 작사가와 작곡가도 함께 소개하곤 했는데, 어릴 때 들었던 작사가 정두수라는 이름이 지금도 생생하게 기억에 남아 있다.

전국 여러 곳에서 저마다 자신의 사업을 해 오던 청년 여섯 명이 왜 하동에, 그것도 고전면 고하리에 와서 창업했을까 많이 궁금했는데 하동읍성과 배다리공원, 고전배드리장터문화관과 두 형제 시인의 기념관을 둘러보면서 조금은 이해가 되었다. 단순한 시골이 아닌 역사와 문화의 깊은 향이 배어 있는 멋진 곳을 찾아 웅지를 펼쳤다는 느낌이 왔다. 하동군 고전면 고하리 하동읍성로 571번지에 있던 100평 규모의 옛 미곡 창고 건물을 리모델링해서 '고하버거' 가게를 열었고, 왼쪽 일부 공간은 카페로 쓰고 있었다.

여섯 청년들 가운데 홍보와 대외 업무를 담당하는 김경호 씨와 인터뷰를 했다. 처음 보는 수제 버거는 요즘 말로 비주얼이 짱이었다. 햄버거를 별로 좋아하지 않는데도 군침이 돌았다. 창업한 지 겨우 반년이 지났는데 매장에 손님들이 아주 많았다. 나와 함께 갔던 놀루와의 양지영 PD와 주말마다 칠곡에서 하동으로 건너와 일손을 거드는 김경호 씨 여자 친구 이슬기 씨도 함께 자리했다.

우선 여섯 청년들이 어떤 사람들인지 궁금했다. 홍보 담당 김경호 씨는 대구에서 게스트 하우스와 시티투어버스 사업을 했고, 고하버거의 홀과 홍보를 담당하고 있다. 가장 연장자인 정선영 씨는 부산에서 게스트 하우스를 운영하다 합류했고, 고하버거의 홀 담당이다. 유일하게 커플인 최준호·안효진 부부가 있는데, 전주 사람 최준호는 서울에서 인테리어 일을 하던 아내 안효진과 만나 결혼한 뒤 태안에서 게스트 하우스와 수제 버거 가게를 3년간 운영했고 디자인 감각이 뛰어나 건물 리모델링을 주도했다. 서울에 살던 정상희 씨는 안동에서 게스트 하우스를 운영하다 하동에 왔고, 고하버거 주방을 맡고 있다. 가장 젊은 김준영 씨는 대구에서 외식업을 오래 했고, 코로나 직전 남미 여행 중에 김경호 씨를 만나 함께하게 되었는데, 고하버거의 주방장을 맡고 있다.

2020년 10월 고하버거와 카페, 스테이가 문을 열었을 때는 한 사람이 더 있어서 모두 일곱 청년이었다. 서울에서 커피와 제빵 관련 일을 했던 고수연 씨가 함께 와서 카페를 맡았는데, 그해 말 서울에 새로운 일자리가 생겨 올라갔고, 하동에서 어린이집 보육 교사로 일하던 정세영 씨가 합류해 빈자리를 메우고 있었다.

대구에서, 부산에서, 안동에서, 서울에서, 태안에서 저마다 제 일을 하던 청년들이 하동으로 모여 한집에 살면서 함께 창업까지 하게 된 동기는 무엇일까? 가장 알고 싶었던 질문에 김경호 씨는 이렇게 답했다.

"코로나 직전이던 2019년 12월 남미 여행을 갔습니다. 2020년 2월까지 두 달여 남미 여행을 하다가 김준영 씨를 만났지요. 귀국했을 때는 코로나가 아주 심각한 상황이었고, 대구에 계시는 부모님이 절대 대구에 오지 말라고 하셔서 돌아갈 수도 없었습니다. 코로나 직격탄을 맞은 사람들, 특히 게스트 하우스와 여행업을 하던 지인들과 답답한 마음을 전화로 나눴지요. 게스트 하우스 전국연합회에서 오래 알아 온 분들과 이 위기를 어떻게 극복해야 할지 대화도 나눴습니다. 태안에서 게스트 하우스와 수제 버거 가게를 하던 최준호 형님 부부가 새로운 삶터로 하동을 생각하고 계신다고 해서 함께 하동에 다녀왔고, 부산의 정선영 형님과도 마음이 맞았지요. 그렇게 일곱 명이 모이게 되었고 앞으로 지속 가능한 삶이 무엇일지 함께 고민한 끝에 답을 찾았습니다. '각자도생은 답이 아니니 함께하자. 1인 가구 시대를 극복해 보자. 같이 살아 보자. 원래 살던 곳이 아닌 새로운 곳에서 시작하자. 함께 살고, 함께 일하며, 함께 노력해서 번 돈도 함께 나누자.'는 결론에 도달했습니다."

여섯 청년들은 한집에 살고 있었다. 고하버거에서 아주 가까웠다. 1층에 방 셋, 2층에 방이 둘인 단독주택에서 공동생활을 하고 있었다. 이렇게 한집에 살면서 '고하버거', '카페고하', '스테이고하 RE' 세 곳의 일터에서 함께 일한다. 투자도 함께했고, 세 곳에서 벌어들이는 수익은 균등하게 나눈다. 김경호 씨가 외부에서 받은 강연료도 수익에 넣어 고르게 나눈다고 했다. '경제 공동체'라고 해야 할지, '공산주의적 삶'이라고 해야 할지…. 아주 놀라운 발상을 실천에 옮기고 있는 야무진 청년들이다. 그게 어떻게 가능하냐고 물으니 신뢰 없이는 불가능한 일이어서 그저 서로 믿고 제각각 맡은 일들을 열심히 할 뿐이라고 답한다. 그렇게 저마다 잘하는 일들을 열심히 해서 전체적으로 좋은 결실을 거둘 수 있고, 그것을 공정하게 나눈다면 서로에게도 좋은 일이 될 것이다. 대단한 청년들이다.

'장고도' 실험이 떠올랐다. 충청남도 보령시 오천면의 섬 장고도에서는 젊은 어촌계장의 주도로 '공동 작업, 공동 분배'의 경제 공동체 실험을 계속하고 있다. 공동 작업장에서 한 사람이 70킬로그램을 캐든 20킬로그램을 캐든 모두 모은 뒤 공평하게 분배한다. 일부러 게으름 피우는 사람도 없다. 힘 좋은 젊은이는 많이 캐고 노인들은 조금 적게 캔다. 젊은이들도 언젠가는 늙는다는 것을 잘 알기에 불만이 없다. 처음 이런 제도를 시작했을 때는 당연히 젊은 사람들의 반발이 있었다. 그래서 2년 동안 각자 캐는 만큼 개인 소득으로 가져가는 실험을 했는데 '공동 작업, 공동 분배' 때의 70%밖에 캐지 못했다고 한다. 공동체의 소속감이 줄고 저마다의 사정을 핑계로 작업에 빠지는 날이 많아서였다. 결국 다시 '공동 생산, 공동 분배' 방식으로 돌아왔고, 2019년 가구당 1300만 원의 '기본 소득'을 배당할 수 있었다.

하동에서 새로운 창업을 결심한 청년들은 살 집과 일터를 찾았다. 2020년 봄, 다른 동네의 집을 보러 가던 길에 고하리를 지나가다가 환상적으로 아름다운 이곳 풍경을 보고 마음에 두게 되었다고 한다. 내가 고하리를 찾을 때도 딱 그랬다. 길가에 벚꽃이 흐드러지게 피어 바람에 날렸고 저 너머에는 냇물 위로 작은 다리가 있어, 일본 애니메이션에 나올 법한 풍경이었다.

고하리에서 창업의 최적 공간을 발견한 게 2020년 4월이었다. 버거 가게와 카페를 열기에 안성맞춤인 큼직한 규모의 미곡 창고 건물을 발견하고 소유주 어르신께 요청해 아주 좋은 가격으로 10년 임대 계약을 맺고 리모델링을 했다. 지붕 같은 어려운 공사는 전문

옛 미곡 창고 건물을 리모델링한 고하버거 가게

고하버거 내부 모습 ⓒ이종원

가에게 맡겼지만 나머지는 청년들이 직접 디자인과 시공을 맡았다. 상호 '고하버거'는 영어로 'Go HA BURGER & BBQ'라고 표기한다. "고하리에 있는 버거"라는 뜻도 있고 "하동으로 가자"는 뜻도 담겨 있다.

한 달 뒤에는 함께 생활할 이층집도 매입했고, 집 가까이에 비어 있던 오래된 주택도 빌려서 스테이로 쓸 수 있도록 준비했다. 30평 대지에 건평 19평인 스테이에 방은 둘이고 최대 다섯 명까지 묵을 수 있다. 오래된 옛집에서만 볼 수 있는 창문과 가구의 정취는 살리고 젊은 층의 감각에 맞춰 화장실 등 편의 시설은 불편 없이 쾌적하게 고쳤다. 마을 뒤에 대나무 숲이 있는 것을 감안했는지 스테이의 문과 담은 모두 대나무로 장식했다. '스테이고하RE'의 'RE'는 마을을 뜻하기도 하고 "재활용, 재생, replace"를 뜻하는 영어 접두사 're'의 뜻도 담겨 있다. 친환경, 제로 웨이스트zero waste를 지향하는 아주 참한 스테이다.

그렇게 준비를 마친 뒤 2020년 10월 5일 '고하버거', '카페고하', '스테이고하RE' 세 곳이 문을 열었다. 고하버거와 카페고하는 화요일과 수요일 이틀을 쉰다. 문을 여는 날은 오전 11시 반부터 오후 6시까지 손님을 맞는다. 왜 이틀을 쉬는지 물으니, 시골에 와서 창업하고 열심히 일하는 궁극적 목적은 돈을 버는 것이 아니라 행복하게 사는 데 있다고 답한다. 햐! 맞는 말이다.

그때가 오픈한 지 반년쯤 지날 무렵이었는데 월요일을 뺀 나머지 요일엔 줄을 서야 할 만큼 손님들이 많았다고 한다. 오픈하고 얼마 지나지 않아 방송에 소개되면서 손님이 더 많이 늘었단다. 인터뷰를 마치며 청년들의 꿈을 물었더니 '자주협동조합'을 세워 마을 만들기를 하고 싶다고 했다. 아무 연고도 없는 청년들을 따뜻하게 품어 준 고마운 마을이니 자기들의 비즈니스만이 아니라 마을을 위해 많은 일들을 하고 싶다고 했다. 쉬는 날 청년들은 아침 일찍 일어나 마을 청소를 한다. 쓰레기봉투를 하나씩 들고 집게로 담배꽁초와 플라스틱 병과 캔 등을 깨끗이 치운다. 청년들 꿈대로 '하동 자주협동조합'이 나중에 만들어졌고, 2021년 7월에는 '경남형 DMO(지역관광추진조직) 육성사업'에 선정되었다.

마을 주민들도 청년들을 끔찍이 아끼고 돌봐 준다. 불과 40여 명이 살던 마을에, 게다가 대부분 어르신들만 살던 작은 마을에 여섯 명의 청년들이 함께 왔으니 얼마나 반갑고 복된 일일까. 조용하던 곳에 전국적으로 손님들이 찾아오니 마을의 활력도 높아졌고 유명세도 타게 되어 어르신들도 이런 변화를 좋아하신다고 했다. 카페고 하도 아주 멋진 공간으로 되살렸다. 지붕을 투명한 유리창으로 바꾼 덕에 밝은 자연 채광이 인상적이었다. 한쪽 벽에는 2층 구조를 만들어 계단과 2층에, 또 포켓 모양의 작은 방까지 다양한 형태의 좌석을 마련해 두었다.

인터뷰했던 그때가 2021년 봄이었으니 어느새 3년 가까운 시간이 흘렀다. 신문과 방송, 유튜브 등을 검색해 보니 고하버거는 여전히 하동의 명소로 사랑받고 있는 것 같았다. 하동 고하버거는 본점이 되었고, 진주 갤러리아백화점에 '고하버거 진주점'이 생겼다는 기사도 발견했다. 쭉쭉 나아가고 있는 것 같아 다행이다. 더욱더 성장하고 오래오래 지속하라고 응원한다.

김경호 씨와는 그 뒤로도 계속 연락을 하고 가끔 만나기도 해서 소식을 잘 알고 있다. 2021년 말 김경호 씨는 하동 고하버거를 떠나 여자 친구 슬기 씨가 있는 칠곡으로 갔고, 2021년 11월 26일 대구의 성당에서 혼인을 했다. 나와 인터뷰할 때 하동읍성에서 결혼식을 열고 고하리에서 마을잔치를 하고 싶다고 했던 기억이 난다. 결혼식은 대구에서 했지만 사진은 하동읍성에서 찍었다고 한다. 하동을 떠난다는 얘길 들었을 때 굳이 이유를 묻진 않았는데 며칠 전 통화할 일이 있어 얘길 나누다 물었더니 그 무렵 슬기 씨가 많이 아팠고, 하동과 칠곡을 오갈 일이 많아져서 일주일의 절반쯤 칠곡에 머물다가 동료들에게 미안해 칠곡으로 삶터를 옮겼다고 했다. 그랬었구나. 이해가 되었다.

김경호 씨가 하동을 떠날 즈음 정상희 씨도 안동으로 돌아갔고, 카페를 담당하던 정세영 씨도 좋은 짝을 만나 결혼한 뒤 지금은 남해에서 살고 있다고 들었다. 처음 고하버거를 시작했던 원년 멤버

여섯 명 중에 지금은 정선영 씨, 최준호.안효준 부부, 김준영 씨 넷이 남았고 새로운 멤버들이 채워졌을 것으로 짐작한다. 여섯 청년들의 새로운 실험을 많은 사람들이 관심을 갖고 지켜보고 있다. KTV 프로그램 〈살어리랏다〉와 경남의 몇몇 지역 방송에서 취재한 방송도 일부러 찾아보았다. 여섯 청년들의 리더 역할을 하는 최준호 씨가 어느 방송에서 "꼭 도시만 생각하지 말고 시골도 대안으로 생각해 보고, 창업이든 취업이든 혼자만이 아니라 여럿이 함께 행복하게 일하며 살 수도 있다."고 말한 게 기억에 남는다. 그의 아내 안효진 씨도 같은 방송에서 "도시 청년이 시골에 오기 힘든 이유는 일자리와 교류인데, 혼자가 아니라 함께 오면 일자리도 교류도 더 잘 해결할 수 있다."고 말한 것도 같은 맥락으로 들린다.

30대에서 50대 초반까지 여섯 청년이 한집에서 함께 살고, 한 공간에서 종일 함께 일하다 보면 서로 마음이 맞지 않아 싸우기도 하고 갈등도 생길 것이다. 안효진 씨는 그런 게 불편했다고 솔직하게 말하면서도 함께 살면서 일하는 것의 좋은 점도 강조해서 말했다. "아침에 눈을 뜨면 '굿모닝!' 하고 인사할 사람들이 곁에 있어 좋아요. 일어나서 10분 안에 한바탕 웃게 돼서 좋고요. 다양한 성격의 사람들과 여럿이 함께 지내는 즐거움이 더 커요."

여섯 청년들의 고하리 실험이 더욱 지속되고 단단해지길 바란다. 비즈니스로도 크게 성공하면 좋겠다. 이들을 보고 우리나라 여러 지역에서 이 같은 새로운 스타일의 지역 창업 실험이 확산되길 기대한다. 아주 혁신적인 '고하리 실험'은 위기에서 시작된 것 같다.

위기는 기회의 다른 말일지 모른다. 김경호 씨는 이 모든 일의 시작에 코로나가 있었다고 말한다. "이 모든 일은 코로나 때문에, 아니 코로나 덕분에 시작된 일이에요."

벚꽃이 활짝 필 무렵 고하리 풍경

시골에서 행복하게 일하는 청년 PD

부산과 창원, 대도시에서 나고 자란 청년들이 시골의 작은 회사에 취업해 행복하게 살고 있다. 지리산과 섬진강과 남해 바다까지 가장 빼어난 자연을 두루 가진 하동의 로컬 콘텐츠를 멋지게 살린 여행과 체험 프로그램을 기획하고 운영하는 '하동주민공정여행 놀루와협동조합'에서 일하고 있는 양지영.전윤환 두 PD를 하동 한달살이 중에 자주 만났고, 하동을 떠날 즈음 각각 인터뷰를 했다.

양 PD는 창원에서 나고 자랐다. 대학 졸업 후 산청에서 3년을 보낸 뒤 2019년 3월에 하동에 와서 놀루와 식구가 되었다. PD가 하는 일이 뭐냐고 물으니 "피 터지고 디지게 일하는 사람"이라고 답하며 웃는다. 기획과 실행, 현장 막노동, 디자인까지 못하는 게 없이 뭐든 다 하는 사람이란다. 로컬살이 5년차 청년에게 행복한지 물으니 행복하단다. 가장 행복한 이유로 집을 꼽는데, 실은 집 때문에 고생이 많았다고 한다. 하동살이 2년 4개월 동안 이사를 세 번 했다니 알 만하다. 운 좋게도 얼마 전 화개 계곡 입구 언덕 위의 예쁜 단독주택 전세를 구해 이사했는데, 맘에 쏙 드는 집이 생겨 무척 행복하단다. 대지가 100평이 넘고 건물도 30평 이상인 저택을 1억 원이 안 되는 전세로 얻었고, 전세금의 90%를 청년 대출 지원을 받아 한 달 주거비는 대출이자 10만 원 정도라고 한다. 대도시에서는 상상할 수 없는 일이겠다.

놀루와에서 하는 일을 물었다. 대표와 실장, 그리고 두 명의 청년 PD가 함께 일하는 놀루와는 아주 작은 회사여서 직장이라기보다 공동체에 가깝다고 한다. 일을 매개로 하는 생활 공동체 느낌이란다. 일과 삶이 구분되지 않아 불편할 때도 있지만 좋은 면도 많다고 한다. 청년의 시골살이에서 가장 큰 어려움이 '외로움'인데, 외로울 겨를 없이 일이 많고 주변 어른들이 식구처럼 보살펴 줘 가족 같은 분위기의 공동체 안에서 지낸단다. 자신은 고향 의식이 없는 세대로 살아왔는데 이곳에서 '고향'을 느끼고 있다고도 했다.

작은 회사에서 일하는 강점도 많다고 한다. 자신은 주도적으로 일하는 걸 좋아하고, 시키는 일만 하기보다는 일을 새로 만드는 등 일에 대한 욕심이 많은 편인데, 놀루와 같은 작은 회사에서 그렇게 일할 수 있어서 좋단다. 내가 하는 일이 누군가에게 도움이 되고, 긍정적 영향을 주어 보람을 느끼면서 살고 싶은 게 꿈이라며, 그렇게 자신이 하고 있는 좋은 일들이 비즈니스로도 성공했으면 좋겠단다.

로컬에서 일하고 싶은 청년들에게 해 주고 싶은 말이 있는지 물었다. 자신은 10대 때부터 발길 닿는 대로 살아지는 대로 살았는데, 어찌하다 보니 시골에서 일하며 살게 되었고, 시골에 있다 보니 청년을 필요로 하는 시골의 절박한 현실을 보면서 지금의 삶이 더욱 의미 있게 느껴졌다고 한다. 도시에서 지냈다면 그냥 휩쓸려 살았을 것인데, 시골에서는 여유 있고 조금은 더 의미 있는 삶을 살 수 있어 좋단다. 도시 생활에 염증을 느끼는 청년들도 로컬살이의 불안감이 클 텐데, 자신의 역량에 대해 너무 걱정하지 않으면 좋겠다는 말도 덧붙인다. 로컬 '창업'은 부담스러울 수 있으니 창업보다 로컬 '취업'을 권하고 싶단다.

청년들의 로컬살이에 대한 정부와 지자체의 지원 정책에 대해서도 물었더니 2년 지원의 한계를 지적한다. 자신도 놀루와에 입사해서 처음 2년은 정부의 일자리 지원을 받았지만, 2년 뒤 작은 회사가 자립하기는 쉽지 않을 테니 긴 호흡으로 단계적 재정 지원이 필요하다는 의견을 낸다. 맞는 말이다. 청년들의 로컬 이주는 나무나 꽃을 옮겨 심는 일과 다르지 않다. 초기에는 낯선 환경에 뿌리 내리도록 예의주시하며 돕고, 그 뒤에도 새로운 환경에 정착하고 안정될 수 있도록 오랜 시간 지켜보고 돌봐야 하는 것처럼 청년들 로컬살이도 '단기 프로젝트'가 아닌 '장기간 생애 주기 돌봄'의 관점에서 도와주는 게 마땅할 것이다.

놀루와의 막내 전윤환 PD는 인터뷰 당시 입사 5개월 차 막내였다. 태권도 4단의 스포츠맨이고 선교사의 꿈을 지닌 독실한 개신교 신자이며 부산에서 나고 자란 부산 청년이다. 대학 졸업 후 채용사이트에서 놀루와를 알게 되었고, 블로그와 SNS와 유튜브를 통해 놀루와를 열공한 뒤 치열한 경쟁을 뚫고 PD로 채용되었다. 시골 작은 회사에서 일하는 게 행복하다기에 이유를 물었다. 가장 큰 행복은 역시 집이란다. 악양면 하신흥마을에서 대지 70평, 건물 20평 규모의 시골집에 보증금 200만 원, 월세 25만 원에 살고 있는데 2년간 정부의 지원을 받아 주거비 지출을 줄인 대신 그 돈을 시골집을 고치는 인테리어 비용으로 쓰고 있단다.

"이 집에 사는 게 아주 행복해요. 대학생 때 살던 원룸과 달리 여긴 나만의 공간이고, 내 맘대로 꾸밀 수 있어서 좋아요. 원룸에 살 땐 옆집에 누가 사는지 몰랐는데, 여긴 이웃과 친하게 지냅니다. 옆집에 홀로 사시는 85세 할머니와 친구가 되었어요. 출근할 때 아침 인사 나누고 퇴근할 때 또 인사 나눠요. 식사했는지 물어 주시고 음식도 챙겨 주세요. 할머니에게 하루 동안 말을 나눌 수 있는 사람이 나 말고 또 있을까 싶네요. 매일 말동무가 되어 주는 할머니가 이 동네에서 제일 친한 친구예요."

시골살이의 불편한 점도 물었다. "불편한 점도 아주 많지요. 편의점에 가려면 차로 20분, 마트는 동네 슈퍼 수준, 영화를 보려면 읍내 알프스하동에 가야 하고, CGV는 차를 타고 광양까지 가야 합니다. 불편함이야 많지만 모두 극복할 만한 가치기 있는 곳입니다. 생활은 불편하지만 불편을 느끼지 못할 만큼 행복한 곳입니다."

막내 PD가 회사에서 하는 일이 무엇인지 물으니 대답이 아주 걸작이다. "대표님과 실장님과 선임 PD님이 자기 일을 잘할 수 있도록 환경을 만들어 주는 일입니다." 신입사원은 시키는 일만 하는 존재일 텐데, 막내 PD가 이런 자세라니 놀라웠다. 마치 대표의 눈높이에서 일하는 신입사원 같았다. "10시 출근이지만 1시간 또는 30분 일찍 출근해요. '역량은 시간이 만든다.'는 말이 있잖아요. 대표, 실장, 선임 PD가 1시간이면 처리할 일을 저는 서너 시간에 처리하니 시간을 더 투자해야지요. 연장 근무라기보다 나만의 공부 시간으로 생각하고 일찍 출근해 책도 읽고, 하루 일과도 챙기고, 주간 일정도 챙깁니다."

지난 5개월 놀루와에서 일하며 자부심과 행복을 느꼈던 때가 있었는지 물었다. "부모님께서 섬진강 달마중 행사에 오셨을 때죠. 우리 대표님은 부모님이 아들 고생하는 모습 보면 안쓰러워하실까 봐 걱정하셨는데 열심히 일하는 아들 보며 오히려 뿌듯해 하셨습니다. 가족 여행은 많이 다녔지만 부모님 사진은 거의 안 찍어 드렸어요. 지난번 달마중 행사 때 부모님 사진 많이 찍어 드렸더니 아주 좋아하셨어요."

대도시와 큰 회사에서 일하길 바라는 청년들을 로컬로 초대하고 싶다면 무슨 말을 해 주고 싶은지 물었다. "어디에서보다 어떻게 일하느냐가 더 중요하다고 생각해요, 도시에서냐 아니면 시골에서 일하느냐보다, 로컬에 와서 어떤 일을 하는 어떤 사람이냐가 중요해요. 로컬에서 일하면 좋은 점이 많아요. 회사에서 일한다는 생각보다 시골에 지내러 온 느낌, 살러 온 느낌이 더 강해요. 일과 삶이 서로 섞인 느낌, 살듯이 일하고 일하듯이 사는 느낌이랄까요."

부산을 떠나 하동에 와서 느낀 하동의 특별함도 물었다. "며칠 전 친구가 하동에 와서 함께 지낸 뒤 제게 그랬어요. '하동이 하동했다!' 친구 말처럼 하동은 특별한 곳입니다. 그런 특별함이 계속 유지되었으면 좋겠어요. 하동만의 특별함, 하동 사람들만의 특별함, 놀루와만의 특별함, 나만의 특별함이 유지되면 좋겠습니다."

전 PD의 꿈은 무엇일까? "위로예요. 요즘 많이 고민하고 생각하는 단어가 '위로'입니다. 위로는 위로 향하는 게 아니라 아래로 향하는 것이죠. 위에서가 아닌 아래에서 바라봐 주고 괜찮다고 얘기해 주는 것이 진정한 위로일 겁니다. 나도 아래로 가서, 힘들고 아파하는 누군가의 곁에 가서 위로해 주고 싶어요. 놀루와가 그런 일을 하는 곳이 되길 바라요."

인터뷰하기 며칠 전, 전 PD에게 아주 귀한 선물을 받았다. A4 용지에 직접 그리고 접어서 만든 종이 꽃다발이다. 꽃다발에 이런 글도 적혀 있었다. "정석 교수님 멋집니다. 멋진 사람은 멋진 사람을 알아봅니다.^^"

하동에서 한 달을 살 때 늘 보았던 청년들, 인터뷰한 지 어느새 2년이 지났다. 요즘은 어찌 지내는지 궁금해 전화를 했다. 양지영 PD는 2022년 10월 놀루와를 떠났고 지금은 놀루와에서 함께 일했던 사람들과 지리산문화예술사회적협동조합 '구름마' 이사 몇 명과 '이런협동조합'을 세워 하동 악양면에 독립 서점을 만들고 적량면에는 마을 스테이 사업을 준비하고 있단다. 놀루와의 막내였던 전윤환 PD는 지금은 최고참 PD로 맹활약 중이다. 2023년 2월에 장가를 들어 아내가 일하는 삼천포에 새집을 장만해 살면서 하동으로 출퇴근하고 있다.

 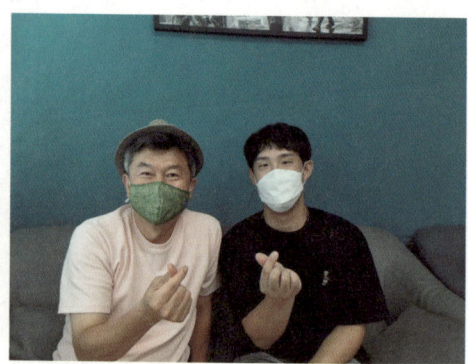

양지영 PD와 함께   전윤환 PD와 함께

로컬에서 행복하게 사는 데 가장 중요한 조건이 '일자리'일 것이

다. 로컬에서 일자리를 찾아 '취업'하는 길도 있고, 경험을 축적한 뒤 '창업'하는 길도 있다. 시골에서 일하며 사는 길을 선택한 양지영, 전윤환 두 청년들이 지금도 또 앞으로도 더 행복하게 살길 바라며 응원한다.

순이, 경이, 석이의 하동 여행

하동에서 머물던 한 달 가운데 가장 농도가 짙었던 시간이 있다. 장모님 허옥순 여사(순이)와 아내 고유경(경이), 그리고 나(석이)까지 셋이 함께했던 '순이, 경이, 석이의 하동 여행' 4박 5일이었다. 마음은 간절했지만 현실은 거의 불가능해 보이던 일이어서 더욱 고맙고 오래 기억에 남는다. 인생의 마지막 여행이 되었던 하동 여행을 마치고 1년 2개월 뒤 장모님은 우리 곁을 떠나셨다. 돌아가시기 전에 장모님께 드린 마지막 선물이 되었기에 더욱 애틋하게 간직하고 있는 추억이다.

하동에 와서 일주일쯤 지날 무렵 아내에게 장모님과 함께 하동 여행을 해 보자는 얘길 건넸다. 하동처럼 포근한 곳에서 함께 며칠이라도 보내고 싶었다. 아내도 선뜻 동의했지만 문제는 장모님의 건강 상태였다. 멀리 여행을 다닐 정도의 몸 상태가 아니어서 가능할까 싶었다. 2021년 4월 7일 보궐 선거 투표를 하러 서울에 왔다가 모험하듯 장모님을 모시고 아내와 함께 하동으로 출발했다. 이렇게 셋이 떠난 여행은 처음이다. 장인어른이 돌아가신 지 1년쯤 지나 장모님을 우리 집으로 모셨다. 처음 1년은 잘 지내셨는데 얼마 뒤 건강이 점점 안 좋아졌고 치매 증세도 갈수록 심해졌다. 더 늦기 전에 꼭 여행을 하고 싶었는데, 다행히 출발 전날 컨디션이 아주 좋으셨다. 호주에 사는 큰아들과 긴 통화를 한 뒤로 기분이 많이 좋아지셨고, 하동 여행을 떠난다는 이야기를 듣고는 콧노래를 부르며 짐을 싸셨다. 소풍을 앞둔 소녀처럼 마냥 즐거워하셨다.

　서울에서 하동까지 4시간 이상 걸리는 긴 여행인데 차멀미도 안 하고 잘 오셨다. 하동 오는 차 안에서도 그랬고, 휴게소에서 잠시 쉴 때도 장모님은 내내 말씀을 이어 가셨다. 엄마와 딸이 조곤조곤

차를 마시며 대화를 나누는 모녀

이야기를 나누는 모습을 보면서 참 잘한 여행이라는 생각이 들었다. 첫날 숙소는 화개면 정금마을 '유로제다'였다. 아름다운 차밭에서 숙박하며 다도를 즐기는 다숙으로 유명한 곳이다. 예약하기가 하늘의 별 따기일 정도로 어려운 곳인데 '놀루와' 오동수 실장 덕분에 하루를 묵게 되었다. 숙소에는 차를 내려 마실 수 있도록 다구가 잘 준비되어 있었다. 도착하자마자 아름다운 풍경을 보면서 차를 마셨다. 장모님도 숙소가 아주 맘에 드셨는지 연신 "참 좋다, 좋다."를 연발하시더니 "정서방, 이 집 사서 우리 여기서 살자."고 하셔서 한참 웃었다.

차를 마시고 장모님은 잠시 누워 쉬셨고 아내와 나는 차밭이 내려다보이는 난간에 나란히 앉아 대화를 나눴다. "마음이 평화로워졌어요!" 엄마와 함께 하동에 온 아내의 느낌은 '평화'였다. 요 며칠 아내는 장모님에게 등짝을 맞을 만큼 심하게 다투었다고 했다. 하동에 오는 내내 장모님은 계속 말씀을 하셨는데, 아내는 화해를 시도하는 걸로 받아들인 모양이다. 차 안에서도 화장실에 갈 때도 사위가 없을 때마다 화해의 말과 몸짓을 하셨단다. 그리되면 좋겠다는 생각을 했다. 하동에서 엄마와 딸이 꼭 화해하길 바랐다.

아내는 이번 하동 여행이 세 번째다. 하동에 다시 오니 아늑한 품속에 들어온 느낌이라고 했다. 작년 가을 '섬진강 달마중' 때도 좋았지만, 이번에는 엄마랑 함께 와서 다행이고 더 좋단다. 어르신들에겐 시간이 한정되어 있으니 때를 놓치지 말아야 하는데, 이렇게 엄마랑 여행할 수 있는 게 흔하지 않은 귀한 선물 같다고 했다. 하동 여행 첫날 밤, 숙소에서 단잠을 잔 뒤 둘째 날이 밝았다. 지리산 아래 여러 지역 가운데 봄꽃이 가장 먼저 핀다는 화개의 아침 공기는 더욱 다디단 느낌이었다. 섬진강을 사이로 경상도 하동과 전라도 구례를 이어 주는 남도대교를 건너 '남도식당'에서 동태찌개로 아침 식사를 한 뒤, 경이와 순이는 '지리산농부마을'에서 고사리를 땄고 나는 '한다사 자서전 쓰기 학교' 졸업식에 참석했다.

둘째 날 숙소는 화개 목압마을 관아수제차의 다숙 '아티'였다. '아티'란 이름이 참 예쁜데 무슨 뜻인지 궁금했다. 화개천의 물소리가 들렸고, 계곡 건너편 산과 언덕과 마을들이 마치 유럽의 아름다운 마을 풍경처럼 눈앞에 펼쳐졌다. 발코니가 넓어 편안히 앉아 차를 마시면서 풍경을 즐길 수 있어 좋았다. 우리가 도착하자 환영 음료로 시원한 매실차를 내주는 주인의 마음씨 또한 풍경 못지않게 고왔다.

숙소에 짐을 내려놓고 적량면의 '양탕국' 카페로 갔다. 커피가 우리나라에 처음 들어왔을 때가 대한제국 태동기였고, 인천항을 통해 들어온 서양의 탕국이란 뜻으로 커피를 '양탕국'이라 불렀다고 한다. 홍경일 대표는 대한제국의 커피 문화를 되살리기 위해 하동군 적량면에 아주 멋진 한옥 카페 양탕국을 열었다. 양탕국으로 우리 가족을 초대해 준 '놀루와' 조문환 대표는 조용한 방을 잡아 주고 장모님께 꽃다발까지 선물하여 순이를 감동시켰다.

양탕국에서도 어머니는 쉬지 않고 얘길 하셨다. 일남이, 일석이 두 아들과 막내딸 유경이 이야기를 번갈아 하는데 둘째 일석이 이야기를 가장 많이 하셨다. 일부러 일석이 말고 유경이 이야기를 해 달라고 부탁드렸다. "유경이는 어릴 때부터 아주 순해서 요구하는 게 없었어. 얘 아버지는 유경이더러 '여자 부처님'이라고도 했어. 일남이는 고집이 얼마나 셌는지 몰라. 셋 중 공부는 일석이가 제일 잘했고, 똑똑하기는 유경이가 제일이야, 근데 일석이는…." 세 아들딸 이야기를 하면 늘 일석이 이야기로 귀결되었다. '기승전일석'이었다. 다시 유경이 이야기를 해 보라고 말씀드렸다. "유경이는 말썽 하나 안 부리는 착한 딸이었어. 내가 아들을 둘이나 낳고 유경이를 낳았으니 100점 만점인데, 큰 시누이는 딸 낳았다고 뭐라 했어. 유경이 막 태어났을 땐 지금처럼 예쁘지 않았는데, 시고모가 널 보며 얘 누구한테 시집보내겠냐고 한 적도 있어. 근데 일석이는…."

"엄마, 지금부터 일석이 이야기 금지야. 일석이 이야기하면 벌금 만 원. 알았지?" 그래도 장모님 이야기는 무엇으로 시작하든 일석이로 돌아오곤 했다. "엄마, 내 이야기 좀 해 봐. 오빠들만 엄마 눈에 보였고 나는 도통 안 보였지? 어느 날 보니 시집을 갔고?" 아내가 다그치자 잠시 당황하시더니 이내 답을 주신다. "아니, 그건 아니고. 얘, 내가 너한테 꽤 오래 전부터 매력을 느꼈어. 은근히 정이 갔어. 왜 남자와 여자가 연애하는 것 같은 그런 정이 갔어. 지금은 네가 여기 있다가 화장실만 가도 곁에 없어 섭섭할 정도야. 너랑 연애하는 것처럼 가까워졌어."

"장모님, 자식들 중에 제일 잘난 자식은 누구예요?" 나름 의표를 찌르는 질문을 드렸는데 장모님 답은 예상과 달랐다. "일남이지." "둘째 일석이 아니고 첫째 일남이라고요?" "일남이야. 내가 일남이를 낳으니 집안사람들이 다들 깜빡 죽었거든." 생각해 보니 일남 형은 장남이신 장인어른의 맏아들이고 장남이었다. 고씨 집안에 시집와 큰아들 낳고 집안 어른들 기쁘게 해 드렸으니 가장 잘난 아들이 첫째일 수 있겠다 싶었다. 장모님은 그날 참 많은 말씀을 하셨다. 기억할 수 없을 만큼.

양탕국에서 말씀하시던 장모님의 목소리와 표정을 종종 되돌아본다. 꽤 긴 시간 동안 영상 녹화를 한 뒤 일부는 유튜브에도 올렸다. 장모님이 돌아가셨을 때는 하동에서 촬영한 영상들을 빈소에 틀어놓았다. 장모님을 자주 뵙지 못했던 가족들과 지인들이 장모님 영상을 보며 아쉬움을 달랬다. 기록하기 잘했다는 생각을 했다. 이젠 더는 뵐 수 없지만 영상으로는 언제든 다시 만날 수 있으니 좋다.

저녁 식사는 숙소에서 가까운 쌍계사 앞의 식당 '쉬어가기 좋은 날'에서 백반으로 했는데, 장모님은 세상에서 제일 맛난 음식이라며 잘 드셨다. 음식 맛도 좋았지만 친절한 주인의 말씨와 마음씨가 더욱 고왔다. 어르신이 계셔서 3인분을 다 시켜야 할지 고민하는 우리의 사정을 알아채고 음식의 양이 많은 편이니 2인분만 시켜도 충분하다고 했다. 안주를 따로 시키려고 주문했더니 밑반찬으로도 충분하니 따로 시키지 말라고 했다. 장모님 드시기에 밥이 조금 딱딱하다고 했더니 드시기 좋게 끓여 내오기까지 했다. 참 드문 식당 주인이었다. 그래서인지 쌍계사 근처에 오면 꼭 들르는 단골집이 되었다. 보람찬 하루를 보내고 돌아오니 마치 우리 집처럼 포근하게 맞아 주는 숙소 '아티'가 반가웠다. 아티의 뜻도 알아냈다.

쌍계사에서….

"I like Tea."의 첫 글자와 끝 글자를 따서 아티란다. 방 두 개에 너른 발코니가 있고, 구석구석 예쁜 집이다.

　셋째 날 아침, 공기가 더 달콤하게 느껴졌다. 전날 묵었던 숙소보다 훨씬 더 지리산에 가까운 계곡 안쪽 숙소여서 그렇게 느껴졌는지 모르겠다. 하동에서 보내는 시간이 길어질수록 순이, 경이, 석이는 하동의 매력에 점점 빠져들었다. 아침을 먹고 쌍계사에 갔다. 4월 초 벚꽃은 대부분 졌지만 붉은 동백꽃은 곳곳에 아직 피어 있었다. 나무마다 여린 잎들이 솟아나 천지는 말 그대로 연초록빛 신록이었다. 쌍계사 경내를 걸으면서도 장모님은 내내 이야기를 이어가다 갑자기 감탄사를 연발하셨다. "애, 애, 유경아, 저기 좀 봐! 저게 뭐니?" 계곡 물소리와 새소리, 바람 소리가 귓가를 스쳤다. 붉게 핀 철쭉 옆으로 동백꽃이 뚝뚝 떨어진 길을 사뿐히 밟으며 걸어가는 모녀의 뒷모습이 유난히 아름다웠다.

화개장터 구경도 했다. 할인 매장에서 이것저것 물건을 고르던 모녀가 신나는 음악 소리에 맞춰 미리 약속한 듯 갑자기 춤을 춘다. 화개장터 '댄스 모녀'를 한참 지켜보았다. 입가에 미소가 절로 지어졌다. 화개장터 구경을 마치고 소프트 아이스크림을 하나씩 사서 맛나게 먹었다.

뭐든 잘 드시니 참 좋았다. 화개에서 이틀을 잤고 나머지 이틀은 악양에서 잤다. 악양의 숙소는 하덕마을 '시골집 풀꽃이야기'였는데, 한옥과 너른 마당이 있는 예쁜 집이다. 하덕마을은 악양면 입석리 입석마을 아래 큰길에 있는 마을로, 단팥죽과 팥빙수를 파는 카페도 있고 국수와 빵을 파는 식당도 있는 멋진 동네다. 골목길 갤러리를 둘러보는 재미도 쏠쏠했다. 세 번째 숙소 마당에 들어서면서 이 집도 맘에 든다며 사라고 하시는 장모님 말씀에 또 한 번 빵 터졌다. 마루 앞에는 해먹이 걸려 있었다. 방에 들어가 두런두런 이야기를 나누는 모녀의 대화 소리가 들릴 듯 말 듯 귓가에 스쳐 갈 때 나는 해먹 위에 누워 흔들리는 하늘을 보며 휴식을 취했다.

셋째 날 저녁에는 한결이와 도운이가 하동에 왔다. 하동 여행이 너무 좋았고, 주말의 숙소 상황도 여유로웠기에 서울에 있는 아이들에게 내려오라 했더니 큰아들과 둘째 아들이 고속버스를 타고 왔다. '고매감' 레스토랑 서훈기 대표와 MC 도널드 오동수 아우가 숙소로 찾아와 바비큐 파티를 열었다.

넷째 날 오전에 장모님은 숙소에서 쉬시고, 아내는 고매감 농장에서 고사리를 땄다. 두 아들에게 나는 가이드가 되어 하동 악양 구경을 시켜 주었다. 면사무소 가까이 있는 '취간림'에 들렀다가 축지리 '문암송'도 보여 주었다. 평사리공원에 데려가 섬진강과 은모래밭을 맨발로 걷게 했다. 한결이와 도운이도 하동의 매력에 흠뻑 빠진 듯 보였다. 맨발로 모래밭을 걷는 느낌을 물으니 "발바닥이 간지럽네요." 하며 피식 웃었다. 아들 둘은 모래밭을 한참 걸었고, 아빠는 모래밭에 앉아 강을 바라보며 '강멍'도 하고 모래 위에 누워서 하늘을 보며 '하멍'도 한참 즐겼다. 바쁘게 돌아가던 화면이 멈춘 듯 고요함을 즐긴 날이었다.

4박 5일 여행이 마무리되는 다섯째 날, 아침 6시 반에 일찍 일어났다. 장모님은 군불 땐 방에서 푹 쉬셨고, 나머지 가족들은 구재봉 정상을 향해 출발했다. 마당에는 어제 따서 삶은 고사리가 평상 위에 널려 있었다. 구재봉에 오르니 평사리 들판과 마을과 집들이 한눈에 들어왔다. 구재봉에서 내려오는 길가에 아직 남아 있는 벚꽃이 보였다. 구재봉과 동정호 유채밭까지 안내해 주며 함께했던 고매감 서훈기 대표가 가족들을 위한 멋진 선물, '화보 촬영'까지 해주어 감사했다.

마지막 점심 식사는 고매감에서 했다. 나는 닭개장을 시켰고 나머지 식구들은 비빔밥을 주문했다. 두릅나물처럼 봄철에만 맛볼 수 있는 귀한 나물들이 맛이 있었는지 장모님은 비빔밥 한 그릇을 남김없이 다 드셨다. 가족들을 서울로 보내기 전에 화개 정금마을 차밭에 한 번 더 들러 기억에 남을 인생 샷을 촬영했다.

하덕마을 '시골집 풀꽃이야기'에서….

"고맙네, 정서방. 참 좋았네. 여기 다시 오고 싶네." 4박 5일 하동 여행을 건강히 마치신 장모님이 무척 고마웠다. 가족들은 서울로 출발했고, 하동 한달살이를 마저 해야 하는 나는 하동에 남았다. 저녁노을이 유난히 붉었던 봄날이었다.

정금차밭에서….

통계학 전공 청년이 '지리산농부마을'을 만든 이유

"대학 입시 때 면접을 보던 교수님께서 졸업 후 진로를 물으시길래 '농부'라고 답했지요. 그렇다면 농과대학을 가야지 왜 통계학과에 왔느냐고 하시길래 이렇게 답했지요. 농사에도 통계학이 아주 중요하다고요."

2021년 4월 11일 일요일 오후 구례군 간전면의 섬진강변에 자리한 '지리산농부마을'에 찾아가 김정태 대표를 인터뷰했다. 놀루와의 오동수 실장이 하동에서 행복하게 일하며 살고 있는 많은 사람들을 소개해 준 덕에 좋은 사람들을 많이 만날 수 있었다. 김 대표는 1976년생으로 경남 하동군 화개면에서 태어나 자랐고, 창원에서 고등학교를 나와 연세대학교 통계학과를 졸업한 뒤 2002년 2월 고향에 내려와서 20년째 농부로 살고 있었다. 혼자 농사를 짓는 것이 아니라 '농업 공동체'를 만들어 점점 더 키워 가는 조금 특별한 사람이다.

지리산농부마을

   김 대표는 하동 사람이지만 할아버지와 아버지께서 농사를 지어 온 구례군 간전면의 농지와 임야 5만 평에서 농사를 짓고 있다. 고등학교 때부터 꿈이 농부였고, 대학 졸업식 다음 날 고향에 내려와 꿈꾸던 농부가 되었다. 그가 '지농마(지리산농부마을)'를 비롯해 여러 농업 공동체를 만들게 된 계기가 있었다.

   고향에 내려와 처음엔 혼자 농사를 지었는데 4~5년 지날 무렵 농산물 파동을 겪었다. 마을 어르신들이 모두 경운기를 몰고 청년 농부의 집 앞에 와서 "어쩔 것인가? 팔 데가 없는디…." 하며 탄식했단다. 그때 김 대표는 '농사를 잘 짓는 것'으로 끝나지 않고 '제값 받고 잘 팔아야' 끝난다는 것을 깨달았다. 그리고 '지리산농부마을 협동영농조합법인'을 만들었다.

   김 대표가 만든 농업 공동체 '지농마'는 점점 더 자라고 있다. 지농마와 비슷한 농업 공동체들이 서로 연대하여 더 큰 공동체를 만들었다. 구례군 토지면의 '지리산자연밥상', 용방면의 '뚜레', 광의면의 '자연의뜰', 산동면의 '구례삼촌'과 간전면의 '지농마'까지 다섯 개 법인이 함께 '그래구례'를 만들었고, 협업 농장 운영과 구례군 로컬 마켓 온라인 쇼핑몰 개설 등 다양한 활동을 이어 오고 있다.

김 대표는 구례군 간전면의 마을 공동체도 만들었다. 구례군 간전면 운천리, 하천리, 거석리, 묘동, 중한치까지 5개 마을 230호 농가의 450명 농업인들이 하나로 뭉친 것이다. 왜 마을을 엮는 농업인 공동체를 만들었는지 물으니, 농업인 평균 나이가 65세를 넘겨 스스로 농산물 판로를 개척하기 어렵고, 지자체와 농협이 있다고 하지만 이런 문제를 시원하게 해결해 주지 못하고 있기 때문이라고 답했다. 마을 공동체에는 청년들도 합류할 예정인데, 마침 요리에 뛰어난 청년이 있어서 마을 식당도 계획하고 있다는 말도 덧붙였다.

가볍게 인사를 나누고 '지농마' 이곳저곳을 살펴본 뒤 본격적으로 인터뷰를 시작했다. 오동수 실장이 촬영을 담당했고, 김정태 대표와 이상하 이사가 함께했다. 그동안 지리산농부마을이 이룬 성과를 물으니 만족한다고 답했다. 지농마 농장 안에는 협동 농장도 있고 아이들 놀이터도 있다. 목공방도 있고 밴드 연습실까지 있다. 김 대표는 지농마를 한마디로 '공유 마당'이라고 표현했다. 농업인들이 뿔뿔이 흩어져 각자도생하지 않고 지농마에 와서 서로 삶과 활동과 생각과 일들을 나누고 거들며 '함께' 그리고 '같이' 살아가고 있다. 지농마의 직원은 당시 7명이었고, 공방이나 공유 텃밭 등 저마다 역할을 나눠 일하고 있었다. 월급은 꼬박꼬박 주는지 물으니 하루도 미루지 않았다고 한다.

고등학교 때부터 꿈이 농부였다고 해도, 좋은 대학 통계학과를 졸업했으니 여러 직장에서 입사 제안이 있지 않았냐고 물으니 통계청, 증권회사, 펀드 매니저 등 여러 곳의 제안이 있었다고 했다. 대학 시절 농부의 꿈은 흔들리지 않았단다. 서울에서 어느 날 이른 새벽 묵직한 가방을 메고 지하철을 놓치지 않으려고 급히 뛰어가는 자신의 모습을 보면서, 가방을 메고 있는 자신의 어깨도 불쌍했고, 숨 가쁘게 뛰고 있는 자신도 처량해 보여 이렇게는 살지 말자고 다짐했단다.

20여 년 가까이 시골에서 농사짓고 사는 게 행복한지 물으니 무엇보다 정신이 자유로워 행복하단다. 가장 힘들었던 때는 농산물 파동이 왔을 때였다고 답했다. 매실 파동 때 황매실은 저장성이 있어 열흘에서 보름 정도 판매할 시간적 여유가 있지만, 저장성이 없는 청매실은 하루 이틀 안에 팔아야 했기에 힘들었다고 했다. 파동이 오면 팔아 달라는 물량이 보통 10톤에서 15톤에 이르고 이것을 하루 안에 팔아야 하니 무척 고통스러웠지만, 농협보다 더 높은 가격으로 늘 전량을 매수해 팔았다고 했다. 그런 순간마다 삶의 무게가 감당하기 힘들 만큼 무거웠어도 농부가 된 걸 후회하지는 않는단다.

지농마의 수익 구조도 궁금했다. 고로쇠, 매실, 녹차, 밤이 주요 수입원이고 온라인 판매가 90%였는데, 밤과 고사리의 경우 지금은 체험 프로그램 중심으로 바꿔 온라인 판매는 10% 이내로 줄었다. 고사리가 쑥쑥 올라오는 4~5월에 어른은 1인당 15,000원, 초등학생 이하는 1만 원의 회비를 내면 반나절 동안 맘껏 채취해 갈 수 있다.

왼쪽위 : 김정태 대표와 인터뷰 ⓒ오동수 | 나머지 : 밤 따기 체험 ⓒ지리산농부마을

가을철 밤 수확기에 어른은 2만 원, 초등학생 이하는 15,000원을 내고 역시 맘껏 밤을 딸 수 있다.

농장이 워낙 커서 수많은 사람들이 봄가을에 고사리와 밤을 따러 찾아오고 있다. 2020년 한 해 동안 고사리와 밤 따기 체험에 참가한 사람이 6천 명이라고 해서 깜짝 놀랐다. 어린이를 동반한 가족들이 많고, 40~50대 여성들이 가장 귀한 고객이라고 한다. 딸과 엄마, 또는 며느리와 시어머니가 함께 오는 경우도 많다고 했다. 나이 드신 어른들이 옛 추억을 살리려고 오는 경우도 꽤 있다고 했다. 10년 전에 건강이 썩 좋지 않던 어르신이 오셔서 내가 곧 죽을 것 같은데 죽기 전에 고사리라도 한 번 따고 죽어야지 하는 마음으로 왔다며 처음 지농마를 방문했는데 10년째 개근하고 있단다. 고사리 따기에 치유의 효과도 있는 모양이다.

목공방에서는 주로 박달나무 도마를 만들어 판매한다. 도마 만들기는 체험 프로그램으로도 운영 중이다. 이곳에 와서 만들기도 하고, 학교나 단체에 재료를 들고 찾아가 프로그램을 운영하기도 한다. 방문형 도마 만들기 체험 프로그램은 이상하 이사가 주로 담당한다.

'지농마의 여신'으로 불리는 이상하 이사의 삶도 궁금했다. 지농마 가족이 되기 전까지 이 이사는 구례에서 어린이집 보육 교사로 오래 일했다. 어린이들을 좋아하니 보육 교사의 삶이 만족스러웠는데 일하던 직장의 원장과 생각이 달라 힘들었단다. 자신은 아이들과 함께 자연 속에서 뛰노는 야외 활동이 좋은데, 원장님은 실내 활동 위주의 수업을 중시하는 분이어서 갈등이 컸단다. 그러던 중 지농마를 알게 되었고, 김정태 대표의 생각에 깊이 공감하던 차에 함께 일해 보자는 제안을 받아 2020년 6월에 지농마에 입사했고, 지금은 생각이 같은 사람과 일하고 있어 행복하다며 미소를 지었다.

한 시간 가까이 이어진 인터뷰를 마무리하며 김정태 대표의 꿈을 물었다. "농부처럼 고생하며 일한 사람들이 고생한 만큼의 정당한 대우를 받고 존중받는 세상을 꿈꿉니다. 그런 세상이 조금이라도 빨리 왔으면 좋겠고, 지농마가 작은 힘이 되었으면 좋겠습니다." 정치를 하면 어떻겠냐고 물어봤다. 단체장과 시군의원, 국회의원 같은 정치인들이 농부들의 삶에 영향을 미치는 중요한 결정들을 대부분 하고 있는데, 가만히 앉아서 부당한 대우를 받지 말고 농부들이 직접 나서서 정치를 해야 하지 않겠냐고 했더니 정치에는 뜻이 없다고 잘라 말한다. 그리고 의미 있는 말을 더했다. '그래구례'나 5개 마을 공동체 같은 농업인 공동체의 수도 늘고 힘도 커진다면 농업인들의 정치적 힘도 그만큼 커질 것이라고 답했다. 맞는 말이다. 인터뷰 영상을 유튜브에 올릴 것이라고 말한 뒤 청년 농부로서 세상 사람들에게, 특히 도시 사람들에게 꼭 하고 싶은 말이 있으면 해 달라고 부탁했다. "농업의 가치를 알아주면 좋겠습니다. 전자 제품이나 가전제품은 20~30년 전보다 400~500배 가격이 올랐고, 이런 변화를 아주 당연시합니다. 그런데 농산물에 대한 생각은 아주 다릅니다. 고로쇠 한 통 값은 20년 전이나 지금이나 변함없이 5천 원입니다. 농산물 가격이 500원, 1천 원만 올라도 물가 상승의 주범이라도 된 듯 여기는 세태가 바뀌길 바랍니다."

경상도 하동에서 태어나 자란 뒤 전라도 구례군에서 농부로 살고 있으니 김정태 대표는 경상도 사람인지 전라도 사람인지 궁금해 물었다가 혼이 났다. 섬진강을 끼고 함께 살아가는 이곳 사람들은 그런 질문 자체가 싫다고 했다. 가수 조영남 씨가 부른 노래 '화개장터'도 별로란다. 굳이 부르려면 섬진강 사람이라고 부르란다. 하동과 구례, 광양은 섬진강을 매개로 어깨를 맞대고 함께 살아가는 가까운 지역들이다. 굳이 전라도와 경상도로 가르지 말자. 김 대표의 말을 들으며 이런 생각을 혼자 했다.

인터뷰하는 도중에 연우 아빠와 연우가 왔다. 그날 오후 3시에 밴드 단원들의 연습이 있는 모양이었다. 전날 엄마들 모임이 있었는데 오랜만에 소맥으로 신나게 달려 아침까지 엄마들은 장렬히 전사한 상태라고 했다. 그러거나 말거나 아빠를 따라 지농마에 온 연우는 흙으로 동산처럼 만든 놀이터에서 신나게 놀았다.

하동 한달살이 이후에도 하동에 갈 때면 '지리산농부마을'에 종종 들른다. 이 글을 쓰다가 김정태 대표에게 전화를 했다. 2021년 봄부터 지금까지 지농마가 해 온 새로운 일들이 궁금했다. 가장 궁금한 건 마을 식당이었다. "구례군 간전면 하천마을에 마을 식당 '소풍'이 문을 열었고, 물결이란 뜻을 지닌 '카페 랑'도 하천마을에 새로 생겼습니다. 올해 지농마가 가장 역점을 둔 일은 '지구를 위한 내 나무 갖기 운동'입니다. 지구를 사랑하는 사람들이 자기 나무를 심고 가꾸는 운동인데 올해 200명이 함께했고, 내년에는 1천 명을 목표로 합니다. 참여하는 분들께는 지농마의 주주에 해당하는 예우를 해 드리고 '팜파티'에도 초대할 계획입니다."

이상하 이사는 현재 잠시 '지농마'를 떠나 목포에서 지내고 있다. 치매가 심해진 어머니 뒷바라지를 하느라 고생이 많다. 바쁜 와중에도 짬을 내 '숲 해설가' 공부를 하더니 자격증도 땄다. 이상하 이사에게 내가 '꽃지'라는 별칭을 지어 주었다. "꽃피는 지리산"의 줄임말이고, "꽃과 지리산"이란 뜻도 있다. 지농마의 여신이니 지농마의 꽃이라 불러도 되겠다. 하동에는 아름다운 이들이 많다. 우리나라에서 가장 일찍 피는 이곳의 봄꽃들도 찬란히 아름답지만, 꽃보다 더 아름다운 사람들도 많다. 이제 곧 중년이 되어 가는 청년 농부 김정태 대표의 꿈이 꼭 이뤄지길 바란다. 열렬히 응원한다.

주막, 양조장, 펍에
와이너리까지 있는 시골이라면?

　서울과 수도권 또는 대도시에서 살던 사람이 로컬로 삶터를 옮긴다고 가정할 때 가장 걱정하는 것들이 있다. 의료, 문화, 대중교통 같은 편의 시설이나 기반 시설도 당연히 꼽겠지만 또 하나 걱정하는 게 있다. 그게 무엇일까? '만남'과 '교류'다. 삶터를 로컬로 옮긴 청년들이 이구동성으로 말하는 로컬의 취약점도 다르지 않다. 자기와 마음이 통하는 사람들과 만나 소통하고 힘을 주고받는 '네트워크'의 결핍 또는 부재. 하루 종일 열심히 일한 뒤, 해 질 무렵 집에서 멀지 않은 동네에서 좋은 친구들과 만나 피로도 풀고 기운도 얻는 '참새 방앗간'이 필요한데 도시와 달리 로컬에는 이런 장소들이 없어 힘들다는 얘길 자주 듣는다.

　맞다. 시골에는 당연히 부족한 것들이 많다. 저녁에 이웃들과 함께 보낼 장소도 도시에 비한다면 턱없이 적다. 그런데 하동은 다르다. 내가 한 달을 살았던 악양면에는 주막도 있고, 양조장도 있고,

폄도 있었다. 거기에 와이너리까지 있는 시골이라면 만남과 교류에 대한 걱정은 안 해도 되지 않을까?

하동 악양에 '형제봉주막'이 있다는 걸 아는 사람이 얼마나 될까. 영화배우 공유가 하동에 와서 광고를 촬영할 때 이 주막에 들른 뒤로 유명세를 탔으니 아는 이들이 제법 있을지도 모르겠다. 악양 입석마을 입구 너른 마당을 마주한 곳에 고즈넉한 주막이 자리하고 있다. 형제봉주막에 처음 들른 것은 2020년 9월 26일 '섬진강 달마중' 행사에 참가했던 날이다. 행사가 끝난 뒤 놀루와 오동수 실장은 우리 부부를 이 주막으로 안내했다. 이런 시골에 이런 주막이 있다니 놀라웠다. 안 그래도 하루 종일 하동의 매력에 푹 빠졌

형제봉주막 10주년 기념식 ⓒ조성희

공유와 형제봉주막 ⓒ에피그램

공유와 송영복 주인장 ⓒ에피그램

는데, 더없이 멋진 마무리였다.

　형제봉주막을 만든 사람은 송영복 사장이다. 1957년생 하동 사람인 송 사장은 스물넷에 고향을 떠나 서울, 부산, 울산, 마산에서 15년간 호텔리어로 일했다. 그 뒤에는 레스토랑, 라이브카페, 횟집, 호프집을 직접 운영하기도 했으나 IMF로 크게 힘든 상황에 처했고, 그때 고향으로 돌아왔다. 2009년 가을이었다. 살 집을 찾다가 입석마을 입구에서 예전에 구판장과 이발소로 쓰던 빈 건물을 발견해 직접 고쳤다. 당초 집으로 쓸 생각으로 고쳤는데, 사람들이 와서 놀다 가는 놀이터까지 염두에 두고 고치다 보니 살림집이 주막으로 변신했다. 공지영 작가의 「지리산 행복학교」에 소개되면서 알려졌고, 2019년 2월 14일 공유가 의류 광고 촬영차 하동에 와서 형제봉주막에 들른 뒤로 더욱 유명세를 탔다.

하동에 한 달 살 때, 또 그 뒤에 하동에 갈 일이 있을 때 형제봉 주막에 종종 들른다. 다섯 살 위인 송영복 사장과는 오래 전에 호형호제하는 사이가 되었다. 형님이 기타 반주로 노래 두어 곡을 부르면 아우가 기타를 건네받아 답가로 한 곡쯤 부른다. 주막은 예나 지금이나 풍성한 만남과 교류의 장이다. '고매감'의 서훈기 대표, '놀루와' 오동수 실장 등 가까운 이들과 주막에 갔다가 뜻밖의 친구들을 만나고 사귀게 된다. 어느 날엔 '한국여행작가협회'의 임인학, 진우석, 이종원, 강한나, 김홍수 등 여행 작가들과 조우해 술잔을 건네고 노래를 함께 부르며 아주 재미난 저녁을 보낸 적도 있다. 여행 작가는 나의 아껴 둔 꿈이어서 더욱 귀한 만남이었다.

한국여행작가협회 회원들께 노래 한 곡 ⓒ오동수

하동에는 양조장도 여럿 있다. 읍면 단위로 하나씩은 있는 것 같다. 악양에는 면사무소 가까이 '악양주조장'이 있고, 화개장터 입구에는 '화개합동양조장'이 있다. 화개합동양조장을 운영하는 이근왕 대표는 '놀루와'의 조합원이기도 하다. 1973년에 선친께서 창업했고 선친이 돌아가신 뒤에는 어머니께서 운영하셨는데, 어머니마저 돌아가신 뒤부터 이근왕 대표가 물려받아 운영하고 있다. 하동 사람인 이 대표는 인천에서 대학을 졸업한 뒤 유명한 제과 회사에 근무하다 2005년 귀향했다.

  2021년 4월 첫날 화개합동양조장에서 하루 '알바'를 했다. 막걸리를 만드는 전 과정을 보면서 여러 과정에 필요한 일들을 직접 해봤다. 술을 좋아하는 사람에겐 양조장 알바가 아주 제격이다. 예전에는 직원도 고용했는데 요즘은 이 대표와 가족들이 모든 일을 거의 다 한다고 했다. 중학교에 다니는 아들 승준이가 아빠를 도와 큰일을 담당하고 있고, 일손이 많이 필요할 땐 놀루와 식구들이 그때그때 거들기도 한다. 그날도 놀루와의 조문환 대표와 오동수 실장, 그리고 나까지 셋이서 하루 알바를 뛰었다.

  술 만들기 첫 단계는 고두밥을 찐 다음 술통에 옮겨 담아야 하는데, 그 전에 뜨겁게 찐 고두밥을 찬물에 식혀야 한다. 찬물에 담가 식힐 때는 뭉친 고두밥을 손으로 잘 풀어 줘야 한다. 무거운 고두밥을 옮기는 일도, 찬물에 담가 식히고 풀어 주는 일도 힘이 들었다. 고두밥을 술통에 담은 뒤에는 효모를 넣어 발효시킨다. 시간이 지나면 뽀글뽀글 술 익어 가는 소리가 들린다. 술이 만들어지는 마지막 단계는 발효된 술을 120리터 큰 술통으로 옮긴 뒤 물을 섞어 먹기 좋은 막걸리 도수로 맞추는 일이다. 18도짜리 막걸리 원액이 물과 섞여 7도 막걸리로 변신하는 순간이다. 양조장은 술 향기가 가득했다. 하루 종일 양조장 일을 하면서 술이 그냥 만들어지는 게 아니라는 걸 깨달았다. 앞으로는 더욱 감사한 마음으로 술을 마시자고 다짐했다.

완성된 막걸리는 750밀리미터 페트병에 담아야 한다. 마지막 단계인 '병입작업'도 처음 해 봤다. 100개들이 한 묶음으로 포장된 막걸리 페트병을 한 번에 6개씩 술이 나오는 꼭지 아래 나란히 세운 뒤 버튼을 누르면 막걸리가 주입된다. 다음 단계는 6개 페트병 위에 뚜껑을 가볍게 덮어 주는 것인데, 두 손으로 한 번에 두 개씩 세 번 나눠 했다. 술이 페트병에 채워지면 바로 컨베이어 벨트 위로 지나가기 때문에 신속해야 한다. 양조장 알바 경험이 나보다 많은 조문환 대표가 병입작업을 맡았고, 초보 알바인 나는 병뚜껑 덮기를 맡았다. 처음엔 실수도 하고 속도에 못 맞추기도 했지만 이내 익숙해졌다. 마지막 작업은 이 대표의 아들인 승준이 몫이다. 기다렸다는 듯 막걸리 페트병을 하나씩 왼손에 들고 오른손으로는 병뚜껑 전동포장기로 마개를 단단히 고정시켰다. 숙달된 장인의 솜씨였다.

마지막 한 단계가 남았다. 막걸리 페트병에 병입 날짜 인쇄하기다. 컨베이어 벨트 위로 페트병이 지나가면 병목에 날짜가 착착 찍힌다. '21. 04. 02 제조, 21. 04. 21 까지' 내 손으로 만든 술에 제조일과 유효기간이 찍힌 걸 보니 심쿵했다. 그렇게 화개합동양조장에서 생산하는 '화개장터 막걸리' 600통 병입작업을 모두 마쳤다. TV

프로그램 〈체험 삶의 현장〉에 출연한 느낌이었다. "정석이 화개 양조장에 왔다. 땀 뻘뻘 흘리며 뛰어가는데, 막걸리 술통에서 맛난 막걸리가 콸콸콸~."

하동 악양면사무소 가까이에 '통파이브'란 이름의 펍이 있다. 이런 시골에 이런 맥주집이 있다니, 와서 보면 아마도 놀랄 것이다. 분위기도 아주 '힙'하고 술과 안주도 다채롭다. 시원한 생맥주뿐만 아니라 다양한 세계 맥주를 골라 마실 수도 있다. 주인장의 요리 솜씨가 좋아 가벼운 황태부터 치킨, 샐러드, 피자까지 다양한 안주를 맛볼 수 있다. 손님들이 다 가고 우리 일행만 남으면 주인장이 기타를 들고 와 함께 노래 부르며 마무리를 하곤 했다.

'통파이브' 주인장 김진원 대표의 삶도 드라마틱하다. 1968년 부산에서 태어나 초등학교 졸업 후 서울로 가서 중고등학교와 대학을 졸업한 뒤 현대산업개발에 입사했다. 스물아홉부터 마흔넷까지 15년간 현대그룹에서 일했고 그중 12년을 중동의 건설 현장에서 보냈다. 퇴사한 뒤 부산에서 설계사무소를 열었고, 아내는 영어 학원을 운영했다. 김 대표도 아내도 모두 귀촌을 꿈꾸었다. 함께 형제봉에 올랐을 때 아름다운 평사리 들판과 멀리 남해 바다까지 내려다보이는 악양의 매력에 푹 빠졌다. 지리산 둘레길을 걷다가 구재봉에서 비박했을 때도 형제봉 때와 또 다른 매력으로 아름답게 펼쳐지는 평사리 풍경에 매료되어 하동 악양에 오기로 결심했다.

김 대표가 50세 되던 해에 부부는 함께 하동 악양으로 귀촌했다. 처음엔 신흥리 폐농가를 고쳐 잠시 살다가 맘에 드는 땅을 찾아 30평 규모의 이층집을 지었다. 농지 3천 평을 임대해 대봉감, 매실, 고사리 농사를 지었는데 성공하지 못했다. 문제는 판로였다. 농사로 자리 잡는 데 최소 5년은 걸릴 것 같아 다른 일거리를 찾았다. 마침 횡천면에 군에서 짓는 복지 목욕탕 입찰이 있어 신청했고 뽑혔다. 1년 임대료로 500만 원을 내고 목욕탕을 운영해 연 3500만 원의 수익을 거두었다. 수익도 수익이지만 많은 사람들을 알게 된 게 더 큰 수확이었다.

1년간의 목욕탕 임대 운영을 마친 뒤, '통파이브' 운영자를 찾는다는 소식을 듣고 2020년 4월 주인과 2년 계약을 맺었다. 열심히 가게를 살려 갔는데 코로나에 크게 한 방 맞고 휘청거렸다. 통파이브가 위기라는 얘길 듣고 놀루와 식구들과 나의 지인들은 '통파이브 구하기' 작전에 돌입했다. 거의 매일 저녁 통파이브에 들렀다. 동네 펍을 살리려는 눈물겨운 노력이 있었지만 더는 버티지 못했다. 김 대표는 2년 계약을 다 채우지 못하고 2021년 연말에 통파이브 가게 운영을 접었다.

김진원 대표는 작사, 작곡에 노래까지 잘하는 음악인이다. '하동 이야기', '알프스 하동', '놀러 와', '그래구례 꽘파티송' 등 하동 지역과 관련된 노래도 일곱 곡이나 만들었다. 지역 축제 때엔 공연도 한다. 2023년 10월 마지막 날, 하동 읍내 두곡마을의 축제 때도 무대에 섰다. 통파이브를 접은 뒤 김 대표 아내는 하동 읍내에 영어 학원을 다시 차렸고 본인은 건축회사 'JW공간창조'를 창업했다. 올해 상반기에 건물 신축 3건, 리모델링 8건 등 일이 많았다고 한다. 시골에도 일은 많은데 경쟁 업체가 적으니 도시보다 사업하기가 더 유리할 수 있다. 시골에서 흔히 볼 수 없는 고퀄리티로 집을 고쳐 주면 입소문이 나서 더 많은 일이 찾아올 것이다. 여하튼 지금 만족스럽게 살고 있다며 하동에 오면 꼭 연락 달라고 한다. 시원한 맥주 한 잔 대접하고 싶다며.

주막, 양조장, 펍에 더해 하동에는 와이너리까지 있다. 그것도 포도가 아닌 이 지역 특산물인 대봉감으로 와인을 제조하는 와이너리를 만든 사람은 정성모 대표다. 정 대표도 '놀루와'의 조합원이고, 초기에는 감독으로 중책을 맡았으며, 2023년부터는 부대표로 조문환 대표와 함께 놀루와를 이끌고 있다.

정 대표는 하동 북천면에서 나고 자랐다. 진주에서 초중고 학창 시절을 보낸 뒤 서울로 가서 고려대 행정학과를 졸업한 뒤 삼성그룹에 입사했다. 삼성생명에서 16년을 보낸 뒤 IT 업체로 옮겼고, 3년간 미국 파견 근무 중에 인생의 전환점을 맞게 된다. "3년 동안 캘리포니아에서 근무하면서 주말에는 늘 와이너리를 돌아봤지요. 좋은 와인을 찾아 맛보는 것도 좋았지만, 와이너리에서 일하는 사

평사리 들판과 왼쪽 아래 빨간 지붕의 'SM JEONG 와이너리' ⓒ황영필

람들이 한결같이 행복한 표정으로 일하는 게 무척 특이했어요. '아, 이렇게 행복하게 일하며 살 수도 있구나. 나는 일할 때 이렇게 행복했던 기억이 별로 없는데, 일터가 와이너리여서일까?' 하는 생각을 하면서 와이너리에 점점 매료되었지요."

귀국하자마자 직장을 그만두고 2016년 3월부터 대봉감으로 와인 만드는 일에 뛰어들었다. 당연히 험난한 과정을 겪어야 했다. '하동와인연구회'를 만들어 함께 공부했고, 농업기술센터에서 발효 교육 등 필요한 과정을 이수했다. 사과로 와인을 만드는 충남 예산의 와이너리를 찾아가 와인 제조의 노하우를 배웠고, 충북 영동의 대봉감 와이너리를 알게 된 뒤로 수시로 영동을 오가며 기술을 배우고 익혔다. 그렇게 2년 남짓 대봉감 와인 제조의 시행착오를 거친 뒤 2018년 봄 무렵 완성 단계에 이르렀다. 그렇게 해서 '가므로 GAMEURO'라는 대봉감 와인 브랜드를 탄생시켰다.

하동 악양면 축지리의 큰길에서 산으로 오르는 좁은 길을 500미터쯤 올라가면 흰색 벽에 붉은 기와지붕의 예쁜 집이 보인다. 정 대표가 만든 'SM JEONG 와이너리'다. 1층에는 꽃차를 파는 카페가 있고 2층은 스테이로 운영한다. 하동에 처음 왔을 때 나도 이곳에서 며칠을 묵었다. 카페에서는 종종 공연도 열린다. 별채도 있는데 이곳에서는 대봉감으로 와인을 만드는 체험 프로그램도 열리고 정식 교육도 한다. 언덕 위에 있는 와이너리는 건물도 예쁘지만 전망도 아주 좋다. 소설 「토지」의 무대인 평사리 들녘의 부부송과 최 참판 댁이 내려다보인다. 하동의 아름다운 경관을 만끽하면서 와인까지 즐길 수 있는 아주 멋진 곳이다. 들러 보시라.

영국 옥스퍼드대학교의 로빈 던바Robin Dunbar 교수는 2016년 초에 도심부 대형 술집에서 술을 마시는 사람들보다 동네의 작은 술집(Pub)에서 술을 마시는 사람들이 훨씬 더 행복하다는 흥미로운 연구 결과를 발표한 적이 있다. 모르는 사람들로 북적이는 번잡한 시내 큰 술집보다 이웃들과 어울리는 동네 작은 술집에서 사람들은 더 높은 신뢰, 만족감, 소속감을 느낄 뿐만 아니라 만나는 친구의 수도 많고 대화 시간도 길게 갖는다고 응답했다. 연구 책임자인 던바 교수는 "사람들의 행복한 삶에 가장 중요한 두 가지 요소인 '우정'과 '연대감(소속감)'이 형성될 가능성은 시내 술집보다 동네 술집에서 월등히 높다."고 설명하며, "온라인 커뮤니티나 직장 동료들보다 동네에서 늘 얼굴을 맞대고 살아가는 이웃 공동체의 우정과 연대가 훨씬 돈독함을 보여 준 것"으로 해석하였다.

맞는 말이다. 우리는 혼자 살 수 없다. 도시에서도 시골에서도 마음을 나눌 친구가 필요하다. 친구들과 만나 하루의 피로도 풀고 서로 격려하며 웃고 떠들 '장소'가 집 가까이 있어야 한다. 그러니 우리 마을에 주막이든 펍이든 와이너리든 있어야 한다. 하동의 시골 악양에는 다 있다. 게다가 멋진 레스토랑까지.

'SM JEONG 와이너리'의 이모저모 ⓒ황영필, 정성모

하동 차를 새롭게 만나는 자리,
'베름빡'과 '산몬당'

　하동은 '차茶'로 유명한 곳이다. 2023년 5월 한 달 동안 하동에서 '세계茶엑스포'가 열린 것만 봐도 알 수 있다. 하동에서 머지않은 전라남도 보성도 차로 유명하지만, 하동 사람들은 우리나라에 처음 차의 종자를 들여와 심은 '차나무 시배지'가 하동에 있다며, 차 문화의 원조는 하동이라고 말하곤 한다. 평소 차 마시는 걸 썩 좋아하지 않았던 내가 하동 한달살이를 하면서 이래저래 차와 만날 기회가 많았고, 지금은 차 마시는 걸 아주 좋아하는 사람으로 바뀌게 해준 결정적 계기가 있었다. '일상이 다반사茶飯事'라며 누구나 차를 어렵지 않게, 쉽고 편안하게 마실 수 있도록 새로운 차 문화를 열어가고 있는 사람, "지혜의 숲"이란 뜻을 담은 '혜림농원'을 운영하는 구해진 대표를 만나면서였다.

　2021년 7월 17일 토요일 아침 일찍 '놀루와' 오동수 실장과 '고매감' 서훈기 대표와 함께 지리산 노고단을 다녀온 뒤, 식당 열 준비를 해야 하는 서 대표를 먼저 보낸 오 실장은 아주 멋진 찻자리를 보여 주겠다며 '베름빡 찻자리'로 나를 안내했다. 하동군 화개면 차시배지길 12-18, 화개천 좌우로 꽤 급경사의 언덕이 이어져 마치 알프스의 풍경처럼 보이는 산 중턱 경사지에 3만 평의 혜림농원이 자리하고 있다. 주인은 부재중인데 오 실장은 접이식 테이블을 내려 찻자리를 폈다. "벽"을 뜻하는 이곳 사투리 '베름빡'에 만든 '베름빡 찻자리'가 눈앞에 펼쳐졌다. 기막힌 아이디어였다. 오래된 동네의 좁은 골목길에 이런 접이식 의자와 평상을 만들면 좋겠다는 생각을 오래 해 왔던 사람이어서인지 '베름빡 찻자리'는 아주 멋진 디자인으로 보였다. 한눈에 반했다.

주인을 기다리며 잠시 앉아 있는데 멀쩡하던 하늘에 먹구름이 나타나 산을 덮더니 순식간에 소나기를 퍼부었다. 더운 여름날의 열기를 식혀 주는 장대비를 바라보며 '비멍' 시간을 즐겼다. 잠시 뒤 장대비가 그치더니 금방 하늘이 열리고 운무가 피어올랐다. '야, 지리산은 이런 곳이구나!' 감동에 젖으며 베름빡 찻자리에서 차를 마셨다. 차 맛을 처음 느낀 순간이었다.

산몬당 찻자리의 맛깔스러운 차 ⓒ구해진

산몬당 찻자리에서 화개 계곡 풍경을 바라보며 차를 마신다. ⓒ오동수

사흘 뒤엔 새벽 찻자리에 초대받았다. 멤버는 그대로 오동수, 서훈기, 구해진 대표와 나까지 넷이었다. 차를 마실 장소는 '산몬당 찻자리'였는데, 산꼭대기에 있는 곳이어서 산몬당 찻자리란다. 산몬당까지는 산길을 걸어서 올라갈 수도 있고 모노레일을 타고 가는 방법도 있다. 그날 우리는 모노레일을 함께 타고 올라갔다. 지혜의 숲 혜림농원의 차밭 경사지를 가로질러 오르는 모노레일에서 보는 주변 풍광이 기가 막혔다.

산몬당 찻자리에 도착하니 눈 아래로 그림 같은 장관이 펼쳐졌다. 화개 계곡이 한눈에 들어왔고, 멀리 지리산이 겹겹이 병풍처럼 보였다. 쌍계사의 아름다운 풍경도 보였고, 쌍계초등학교도 눈에 들어왔다. 이런 멋진 곳에서 이른 새벽에 차를 마시다니, 나만 호사를 누리는 것 같아 고맙고 송구했다. 구해진 대표가 고운 손으로 내린 차에 소나무가 보였다. 솔향까지 더해서일까, 차 맛은 아주 부드러웠다. 차를 마시며 정담을 나눴다. 구 대표는 새벽 차 모임을

'조다회早茶會'라 불렸는데 발음이 썩 좋지 않아 내가 새로운 이름을 지어 주었다. "이른 새벽에 차를 마시며 정담을 나누는 자리"이니 '조조다담早朝茶談'이라 부르자고 했다. 다들 동의해 주었다. 산몬당 찻자리에는 손님들의 편의를 위해 얼마 전에 화장실도 마련했다. 화장실 앞 소나무들 가운데 밑동 껍질이 벗겨진 나무가 보였다. 이유를 물으니 멧돼지가 와서 등을 긁어서란다. 높고 깊은 산 지리산이니 멧돼지도 가까이 살겠구나 싶었다.

올라갈 때와 달리 내려올 때는 산길을 걸어 내려왔다. 숲에서 사는 사람과 함께 산길을 내려오면서 이것저것 많이 배웠다. '초피나

산몬당 찻자리를 내려오는 길, 신선이 되었다. ⓒ서훈기

무'와 '산초나무'가 나란히 서 있는 게 희한했다. 어떻게 구별하는지도 보고 배웠다. 초피 열매를 따서 코에 가까이 대니 향이 얼마나 진한지 깜짝 놀랐다. 녹차 씨도 처음 봤다. 전날 술을 꽤 마셨는데, 새벽 숲속 찻자리에서 차를 마시고, 산길을 천천히 걸어 내려와서인지 몸도 마음도 아주 상쾌해졌다. 신선이 된 느낌이었다. 강아지풀꽃을 따서 수염을 달았다. 더욱 신선이 된 기분이었다.

2023년 7월 25일, 지혜의 숲 혜림농원의 '베름빡 찻자리'에 마주 앉아 구해진 대표와 인터뷰를 했다. 차밭을 가꾸고 베름빡과 산몬당 같은 아주 특별한 찻자리를 만든 이유부터 물었더니 "일상이 다반사!"라고 답했다. 자연에서 거둔 차를 격식이나 절차 때문에 어렵게 마시지 말고 누구나 쉽고 편하게 즐겨야 한다는 구해진 대표의 철학에 고개를 끄덕였다. 내가 차를 썩 좋아하지 않고 즐겨 마시지 않았던 이유도 거기에 있었다. 차를 마시려면 차를 내리는 데 필요한 여러 가지 도구들을 장만해야 하고, 차를 내리고 마시는 데도 이런저런 절차와 격식을 갖춰야 할 테니 부담스러운 마음이 컸다. 나만 그런 게 아닐 것이다.

구해진 대표의 첫인상은 네팔 어느 산골짝이나 중국 운남성 골목에서 만난 현지인 같은 아주 친근한 모습이었다. 짧은 머리에 검게 탄 보통의 시골 사람 같은 첫인상은 만남을 거듭할수록 변해 갔다. 지금 나에게 박힌 구 대표의 인상은 현자이자 삶에서 우러나는 소박한 언어들을 자유롭게 구사하는 시인이다. 배울 게 많은 아주 멋진 사람이다.

  접이식 아이디어 작품 '베름빡 찻자리'를 만들게 된 계기를 물었다. 처음엔 접이식 테이블만 만들려다가 차를 마시는 도구를 매번 들고 나오는 불편도 덜고, 주인이 없을 때 손님이 와도 어렵지 않게 테이블을 펴고 도구를 꺼내 차를 내려 마실 수 있도록 테이블과 보관함까지 함께 만들었다고 했다. 길가 선술집에 들르듯 편하게 차를 마시는 자리를 만들고 싶었다고 했는데, 의도대로 성공한 것 같았다. 하동에 와서 여러 곳에서 차를 마셨는데, 나에게 가장 편안했던 자리는 '베름빡 찻자리'였기 때문이다.

  구 대표는 화개에서 태어났다. 어려서부터 차를 마시는 게 생활의 일부였고 문화였다. 논산에서 일이 년 직장 생활을 했던 기간을 제외하고는 지금까지 내내 고향 화개에서 살고 있다. 고향을 떠나고 싶은 생각은 없었냐고 물었다. 논산에서 직장 생활을 하면서 전국 각지로 출장을 다녀 봤지만 화개에 비길 만한 곳은 없었다고 대답했다. 특히 도시의 삶은 너무 각박해서 싫었다며 화개 자랑을 이어 갔다.

  "이곳은 눈 뜨면 아름다운 자연을 볼 수 있고, 매일 아침 새소리를 들으며 잠을 깹니다. 늦잠을 자고 싶어도 새들의 성화 때문에 잘 수가 없지요. 화개는 하동에서 가장 좋은 곳이고, '화개花開'라는 지명처럼 지리산에서 가장 먼저 꽃이 피는 곳, 지리산 아래 지역 중 가장 따뜻한 곳입니다. 명산인 지리산과 아름다운 섬진강, 바다 가운데 으뜸인 남해까지 모두 가진 곳 아닙니까? 화개는 산세가 험하고 협곡과 깔끄막(경사지)이 많은 곳이라 농사짓는 사람은 물론 힘들지만, 이곳에서 자란 매실, 차, 고사리 등 농산물들은 최고의 품질을 자랑합니다."

지리산 계곡의 시골 화개에서 차 농사를 짓고 살아가는 '경제적' 측면도 물어봤다. "내 몸 움직여 열심히 일하면 먹고 사는 데 큰 문제는 없습니다. 자녀 키우고 공부 시키는 데도 문제없습니다. 농사를 기본으로 하고, 나름의 주특기를 살려 일하면 시골에서도 얼마든지 잘살 수 있습니다."

베름빡 찻자리에서 좌로부터 구해진, 오동수, 정석 ⓒ오동수

시골살이의 좋은 점과 불편한 점도 물었다. "시골살이의 가장 좋은 점은 스트레스 덜 받고 살 수 있는 것이지요. 아침에 창문 열고

들이마시는 지리산 공기는 돈으로 살 수 없고, 대도시에서는 결코 누릴 수 없는 것 아닙니까? 맑은 공기 덕에 시야도 탁 트여 눈도 늘 호강합니다. 시골살이의 불편한 점도 있지요. 대표적인 게 문화 생활과 쇼핑인데, 요즘은 온라인으로 쇼핑도 문화 생활도 가능해져 크게 불편하지 않습니다."

구 대표의 자녀들도 부모처럼 시골살이를 선택할 것인지 궁금했다. 부모들이 이곳에서 행복하게 잘살아야 자식들도 부모의 길을 따를 것이므로, 지혜의 숲을 잘 가꿔 자녀들이 보기에도 부럽고 욕심나도록 할 작정이라고 답하며 방긋 웃는다. 자신 있는 모양이다. 혜림농원 자랑이 이어진다. "지혜의 숲 혜림농원은 단순한 숲이 아닙니다. 즐거움이 가득한 곳이고 휴식과 힐링의 장소입니다. 바람에 흔들리는 나뭇가지를 바라보고, 매미 소리와 새소리에 귀를 기울여 보세요. 새소리는 아침, 점심, 저녁 시간에 따라 각기 다릅니다. 시간을 느끼고 계절의 변화를 온몸으로 느끼며 지혜의 숲에서 편히 쉬면서 자연이 일러 주는 귀한 지혜를 깨닫길 바랍니다."

인터뷰 도중에 커피 드립 기구에 차를 내려 주었다. 처음 보는 색다른 방식이다. 이를테면 '차 드립'이다. 구 대표의 평소 지론인 '일상이 다반사'를 그대로 보여 주는 좋은 예다. 차를 내려 마실 때 누구나 손쉽게 쓰는 방법이 바로 '드립'이겠다. 차를 드립해서 내려도 떫고 쓴맛은 나온단다. 그래서 드립용 차는 떫고 쓴맛이 조금 덜 나도록 차를 만들 때 조절한다고 했다.

구해진 대표의 혜림농원은 2023년 '대한민국 올해의 명차 최우수상'을 받았다. 누구나 쉽고 편하게 차를 즐기는 '일상다반사'의 철학을 실행에 옮기며, 베름빡 찻자리와 산몬당 찻자리 같은 아주 매력적인 새로운 찻자리를 열어 가고 있는 그의 노력이 인정받고 평가받은 것으로 생각되어 내 일처럼 기쁘다.

차를 마시는 게 번거롭고 불편하게 여겨져 차를 피했던 사람이라면 하동 화개 '지혜의 숲'에 한번 다녀가면 좋겠다. 산에 오르는 길가 '베름빡 찻자리'에 들러 편하게 차와 만나고, 조금 특별한 찻자리를 원한다면 이른 새벽 '산몬당 찻자리'에서 좋은 사람과 함께 '조조다담'을 즐겨 보시길 권하고 싶다. 주의하시라. 차의 세계에 푹 빠지게 될지 모르니. 하동의 매력에 붙들릴지 모르니.

산몬당 찻자리에서 인생 샷을
ⓒ이상하

작은 것들 잇고 엮어
'마을 호텔'을 만든 사람들

'마을 호텔'이란 꿈을 꾸고 오랫동안 준비해 마침내 꿈을 이룬 작은 시골 마을이 있다. 2023년 5월 11일 경남 하동군 악양면 매계마을에서는 마을 호텔 '호텔 매계'의 시작을 알리는 현판 제막식이 열렸다. 매계마을 주민들과 '하동주민공정여행 놀루와협동조합'이 2018년부터 함께 준비해서 이룬 값진 쾌거다. 하동 악양면 가장 안쪽에 자리한 매계마을에 마을 호텔이 드디어 문을 열었다. 여행객들도 와서 묵을 수 있고, 지리산 아래 고즈넉한 하동 매계마을에서 천천히 오래 머물고 싶은 이들도 와서 지낼 수 있다. 마을 호텔을 찾는 사람들이 이어진다면 마을에도 활력이 생길 것이다. 마을 호텔이라는 새로운 비즈니스와 일자리가 만들어졌으니 마을의 경제에도 긍정적 기여를 할 것이다.

마을 호텔을 나는 '재생의 묘약'이라고 부른다. 비어 있다시피

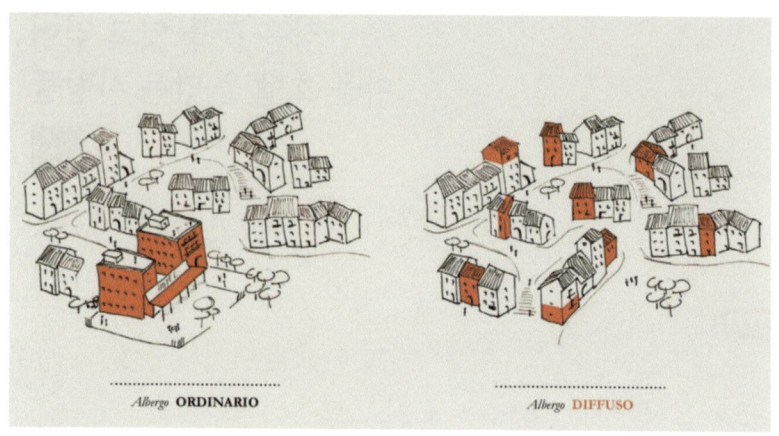

일반 호텔(좌)과 마을 호텔(우) ⓒalbergo_diffuso

한 지방의 중소 도시나 농산어촌 시골 마을에 다시 사람을 초대하고 피를 돌게 해 마을과 도시와 지역을 다시 살려 내는 좋은 해법이기 때문이다. 마을 호텔의 시작은 이탈리아 프리울리Friuli의 시골 마을에서였다. 1976년 지진으로 무너진 마을을 재건할 때 마을 주민들이 아주 깜찍한 생각을 해냈다. 한 건물에 모든 시설들이 집약된 '단일 호텔(수직 호텔)'이 아닌, 마을의 여러 건물들에 호텔에 필요한 기능을 나눠 배치한 뒤 서로 잇고 엮어 하나의 호텔처럼 기능하게 하는 '흩어진 호텔(수평 호텔)'을 창안하고 실행에 옮긴 것이다. 마을 호텔의 원조라 할 수 있는 '알베르고 디푸소(Albergo diffuso·흩어진 호텔)'가 그렇게 태어났고, 이후 일본과 한국 등 여러 나라에서 마을 호텔은 다채롭게 진화하고 있다.

"연결에 답이 있다." 재생 시대를 살면서 내가 늘 마음에 두고 주문을 외우듯 되새기는 말이다. 간절한 염원은 명함에도 담았다. 이름과 연락처 위에 '소다연강미小多連强美'를 새겨 둔 지 오래다. "작아도 많고 이어지면 강하고 아름답다."는 우리말 풀이도 함께 적었다. 에른스트 슈마허Ernst Friedrich Schumacher가 1973년에 쓴 「작은 것이 아름답다」는 책 제목을 재생 시대의 현실에 맞게 고친 것이다. 큰 것들만 살아남는 약육강식의 시장 경제 틈바구니에서 작은 것들이 아름답기는커녕 살아남을 수나 있을까? 의구심이 솟겠지만 다행히도 희망은 있다. 작은 것들을 연결해 강하고 아름답게 되살릴 수 있다는 가능성을 곳곳에 등장하는 마을 호텔에서 본다.

강원도 정선군의 '마을호텔 18번가', 공주의 '마을스테이 제민천', 하동의 '호텔 매계', 서울의 '서촌유희' 등 국내 사례들이 점점 늘고 있다. 2020년 2학기에 개설했던 대학원 수업 '주민 참여 도시 설계'의 주제와 목표는 국내 마을 호텔의 사례 연구 및 정식 출간이었다. 정식 출간을 목표로 하는 '빡센' 수업을 겁 없이 신청한 열한 명의 수강생들로 'UOS 마을호텔탐험대'가 꾸려졌고, 대원들은 다시 한두 명씩 팀을 나눠 공주, 하동, 정선, 전주, 서울, 군산 등을 다니며 마을 호텔 사례를 찾아 한 학기 내내 탐험하였다. 탐험 결과물은 2022년 1월 말에 「마을에 살다 마음을 잇다」라는 제목의 책으로 정식 출간되었다.

2021년 4월 14일 오전, 놀루와 조문환 대표의 안내로 하동군 악양면 매계마을을 둘러보았다. 마을에 들어서면 평사리 들판이 환히 내려다보이고 너른 들 건너에는 봉긋 솟은 칠성봉이 보였다. 마을 회관에 들어서니 장구와 북, 쇠와 징 같은 사물놀이 악기가 눈에 들어온다. "매계는 신선이 살고 있고 인심은 하늘과 잇닿아 있다."라고 누군가 써 놓은 글도 눈길을 끈다. 마을 회관 맞은편 담에는 "우리 마을은 화투 없는 마을입니다."라고 적혀 있다. 고스톱이 어르신들 치매 예방에 좋다고 하던데….

매계마을에서 내려다보이는 평사리 들판과 칠성봉

마을 회관 옆에 '사랑방'이란 간판이 걸린 건물이 있는데, 출입문 오른쪽에 마을 지도가 그려져 있고 왼쪽엔 마을 어르신 서른두 분의 얼굴 그림과 이름이 적혀 있다. 하동댁, 원동댁, 여수댁, 포항댁, 울릉도댁 등등 주로 여성분들인데 한 분 한 분 얼굴 표정이 살

'행복마을만들기콘테스트'를 준비하던 때의 매계마을 주민들 ⓒ조문환

갑다. 시집와서 '~댁'이 되어 버린 저마다의 고향 이름이 정겹게 느껴졌다. 살고 계시는 집집마다 문패로도 걸려 있다고 한다.

조문환 대표에게서 매계마을의 역사와 주민들이 준비하고 있는 마을 호텔 진척 상황에 대해 설명을 들었다. 조문환 대표가 악양면장이었던 2016년에 매계마을은 농림축산식품부가 개최하는 '제3회 행복마을만들기콘테스트'에서 대상을 받고 부상으로 받은 3천만 원으로 마을 주민들이 함께 제주 여행을 다녀왔다. 경상남도 콘테스트에서는 1등으로 뽑혀 전국 대회에 나갔고, 전국에서도 최고의 마을로 뽑혔으니 주민들의 자긍심과 마을에 대한 애착이 엄청 높아졌을 것이다.

매계마을 주민들이 하나로 뭉치게 된 계기가 그 직전에 있었다고 한다. 주민들의 상수원 역할을 했던 간이 집수정이 사유지에 있었는데 땅 주인이 집수정을 폐쇄하려 했고, 이것이 주민들을 단합시킨 계기가 되었다. 주민들은 모두 하동군청에 달려가서 상수원 보존을 요구했고 결국 상수원을 지켜 낼 수 있었다고 한다. 그 이야기를 듣는 순간 서울 마포의 성미산마을 주민들이 떠올랐다. 일찍부터 마을 공동체의 모델로 알려진 성미산마을의 공동체가 단단히 결속된 것은, 아파트와 배수지 건설 같은 개발 압력으로부터 성미산을 지켜 내기 위해 주민들이 눈물겨운 싸움을 이어 오면서였다. 위기가 공동체 형성의 중요한 계기가 되어 주었다는 것은 두 마을이 다르지 않다.

매계마을은 현재 70가구에 120여 명의 주민이 살고 있다. 마을 토박이가 70%이고 외부에서 들어온 사람이 30% 정도라고 한다. 하동 악양의 다른 마을들과 구별되는 매계마을의 특징을 물으니, 조 대표는 악양면 가장 안쪽 마을답게 오래 이어져 온 옛 동네의 정체성이 그대로 살아 있는 곳이라고 답했다. 토박이 주민과 이주민 사이도 좋은 편이고 외지인을 따뜻하게 받아들이는 마을이라고도 했다.

매계마을에 마을 호텔을 만들 구상은 언제 어떻게 시작되었는지 물었다. 조 대표는 2019년 한 신문에서 일본의 마을 호텔을 소개하는 기사를 보고 이거다 싶어 강훈채 이장에게 제안했고, 그 무렵부터 매계마을 주민과 '놀루와'가 함께 마을 호텔을 준비해 왔다고 답했다. 연말에 횡천댁, 상주댁, 입석댁, 이장댁 등 비어 있던 농가 건물들을 깨끗이 청소하고 침구를 준비한 뒤 마을 호텔 실험을 시작했고, 마침 문화체육관광부의 '생활 관광 활성화 사업'에 선정되어 간판도 올릴 수 있었다. 조 대표와 함께 마을을 돌아보며 마을 호텔 사업을 본격화하기 위한 준비에 대해서도 설명을 들었다. 마을의 공동 농기계 보관 창고는 장차 컨퍼런스홀로 변신할 예정이고, 마을 입구의 정자 앞 빈터에는 마을 식당을 신축할 예정이라고 했다. 귀농인이 들어와 지은 집 가운데 '청유원필방'이란 문패가 보였다. 마을 호텔이 문을 열면 이런 재능 있는 분들이 다채로운 체험 프로그램을 운영할 수 있을 것이다.

마을 호텔의 숙소 가운데 하나가 될 '횡천댁'에 들렀다. 대문 옆에는 횡천댁의 얼굴이 그려진 문패가 예쁘게 달려 있었다. "누님!" 큰 소리로 집주인을 부르며 집 안에 들어가는 조문환 대표를 따라 나도 횡천댁에 들어섰다. 외출하셨는지 횡천댁은 안 계셔서 우리끼리 집 안팎을 구경했다. 안채와 조금 떨어진 곳에 바깥채가 있는데, 이곳이 이전에도 임시 마을 호텔로 사용됐고 앞으로도 그렇게 될 거라고 했다. 마당에는 우물도 있었다. 횡천댁이 시집올 무렵 서방님이 우물을 팠다고 하는데 지금도 맑은 물이 솟는 살아 있는 우물이었다. 마당에는 밤나무, 매실나무, 감나무, 녹차, 머위 등이 눈에 들어왔다. 횡천댁 남편분이 살아 계실 때 약초를 많이 심었다고 한다.

집 구경을 끝낼 무렵 횡천댁 누님이 오셨다. 면사무소에 볼일이 있어서 이웃인 고성댁이 차로 모시고 다녀왔다고 했다. 횡천댁은 옥수수를 삶아 내오셨다. 더덕차도 함께 주셨는데 둘 다 맛이 일품이었다.

한 해 전에 하동에 왔을 때 횡천댁 누님의 편지를 받은 적이 있다. 마을 어르신들이 만든 예쁜 굿즈 하나를 사서 지금도 가방에 달고 다니는데, 횡천댁이 만든 굿즈에는 내게 보내는 손글씨 편지도 함께 담겨 있었다. "정석아, 오늘은 너의 할머니다. 요즈음 많이 바쁘지? 항상 건강은 챙기거라. 옷 따시게 입고 밥 많이 먹고 바쁠수록 둘러가라 한다. 모든 일 쉬엄쉬엄 잘하길 바란다. 이 할머니 부탁이란다. 부디 몸조심하길 빈다. 사랑해."

매개마을 할매들이 만든 굿즈 ⓒ놀루와

편지만 받았지, 횡천댁을 직접 만난 건 그날이 처음이었다. 작년에 편지 받은 '손자'가 바로 나라고 인사드린 후, 나이 차가 그다지 많지 않으니 앞으로는 누님 동생 하자고 말씀드려 허락을 받았다.

매계마을은 경치가 좋은 곳이다. 매화꽃 피는 계곡이란 멋진 이름을 가진 곳이니 아름다울 수밖에. 윗동네 올라가는 중간에 아주 큰 한옥이 있고, 동네 맨 뒤쪽에 아담한 집이 두 채 있는데, 원주와 천안에 살다가 하동에 와서 악양 매계마을 끝에 자리 잡은 유기대 대표 부부가 사는 '울릉댁'이다. 그날 조 대표와 함께 인사드렸는데 융숭한 점심 대접을 받았다. 메밀국수, 고구마, 맛난 나물에 삶은 계란까지 훌륭했다.

매계마을 답사를 마치고 나올 무렵 강훈채 이장을 만났다. 1958년생으로 젊은 시절 고향을 떠난 뒤 30년 만에 귀향했다. 귀향은 어릴 적 그의 꿈이었다. 50대 중반에 고향에 돌아와 2014년부터 마을 이장으로서 주민들의 마음을 모아 가며 많은 일들을 해낸 분이다. 가장 큰 걱정이 무엇인지 물으니 외지에서 온 사람과 마을 주민들 사이의 갈등이 가장 걱정이라고 답했다. 강 이장은 2022년 말 9년 동안 해 왔던 이장직을 내려놓았다. 2023년 1월부터는 귀촌 20년차인 1963년생 이상윤 씨가 새로운 이장으로 일하고 있다.

2018년부터 차근차근 준비해 온 매계마을 마을 호텔은 2022년 9

월 23일 매계마을 공동 농기계 보관 창고를 리모델링한 주민 공동체 시설 '사랑방 맷골'이 문을 열면서 대강의 준비를 마친 뒤, 2023년 5월에 '호텔 매계'가 마침내 공식 오픈했다. 현재는 울릉댁, 횡천댁, 한옥댁, 양주댁 등 네 채의 5개 객실에 10명 정도 숙박이 가능

사랑방 맷골 개관식(2022년 9월 23일) ⓒ조문환

하다. '놀루와'가 운영하는 화개 모암의 게스트 하우스까지 합하면 10개 객실에 20여 명을 수용할 수 있는 규모의 마을 호텔이다.

'놀루와'는 2023년 문화체육관광부의 지역관광추진조직(DMO) 수행 단체로 선정되었다. 국비 1억 원과 군비 1억 5천만 원 등 총 2억 5천만 원의 사업비로 하동의 지역 관광 활성화를 위한 많은 일들을 수행할 것으로 보인다. '호텔 매계'도 하동 관광의 중요한 거점

호텔 매계 울릉댁, 횡천댁, 양주댁, 한옥댁 ⓒ하정아

으로 주목받게 될 것으로 기대한다.

　소멸 위기의 원도심과 활력을 잃어 가는 오래된 동네로 사람을 초대하고 일자리를 만들며, 사람들이 들른 곳마다 활기를 불어넣는 마을 호텔은 도시 재생의 묘약이다. 수직으로 쌓아 올린 호텔에서 거둔 수익은 본사가 쏙 뽑아 가겠지만, 수평으로 펼쳐 놓은 마을 호텔의 수익은 마을 구석구석으로 스며들어 마을과 사람을 키울 것이다.

　일반 호텔에 없는 게 마을 호텔에는 있다. 보통의 호텔에서 맛볼 수 없는 것을 마을 호텔에서 만끽할 수 있다. 멋지게 고친 옛집에서 달게 자고 일어나 천천히 걸어 골목길 안의 숨은 맛집에서 아침을 먹는다. 사진관 앞을 거닐다 찻집에 들러 강의도 듣고 공방에 가서 손수 무언가를 만든 뒤 동네 목욕탕에서 피로를 풀며 추억에 잠긴다. 마을의 역사를 절로 알게 될 것이고, 이사 오고 싶은 마음까지 덤으로 받게 될지 모른다.

어릴 적 꿈처럼 고향에 다시 돌아와 헌신했던 마을 리더 강훈채 이장, 사람들이 다시 돌아오는 마을의 비전을 '마을 호텔'에 두고 주민들과 함께 노력해 온 놀루와, 그리고 살고 있는 마을에 대한 자부심이 강한 현지 어르신들의 하나 된 마음과 협력이 매계마을 마을 호텔을 만들어 낸 힘이다. 하나하나는 비록 작을지라도 서로 연결됨으로써 힘을 키워 아름답게 되살아난 매계마을의 '호텔 매계'를 보면서 다시 주문을 외운다.

"소다연강미! 연결에 답이 있다."

하동에서 하동했다.
더욱더 하동하려면?

　직장 생활을 시작한 뒤로 처음 맞이한 휴식과 재충전의 시간이었던 1년간의 '연구년(안식년)'을 시작하면서 삶의 원칙을 세 가지 세웠는데 첫째는 '무계획', 둘째는 '누구든 어디든', 셋째는 'Let it be!'였다. '무계획'이란 말 그대로 아무런 계획 없이 살아 보자는 것이었고, '누구든 어디든'이란 부르는 대로 가고 오라는 데로 와서 가능한 많은 사람들을 만나는 것이었으며, 'Let it be!'는 나를 내버려두는 것이었다. 지금까지 살아온 것과는 전혀 다른 방식의 '무계획, 누구든 어디든, Let it be!'의 삶을 살기에 딱 좋았던 곳이 하동이었다. 하동 사람들의 환대와 배려 덕분에 편안하게, 재미있게, 신명 나게 한 달을 살았다.

　처음 며칠은 악양면 대축마을 와이너리에서 지냈다. 아무런 계획이 없으니 느지막이 일어나도 되었다. 낮에 찍은 영상을 편집하다 보면 새벽에 잠든 날이 많았고, 일어나는 시간도 자연스레 늦어졌다. 어느 날은 오후의 따뜻한 봄볕이 좋아 평상에 누워 100분간의 휴식을 달게 취했다. 정말 달콤한 휴식이었다.

휴식 뒤에는 천천히 평사리 들판을 건너갔다. 동정호 옆에 오붓하게 서 있는 부부송을 이쪽저쪽에서, 가까이 그리고 멀리서 살펴보았다. 매번 차를 타고 지나갔던 평사리 들녘을 천천히 걸어서 돌아보니 좋았다. 한참 동안 부부송을 보고 있자니 시심이 동했다. 시를 읊었다.

      해는 서산에 지고
      소나무 부부는
      이마를 맞대며
      정겨운 얘길 나눈다

      평사리 들판을
      걸어서 건너오니 좋다
      출출한 시간
      어느 주막 문을 두드려 볼꺼나

      누군가 들불 피워
      흰 연기 들판을 가른다

부부송 소곤대는 소리
여보 우리도 군불을 지펴 봅시다
그거 좋지요

4월 첫날 점심 무렵 머리를 잘랐다. 하동 악양의 다운타운은 단연 면사무소 부근이다. 뭐든 다 있는 그곳에서 '빨강머리n'이란 미용실에 들어가 과감히 커트를 단행했다. 머리까지 현지에서 잘랐으니

숙소에서 내려다보이는 풍경

평사리 들판의 부부송

이제 난 하동 스타일, 아니 악양 스타일, 현지인이 된 것 아닌가. 읍내 미용실에서도 머리를 자른 적이 있다. 악양면 스타일과 하동읍 스타일은 조금 달리 느껴졌다. 읍내 스타일이 더 맘에 들었다.

어느 날은 아침부터 종일 비가 내렸다. 빗소리에 귀 기울이며 '비 멍'을 한참 했다. 비가 와서인지 쌀쌀했다. 최 참판 댁 아래 '서희 우리옷' 가게에 들러 장밋빛 스카프를 샀다. 목에 두르니 따뜻했다. 내친김에 마스크도 여러 장 샀고 개량 한복 스타일의 웃옷도 한 벌 샀다.

연구년을 시작한 지 40여 일이 지나고 하동에서 머문 지 보름쯤 지날 무렵, 달라진 내 모습에 스스로 깜짝 놀랐다. 이전과 비교하면 내 삶의 내용과 형식이 아주 많이 변한 게 몸으로 마음으로 느껴졌다. 편안했다. 안 해도 되는 걱정들과 미리 사서 하는 오만 가지 근심들이 딱 달라붙어 늘 뒷골을 잡아당기곤 했는데, 연구년 덕분인지 그런 것들로부터 훨씬 자유로워졌다. 그렇다고 상념들이 사라진 건 아니다. 여전히 나를 성가시게 했지만 없는 듯 무시하고 지낼 만했다. 많이 편안해졌다. 삶의 자리를 바꾼 덕에 느끼는 효능이다. 잠깐씩 점들을 찍고 이동하는 바쁜 여행보다 이렇게 한 곳에 한동안 머물러 지내는 '체류형 로컬 여행'은 지나온 삶을 돌아보고 앞으로의 삶을 내다보는 데 좋은 계기이자 전환점이 되어 준다. 하루하

마을 돌아보기

루가 고맙게 느껴졌다. 특별한 계획이 없어도 내일이 설레고 기대되었다. 잠도 잘 잤다. 여기 오길 잘했다는 생각이 들었다. 가끔씩 왠지 모르게 콧날이 시큰해졌다.

하동 악양의 여러 마을들을 천천히 걷는 재미도 쏠쏠했다. 반바지 반팔 차림에 밀짚모자를 쓰고 기다란 지팡이 하나 든 다음, 정서리 고매감 식당에서 출발해 반시간쯤 걸으니 입석마을까지 왔다. 형제봉주막과 마을미술관 선돌을 둘러본 뒤 마을 입구의 커다란 정자나무 아래서 쉬었다. 바람이 시원하게 불어왔다. 꽃들과 막 익어 가는 과일들이 눈에 들어왔다. 내 마음이 분주할 땐 예쁜 것들이 보이지 않았는데, 한가해지니 예쁜 것들이 여기저기 눈에 들어온다. 눈과 마음은 이어져 있나 보다.

한번은 놀루와 사람들을 한자리에 모았다. 직원과 조합원 여덟 명이 모여 성격 유형 테스트를 했고, 같은 유형끼리 한 시간 정도 대화를 나누었다. 조직자 2명, 협조자 2명, 사유형 2명, 촉매형 2명으로 아주 다채로운 구성의 놀루와 사람들이 지난 2년의 성과를 바탕으로 새롭게 도약하길 바라고 응원했다. 작은 조직일수록 서로 다름으로 인해 갈등이 생길 수 있다. 우리가 서로 다른 사람이라는 걸 알고, 나와 다른 사람의 성격이나 행동 유형을 이해하고 존중할 때 다양한 사람들이 협력하여 큰일을 해낼 수 있다.

하동에 머무는 동안 일부러 찾아오는 손님들도 있었다. 어느 날에는 창원과 함양에서 '도시 재생과 마을 재생' 사업에 열심인 손님들이 찾아왔다. 하동살이 소식에 먼 길 달려와 준 사람들이 고맙고 미안했다. 놀루와 사무실과 평사리 카페에서 마음을 열고 많은 얘길 나눴다. 똑같은 일을 같은 시간 다른 공간에서 각자 하는 사람들이 우선은 서로 연결되면 좋겠다는 생각을 했다. 늘 저마다의 일과 사건과 생각들을 공유하면서 각자 또 함께 일하고, 이런 연대의 힘으로 더욱 돋보이는 성과를 내면 좋지 않겠는가. 성과 없이는 '재생'이 지속될 수 없을 테니까.

노고단 등반 ⓒ서훈기

잠깐씩 하동 바깥나들이도 했다. 7월 어느 주말에는 '고매감' 서훈기 대표와 '놀루와' 오동수 실장과 함께 지리산 노고단을 등반했다. 노고단에 오른 게 얼마 만인지 기억이 가물가물했다. 노고단 정상에서 세상 가장 맑은 바람으로 온몸을 씻었다. 노고단의 기운을 듬뿍 받았고, 세상의 고단한 벗들 부디 'NO고단' 하시라고 빌었다.

오동수 실장의 안내로 1박 2일 장흥 여행도 다녀왔다. 아내가 '장흥 고씨'인데 처음 장흥에 왔으니 이제야 처가에 와서 인사를 올린 것 같아 처가 조상님들께 송구했다. 보성만이 바라다 보이는 장흥 바닷가에서 맛본 갯장어 회와 샤브샤브도 아주 맛있었다. 억불산에 올라 장흥 읍내를 내려다보았고 편백나무 숲길을 걸었다. 장흥에도 삼합이 있다는 걸 처음 알았다. 소고기 갈비살 숯불구이에 표고버섯과 키조개 샤브샤브를 얹어 함께 씹는 맛은 일품이었다. 숙소에 짐을 풀고 탐진강변을 걸으며 장흥 공부를 조금 더 했다. 하천이 도심 한가운데 흐르면 그 자체로 보물이다. 많은 사람들이 저녁 시간을 탐진강변에서 보내는 걸 보니 장흥은 단단한 자산을 지닌 도시라는 느낌이 들었다. 강변이 더 살아나고 도시도 더 살아나면 좋겠다.

장흥을 다녀오니 하동 악양이 새롭게 보였다. 하동 한달살이를 하면서 느끼는 하동 악양의 아쉬운 점은 '연결과 이동'이었다. 형제봉과 구재봉 사이의 평사리 들판과 언덕에 마을들이 자리 잡고 있는데, 산과 계곡이 흘러내려 평지에 이르는 안온한 곳마다 마을이 자리하고 있다. 평사리 들판의 큰길에서 머지않은 마을도 있지만 꽤 올라가 자리를 잡은 마을도 많다. 위쪽 마을에서 아래 큰길까지 걸어오려면 이삼십 분 가까이 걸린다. 자동차가 없으면 일상생활이 쉽지 않다. 경사지여서 자전거 이용도 만만치 않다. 전기자전거라면 혹 모를까.

반면 장흥 읍내는 탐진강을 가운데 두고 옹기종기 몰려 있다. 강변의 길과 장소를 알차게 활용한다. 이른 아침부터 밤늦게까지 사람들이 걷고 모이고 다양하게 활동한다. 강변에 건물들이 늘어섰

억불산에서 내려다보이는 장흥 읍내

고, 한 켜 뒤의 군청과 메인스트리트에서 강 건너 토요 시장까지도 걸어서 금방 오갈 수 있다. 일상생활을 걸어서 할 수 있을 규모다. '보행'만으로도 이동이 가능한 '걷는 도시'에 가깝다.

장흥읍은 말하자면 다운타운이고, 하동 악양은 시골 마을이니 둘을 비교하는 건 무리일 것이다. 다만 보행과 자전거와 대중교통으로 일상생활이 가능하지 않다면, 모든 이동을 자가용에 의존해야 한다면 문제가 있다는 얘기다. 차 없이 하동 한달살이를 하면서 늘 불편하고 아쉬웠던 게 누군가의 차에 의존해야만 이동할 수 있었던 것이다.

하동 한달살이가 끝나 갈 무렵, 윤상기 하동군수와 인사를 나누게 되어 몇 가지 의견들을 말씀드렸다. 말보다는 이미지가 오래 남을 것 같아 종이에 붓펜으로 간략한 그림을 그려 전해 드렸다. 핵심은 '대자보 도시[1]'였다. 대중교통, 자전거, 보행으로 관광도 생활도 가능한 하동을 만들어 달라고 부탁드렸다. 구례군과 하동군이 협력해 고속철도가 정차하는 구례구역에서 구례버스터미널, 피아골, 화개, 악양, 하동읍까지 자가용보다 더 빠른 친환경 대중교통(BRT)[2]을 운행하고, 화개와 악양처럼 계곡이 깊은 곳은 계곡 안을 순환하는 예쁜 디자인의 친환경 미니버스가 다니게 하며, 미니버스 정류장마다 공용 전기자전거를 배치하면 좋겠다고 건의했다.

친환경 대중교통 수단이 완비된다면 하동은 대자보 도시가 될

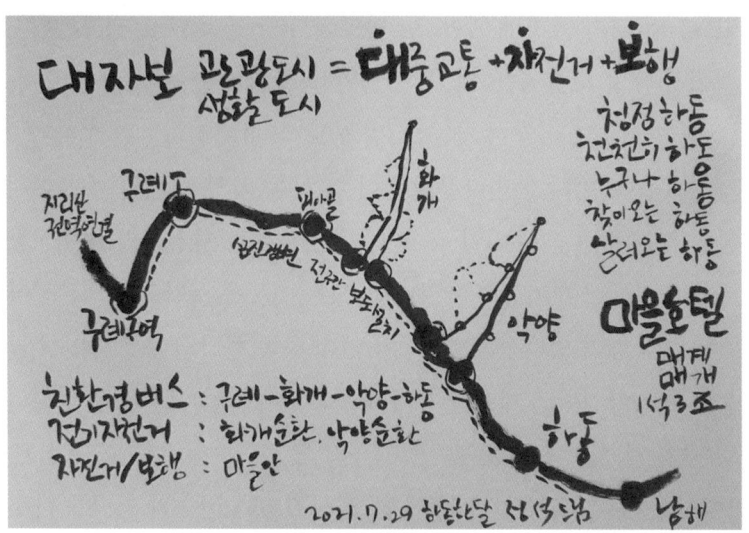
윤상기 하동군수에게 전해 드린 스케치

수 있고, 고속철도를 타고 오는 사람들도 대중교통으로 하동까지 훨씬 더 편하고 빠르게 올 수 있으며, 대중교통과 자전거와 보행만으로도 하동의 명소들을 편안하게 즐기고 하동에서 더 행복하게 머물거나 살 수 있게 될 것이다.

하동에서 한 달을 살며 겪었던 불편 덕에 여러 가지 구상과 기획을 할 수 있었다. 대표적인 두 가지를 꼽자면 첫째는 '섬진강변 국

---

1) '대자보'는 대중교통, 자전거, 보행의 첫 글자를 딴 말로 대자보 도시는 자가용이 없어도 대중교통과 자전거와 보행만으로도 이동이 자유로운 도시를 뜻한다.
2) Bus Rapid Transit(간선급행버스체계) : 버스 통행을 일반 차량과 분리해 운영하는 대중교통시스템으로, 지하철처럼 정류장과 정류장 사이를 정차하지 않고 달려 통행 속도가 빠르고 운행 시간을 지킬 수 있다.

도에 보도 만들기'이고, 둘째는 '지리산 순환 BRT 구상'이다.

구례에서 하동까지 섬진강의 양쪽에 도로가 있다. 강 북쪽의 19번 국도는 왕복 2차선에서 4차선의 꽤 넓은 도로이고 남쪽의 851번 지방도는 왕복 2차선의 좁은 도로인데, 두 곳 모두 보도가 설치된 곳이 극히 일부에 불과하다. 최근 확장 공사를 마친 악양면을 지나는 도로에도 보도 설치가 매우 미흡해 안타까웠다. 아름다운 섬진강을 따라 이어지는 도로에 보도가 끊이지 않게 넉넉히 마련되면 좋겠다. 보도와 함께 자전거도로까지 완비된다면 금상첨화겠다.

구례와 하동을 연결하는 대중교통 구상에서 한 걸음 더 나아간 게 '지리산 순환 BRT 구상'이다. 지리산을 에워싸고 있는 전라북도 남원시부터 전라남도 구례군, 경상남도 하동군, 산청군, 함양군까지 다섯 시군은 지리산을 공유하는 강한 공감대를 가진 지역들인데도 서로를 연결해 주는 대중교통은 매우 불편하다. 놀루와 조문환 대표가 일부러 작심하고 하동을 출발해 산청, 함양, 남원, 구례를 거쳐 다시 하동까지 대중교통으로만 이동했던 적이 있는데 꼬박 하루가 걸렸고 여차하면 이틀이 걸릴 뻔했다고 들었다.

하동 한달살이를 마치고 서울로 돌아와 연구실 제자들과 함께 지리산 주변 5개 시군을 연결하는 대중교통 노선을 검토하고 제안한 게 '지리산 순환 BRT 구상'이다. 이미 건설된 도로 위에 막힘없이 주요 지점만 정차하는 간선급행버스(BRT)를 운행하면 5개 시군은 하나의 생활권이 될 것이다. 한 바퀴 도는 거리가 약 200킬로미터 정도이니 두세 시간이면 일주할 수 있을 것이고, 남원에서 하동까지도 한 시간 남짓이면 올 수 있을 것이다.

　서울과 수도권의 지하철이나 버스처럼 새벽부터 자정까지 20분 이내의 배차 간격으로 자동차보다 빠르게 오가는 대중교통이 다섯 지역을 편리하게 연결해 준다면 어떤 일이 벌어질까 상상해 보라. 남원에서 하루 일을 마친 청년이 BRT를 타고 하동으로 와서 친구를 만나 재첩국에 소주도 한잔 곁들인 멋진 데이트를 한 뒤 막차를 타고 남원 집으로 올 수 있게 된다면, 남원과 하동은 하나의 도시처럼 서로 결속되어 상생할 수 있지 않겠는가.
　남원과 하동, 구례, 산청, 함양이 하나의 생활권이자 한 도시가 되어 서로의 강점을 살리고 약점을 보완하는 '윈윈전략'이 되지 않겠는가. 인위적 통합으로 덩치를 키우는 '메가시티Megacity'보다 연결로 상생하는 '소도시 연합'이 훨씬 좋은 해법이다.

　놀루와와 하동 사람들의 환대와 우정으로 하동에서 행복했다. 행복했던 만큼 빚을 졌다. 빚은 차근차근, 천천히, 오래오래 갚아야겠다. 하동에서 편히 머물 수 있게 집을 내준 룸메이트 서훈기 대표와 나의 숙소 '안가'에 큰절을 올린다. 하동에서 하동했다. 더 많은 사람들이 나처럼 하동에서 하동하면 좋겠다. 더욱더 하동하면 좋겠다.

2. 목포 한달살이

세상에 이렇게 재미있는 곳이 있다니…

'괜찮아마을'과 '건맥'이 목포로 나를 불렀다

하동 한달살이가 끝나 갈 무렵, 다음 한 달을 어디서 살지 잠시 고민하다가 이내 '목포'로 결정했다. 목포에서 한 달을 살기로 마음먹게 된 데는 두 가지 이유가 있다. 하나는 청년들을 목포에 초대해 "괜찮다."고 말해 주며 스스로 치유하고 자신을 발견하게 해 주는 '괜찮아마을'이 궁금해서였고, 또 하나는 지역 상인 100여 명이 협동조합을 만들어 펍과 스테이를 운영하고 있는 '건맥1897협동조합'이 과연 목포 원도심을 되살릴 수 있을지 직접 가서 확인해 보고 싶어서였다.

한 달 동안 머물 숙소를 찾다가 전은호 목포도시재생센터장에게 부탁했더니 건맥1897협동조합에서 운영하는 '건맥스테이'를 추천해 주었다. 목포역에서 가깝고 원도심인 만호동 도시재생사업이 한창 진행 중인 곳이니 두루 좋을 것 같았다. 숙소 1층에 맥주 집 '1897

건맥펍'이 있다는 말에 술 좋아하는 사람으로서 구미가 당겼다.

2021년 8월 22일 일요일 오후 목포에 내려가 9월 19일까지 목포에서 머물렀다. 중간중간 일이 있어 잠시 떠난 적도 있었지만 한 달 가까운 기간을 목포에서 천천히 숨 쉬며 느긋하게 보냈다. 목포에서의 한 달을 한마디로 요약한다면 '흥미진진'했고, 목포는 정말이지 '재미난' 도시였다. 낙지, 홍어, 갈치, 병어, 우럭, 준치, 민어, 아귀, 꽃게까지 '목포 9미'로 대표되는 먹을거리들도 풍부했고, 바다와 산이 자아내는 도시 풍경도 아름답고 역사 유산들도 풍부해 볼거리도 많았다. 신안군의 1천 개 넘는 섬들이 가까워 섬 여행까지 곁들일 수 있으니 목포는 말 그대로 '다이내믹'한 곳이다. 한달살이 최적의 장소로 강추한다. 올 땐 조심하시라. 스며들지 모르니. 다이내믹 로컬 목포의 매력에.

목포에 도착한 첫날 저녁, 숙소에서 영화를 한 편 감상했다. 〈다행이네요〉란 제목의 2019년 전주국제다큐영화제 출품작으로 괜찮아마을 1기 주민 30명의 6주간을 기록한 영화다. 〈다행이네요〉의 '다행'은 일이 잘 풀려 운이 좋다는 뜻의 '다행多幸'이 아니라, '많을 다多', '길 행行'으로 "길이 많다."는 뜻이다. 영화의 영어 제목도 〈OWN WAY〉라고 한다.

괜찮아마을에 초대된 청년들은 6주를 이곳에서 머물며 지금까지와는 전혀 다른 삶을 체험한다. '괜찮아'라는 마을 이름처럼 청년들은 지금까지 한 번도 듣지 못한 얘길 들으며 목포살이에 적응해 간다. "괜찮아, 괜찮아. 여기서는 아무것도 안 해도 돼. 너는 있는 그대로 네 존재만으로도 훌륭해." 맛있는 음식을 대접받고, 바다 위로 떠오르는 해를 보고, 밤하늘 가득한 별들에 눈길을 주며 청년들은 자신의 삶을 되돌아보고 새로운 길을 찾는다. "지금껏 나는 왜 이렇게 힘들게 살아왔지? 오직 외길밖에 없는 줄 알았는데, 더 행복하게 살아갈 길들이 아주 많이 있는 것 아니야? 내가 찾기만 한다면."

〈다행이네요〉는 영화 내용도 감동이고 제목도 참 잘 지었다. 저마다의 길들도 좋고, 참 좋은 길들이 많아 정말 다행 아닌가. 1940년대 스페인에서 시작된 가톨릭 평신도 운동 '꾸르실료'에 참여한 사람들은 '데 꼴로레스De Colores'라는 제목의 노래를 즐겨 부른다. 스페인어 데 꼴로레스는 "수많은 색깔들"이란 뜻이다. 청년들이 찾아내고 걸어가는 각각의 길들이 온 세상을 아름답게 물들이는 다채로운 색깔들처럼 곱디곱게 행복하길 바란다. 위대한 도시 사상가 제인 제이콥스Jane Jacobs가 도시 활력의 원천으로 강조했던 '다양성diversity'도 같은 맥락이다. 괜찮아마을에서 청년들이 저마다 다양한 길들을 열고 걸어가는 모습을 담은 영화를 보며 혼자 많이 울었다. 가슴 먹먹하다가 뭉클해졌고 심장이 쿵쿵 뛰기도 했다. 영화 〈다행이네요〉를 꼭 한번 보라고 권하고 싶다.

괜찮아마을 청년들 ⓒ괜찮아마을

　괜찮아마을은 여행을 좋아하던 두 청년 홍동우·박명호 대표가 2017년 목포에 터를 잡으면서 시작되었다. 비어 있던 '우진장' 여관의 소유주인 강제윤 시인이 두 청년에게 20년 동안 무상으로 건물을 빌려준 덕분에 목포에 오는 청년들의 체류 공간이 마련되었고, 2018년 5월에는 행정안전부의 청년 마을 사업에 선정되어 예산 지원을 받게 된 덕에 괜찮아마을이 시작될 수 있었다. 2018년 6월부터 11월까지 1기와 2기 청년들 60명이 괜찮아마을의 첫 주민으로 목포에서 각각 6주를 살았다. 2019년에는 DIY로 특화한 프로그램에 3기 16명이 입주했고, 2020년에는 코워킹스페이스[3] '반짝반짝 1번지'가 문을 열었다.

---

3) co-working space : 다양한 분야에서 독립적인 작업을 하는 사람들이 한 공간에 모여 서로의 아이디어를 공유하며 의견을 나누는 협업의 공간 또는 커뮤니티를 말한다.

여기에도 목포 지역 기성세대의 도움이 컸다. 강제윤 시인이 소장으로 일하던 '섬연구소'의 나기철 이사는 강 시인의 임팩트 투자[4] 요청을 받고 매물로 나온 건물을 매입해 좋은 조건으로 청년들에게 임대해 주고 리모델링 비용까지 빌려주었다고 한다. 괜찮아마을은 잠시 행정 지원을 받았던 적도 있지만, 이렇게 자력으로 지금까지 목포에서 청년들의 거주·여행·교육·공동체 프로그램을 다채롭게 이어 오고 있다. 이름처럼 정말 괜찮은 마을 하나가 목포에 단단히 자리를 잡은 것이다. 호박이 넝쿨 채 굴러온 것과 다르지 않다. 감사할 일이다. 청년들이 자력으로 이뤄 온 일이지만, 강제윤 시인과 나기철 이사를 비롯한 많은 지역 어른들의 환대와 물심양면의 도움이 큰 힘이 되고 비빌 언덕이 되었을 것이다.

목포에 도착한 며칠 뒤 괜찮아마을의 '반짝반짝 1번지'를 찾아가 홍동우 대표를 만났다. 옛날에 소아과 병원으로, 경양식 집으로 쓰였던 3층 건물이 지금은 코워킹스페이스로 변신했다. 홍동우 대표 안내로 건물도 둘러보고 괜찮아마을의 역사와 현재 이야기도 들었다. 홍 대표는 한 달간 목포에 머물면서 언제든 이곳에 와서 필요한 작업을 하라며 정기 출입증을 선물로 주었다. 귀한 선물을 받아 흐뭇했고, 막 찾아온 이방인을 목포 사람으로 환대해 준 것 같아 마음이 따뜻해졌다.

---

[4] Impact Investment : 재무상의 관점에서 수익을 창출하면서, 동시에 사회적·환경적 성과도 달성하는 투자.

며칠 뒤엔 홍동우 대표와 괜찮아마을 1기 주민이었던 김종혁 군과 함께 목포를 구석구석 돌아보았다. 목포의 별미인 '촌닭'으로 점심을 먹고 고하도에 다녀왔다. 충무공 이순신 장군 유적지를 보고, 목포가 한눈에 보이는 작고 예쁜 비밀의 해변에서 목포 전경을 즐기는 호사를 누렸다.

목포와 아무 연고가 없던 홍 대표는 2017년 이곳과 인연을 맺은 뒤 지금은 목포 사위가 되어 행복하게 살고 있다. 목포 원도심의 유명한 맛집인 '오거리식당'의 예쁜 따님과 결혼하여 아들도 봤으니 목포 사람이 다 되었다. 목포에서 오래오래 행복하길 바란다.

괜찮아마을 이야기는 이쯤에서 마무리하고, 목포로 나를 부른 또 하나의 이유였던 '건맥' 이야기를 해야겠다. 치킨과 맥주를 뜻하는 '치맥'이야 대한민국 국민이라면 누구나 다 아는 고유 명사가 된 지 오래지만, 전주 사람들이 즐겨 찾는 '가맥'이 가게에서 가볍게 맥주와 안주를 즐기는 '가게 맥주'에서 비롯되었다는 걸 아는 이들은 많지 않다. 그런데 '건맥'은 또 뭘까? 건맥은 '건어물과 맥주'를 줄인 말이다.

목포에서 한 달을 살 무렵, 원도심인 만호동과 그 일대에서는 '1897 개항문화거리 도시재생뉴딜사업'이 한창이었고, 서산동 보리마당에서도 도시재생사업이 막 시작될 무렵이었다. 우리나라 최대 건해산물 도매상가가 늘어선 만호동 상인들은 건어물과 맥주를 묶어 도시재생의 계기를 만들자는 생각에서 2019년 9월 28일 토요일 오후 처음 '건맥축제'를 열었다. 만 원짜리 티켓을 구매하면 맥주를 무제한 제공했고, 다양한 건어물 안주를 착한 가격으로 즐길 수 있는 축제에 수천 명의 손님들이 찾아왔다.

'건맥'에서 희망을 발견한 만호동 건어물상가 상인들은 100인 이상이 마음을 모아 2019년 12월 12일 '건맥1897협동조합'을 결성했고, 조합원들이 모은 돈으로 2020년 만호동에 3층짜리 빈 건물을 매

건맥축제와 협동조합이 매입해 펍과 스테이로 운영 중인 건물 ⓒ건맥1897협동조합

입했다. 그해 7월 1층에 '1897건맥펍'을 열었고, 10월에는 2층과 3층에 11실 규모의 '건맥스테이'도 오픈했다.

건맥스테이 202호에서 한 달을 살았다. 숙박하는 손님들에게 매일 신선한 생맥주나 커피 한 잔을 무료로 제공하는 후덕한 곳에서

행복하게 지냈다. 저녁마다 1층의 건맥펍에서 많은 사람들과 어울리며 목포를 알아 갔다. 건맥1897협동조합의 박창수 이사장이 시작부터 끝까지 나를 세심하게 살

건맥1897협동조합 박창수 이사장과 함께

펴 주어 불편 없이 지낼 수 있었다. 목포에서 가장 오랜 시간을 함께 보낸 친구고, 건맥펍을 제일 늦게까지 지킨 술 동지였다. 박 이사장은 만호동에서 건해산물 유통 사업을 하는 젊은 사업가이면서 '건맥1897협동조합'을 만드는 데 중요한 역할을 했고, 지역 어른들은 물론 후배들과도 소통하는 친화력을 발휘하며 조합을 잘 이끌어 오고 있다. 건맥스테이에 머무는 동안 거의 매일 밤늦게까지 술을 건네며 많은 대화를 나누었다. 지역 한달살이의 가장 큰 수확은 좋은 벗을 만나고 동지를 얻게 되는 것이 아닐까 싶다.

 목포에 아무런 연고가 없던 내가 한 달 동안 살면서 깊은 정이 들어 버렸다. 한달살이 전에 목포를 찾았던 기억이라면 고등학교 2학년 때 제주도 수학여행을 오가는 길목에서 목포를 거쳤던 것 같고, 그 뒤엔 몇 차례의 출장이나 여행이 전부였는데, 한 달을 머물고 나니 고향처럼 친근한 곳이 되었다. 낯선 지역과 인연을 맺어 주고 깊은 정을 심어 준 '괜찮아마을'과 '건맥'에 깊이 감사드린다.

낯선 도시와 친해지는 비법 'BBW'

목포에 와서 하서 하룻밤을 자고 둘째 날은 목포 원도심 여기저기를 발길 닿는 대로 종일 걸었다. 낯선 도시와 친해지는 데 걷기만큼 좋은 게 없다. 목표를 정하지 않고, 지도나 내비게이션의 도움을 받지 않아도 된다. 그냥 내키는 대로, 눈길이 가는 곳으로, 마음이 끌리는 쪽으로 천천히 어슬렁거리듯 걸으면 된다. 바쁜 여행이라면 어렵겠지만 느긋한 '체류형 로컬 여행'이라면 얼마든지 가능하다.

'건맥스테이 202호', 한 달을 지낼 곳이라 생각하니 내 집 같고 내 방처럼 느껴졌다. 낯선 곳에서 첫날 밤 깊은 잠을 잤고 새벽 일찍 눈을 떴다. 부지런한 건어물상가 주인 어르신들이 새벽부터 가게 문을 여는 소리가 요란했다. 셔터 올라가는 소리, 덜컹거리는 소리들이 이집 저집에서 거의 동시에 울렸고 한참 동안 이어졌다. 목포에서 늦잠을 자는 건 어려운 미션이었다. 둘째 날 아침, 일찍 잠을 깨고 내가 목포에 왔음을 자각하고 나니 아침 항구가 궁금했다. 바다

경험이 적어서일까? 바다가 보고 싶었다. 대충 씻고 건맥스테이를 나왔다.

8월 말 이맘때엔 무엇이 잡힐까? '목포내항'은 아침부터 바쁘게 움직이고 있었다. 구름이 잔뜩 내려앉은 항구를 향해 걸어가는데 골목길 가득 생선 비린내가 코를 찌른다. 목포는 항구이고, 게다가 숙소는 항구의 코앞이니 늘 그런 줄 알았다. 그런데 그게 아니었다. 그날 아침 유독 비린내가 심했음을 나중에야 알았다. 날씨 탓일지 모른다.

내항 건너 왼쪽으로 이제는 섬이 아닌 육지가 되어 버린 삼학도가 보인다. 눈앞 저 멀리엔 연안여객터미널이 있고, 그 오른쪽으로는 목포의 상징인 유달산과 케이블카가 눈에 들어온다. 눈길을 항구 쪽으로 내리니 배가 한 척 들어오고 있었다. 접안하기 직전, 배의 우측 옆구리에서 오렌지색 튜브 두 개가 빠르게 내려왔다. 익숙하고 민첩한 솜씨였다.

조금 더 걸어 삼학도 쪽으로 건너갔다. 공원엔 산책하는 사람들

삼학도공원과 공원 안에 있는 김대중 노벨평화상 기념관

이 많았다. 김대중 노벨평화상 기념관이 보였고, 좁은 수로에선 물고기들이 종종 튀어올랐다. 가로등을 유심히 보니 학 모양이다. 삼학도여서일까? 청양은 고추, 진안은 홍삼, 청송은 사과, 남원은 춘향이… 가로등은 꼭 이런 모양으로 만들어야 할까? 실망이 커지려는 순간, 유달산 우측으로 올 여름 다녀왔던 산정동 성당이 눈에 들어왔다. 아, 내가 목포에 왔구나.

목포내항은 볼거리가 다채로워 심심하지 않다. 생선 담는 상자들을 수북이 쌓아 놓은 것만으로도, 하얀 장갑을 철망 위에 올려놓은 것만으로도 작품 같았다. 온갖 종류의 생선을 말리는 풍경은 화려하기까지 했다.

아침 식사를 마치고 건맥펍에서 무료로 주는 커피를 마신 뒤 목포진 쪽으로 걸었다. 오전의 항동시장은 고요했다. 예전 목포의 가장 큰 항구였던 내항 바로 앞에 자리한 항동시장은 얼마나 변화했을까? 1천 개 넘는 신안 섬들에서 배를 타고 온 사람들이 항구에 내려 생선과 건어물을 팔고 생필품들을 장만해 섬으로 돌아가는 풍경들이 그려진다. 항구에서 언덕 위 목포진까지 연결되는 좁은 골목길들이 일정한 간격으로 이어진다. 맛집으로 보이는 식당들이 골목길에 줄지어 서 있었다.

목포진 아래 계단을 올라가면 '소년 김대중 공부방'이 있다. 하의도 출신 부모님이 목포에 와서 '영신여관'을 열었을 때, 소년 김대중은 공부도 열심히 했지만 틈틈이 부모님을 도와 물지게를 지고 날랐다고 한다. 소년 김대중 공부방 이야기를 듣다 보니 목포라는 도시의 특별함을 알 것 같다. 목포는 신도시다. 수많은 섬들의 내로라하는 인재들이 모여 경쟁했던 곳이다. 오래된 도시처럼 기득권이 강하지 않은 곳에 외지인들이 모여 함께 만든 개척지 같은 도시였을 것이다. 개방적이고 진취적인 도시일 수밖에 없는 연유가 여기에 있을 것이다.

목포진 오르는 길의 소년 김대중 공부방

'목포진'에 오르니 바람이 셌다. 목포내항과 남쪽 바다, 유달산과 목원동, 만호동 원도심이 한눈에 들어왔다. 목포역 앞에는 꽤 큰 규모의 호텔이 지어지고 있었다. 목포진은 해상과 내륙의 군사 요충지였다. 조선 시대 4품 무관 계급인 만호가 관장하는 곳이어서 '만호진'으로도 불린다. '만호동'의 지명도 여기에서 비롯되었다.

목포진을 내려와 '1897 개항문화거리' 쪽으로 걸었다. 곳곳에 빈집도 보였고 새로 고치는 가게들도 많았다. 국제여객터미널을 지나 서산동 보리마당이 보이는 길목에 100년 전통의 '목포여자중학교'가 있다. 목포근대역사관 1관(옛 일본 영사관)과 2관(옛 동양척식회사 목포 지점) 주변에는 개성이 강한 카페들이 많다.

새벽부터 오전 내내 걸었으니 쉬어야 할 시간이다. 어디에서 쉴까 둘러보다 모퉁이에 예쁘게 자리한 '목포1897커피숍'을 선택했다. 여름날 오래 걸어 땀도 꽤 흘렸으니 메뉴는 당연히 팥빙수다.

영화 〈1987〉을 촬영한 서산동 보리마당 입구 연희네 슈퍼

나 혼자여서 작은 걸로 시켰는데 생각보다 엄청 크다. 달고 맛난 팥빙수를 즐기며 충분히 쉬었다. 스마트폰 지도를 열고 아침부터 지금까지 내가 걸어온 길들을 되짚었다. 이렇게 걸으면 도시가 읽힌다. 이렇게 걸어야 낯선 도시와도 쉽게 친해질 수 있다.

점심을 어디서 먹을까 생각하다 목원동 쪽으로 방향을 정했다. 유달동 개항문화거리가 일제강점기 일본인들의 영역이었다면, 목포역 앞 목원동 일대는 한국인들의 영역이었고, 그 경계가 '오거리'였다. 경계 지역이었던 오거리에서는 종종 충돌도 있었다고 한다. 오거리를 지나 목원동을 걸은 뒤 '중앙식료시장' 먹자골목까지 가서 점심을 먹었다. 재래시장에는 의례히 맛난 먹거리가 풍부하니 선택이 쉽지 않다. 메뉴를 둘러보고 머리고기국을 시켰는데 이야, 맛도 양도 정말 끝내주었다.

점심을 먹은 뒤에는 목원동 일대를 찬찬히 살피며 걸었다. 목포진에서 내려다보이던 꺽다리 쌍둥이 빌딩 남교트윈스타도 가까이서 마주했고, '목포도시재생지원센터'와 '목포문화도시센터'가 함께 입주해 있는 건물도 눈에 담았다. 원도심에는 빈 상가들이 많았다. '매매, 임대' 현수막이 곳곳에 걸려 있었다.

목포에서 유명한 '코롬방제과점' 옆에는 사연 많은 일본식 건축물이 있다. 일제강점기에 불교사원인 '동본원사'로 지어졌던 이 건물은 해방 후 1950년대에는 '목포중앙교회'로 변신했다가 현재는 '오거리문화센터'로 쓰이고 있다.

해가 낮아질 무렵, '오늘은 이만큼 걸었으니 되었다.' 싶은 마음이 들어 숙소 쪽으로 발길을 돌렸다. 오거리를 지나 숙소로 가는 길에 '은좌' 간판이 크게 걸린 건물이 눈에 띄었고, 길 건너에는 '목포문화원'이 마주하고 있었다. 목포에는 근대 건축물들이 꽤 많이 남아 있다. 개항장이던 군산, 목포, 마산 가운데 근대 건축물들이 가장 적게 남아 있는 곳은 마산이다. 마산을 아끼는 지인들은 군산과 목포를 많이 부러워한다. 도시경쟁력은 실은 '정체성'에서 나온다. 다른 도시에 없는, 우리 도시에만 있는 것들이 정체성이고 경쟁력이다. 그러니 '오래된 것이 도시의 힘'이다. 함부로 없애지 마라.

하루 종일 걸어 보고 느낀 점이 많다. 목포 원도심은 평평해서 걷기 좋다. 골목 구석구석 숨어 있는 맛집과 예쁜 가게들도 흥미롭다. 목포역과 여객터미널과 1897 개항문화거리가 고만고만한 거리에 있어 손바닥 안처럼 가깝다. 제인 제이콥스가 꼽은 활력 있는 도시, 다양성이 풍부한 도시의 조건 가운데 하나인 '집중과 밀도'에 딱 맞는 곳이다. 목포 원도심이 사람들로 다시 북적북적 채워질 수만 있다면 정말 멋진 도시로 되살아날 수 있을 것이다.

목포에 온 지 일주일쯤 지날 무렵 자전거를 샀다. 목포역에서 숙소까지 오가는 길에 자전거 가게를 몇 차례 보았고, 한달살이의 기동력을 높이기 위해서는 나의 두 다리보다 조금 더 힘센 이동 수단이 필요하다는 생각이 들어 과감하게 질렀다. 보기에도 예쁜 '클래식' 브랜드 중고 자전거를 6만 원에 샀고, 튼튼한 자물쇠까지 장만했다.

1897 개항문화거리의 개성 강한 카페들

목포 도시재생 현장지원센터

자전거가 있으니 이동 반경이 더욱 넓어졌다. 걸어서 가기 힘든 곳도 어렵지 않게 돌아볼 수 있었다. 숙소를 출발해 김대중 대통령의 모교인 '북교초등학교'와 '정명여자중고등학교', '목포여자고등학교', 일제강점기 화재경보시설인 '불종대'와 '목포 구 청년회관'까지 갔다 온 적도 있고, 삼학도 공원을 한 바퀴 돌아 목포남항까지 다녀온 적도 있다.

낯선 도시와 쉽게 친해지는 비법이 있다. 첫째는 '걷기'다. 어슬렁어슬렁 천천히 발길 닿는 대로 걸어 보면, 걸은 만큼 그 거리와 건물과 장소는 내 것이 된다. 걸을수록 친근해지고 친밀해진다. 자동차를 타고 휙 지나며 보았던 낯선 도시와는 확연히 다르다. 둘째 비법은 '자전거'다. 자전거를 타면 걸어서 가기 힘든 거리까지도 너끈히 갈 수 있다. 자전거로 반경을 넓히고 걸어서 촘촘히 채운다면 낯선 도시는 금방 친구 같은 도시가 될 것이다. 또 하나 있다. '버스'다. 버스, 지하철, 트램 같은 대중교통이다. 낯선 도시에 가면 대중교통을 타고 정처 없이 다녀 보는 것도 좋다. 편안하게 차 안에 앉아 창밖으로 이어지는 도시 풍경을 즐기고, 도시의 큰 구조를 이해한 뒤, 자전거와 걷기로 조각조각 채워 나간다면 낯선 도시를 좀 더 쉽게 사귀고 체계적으로 이해하게 될 것이다.

버스(Bus), 지하철(Metro), 걷기(Walking)를 최고의 자가용 'BMW'라고 부르지 않는가? 지하철이 없는 도시들도 많으니 대신 자전거를 넣어 버스(Bus)와 자전거(Bike)와 걷기(Walking)를 묶은 'BBW'로 낯선 도시들과 쉽게 친해지자. 즐겨 걷고 자전거와 버스를 타고 낯선 도시와 사귀어 보자. 'BBW'로 시작하면 어렵지 않다. 재미있고 유익하다. 해 보시라!

좌 : 괜찮아마을 코워킹스페이스 반짝반짝 1번지, 우 : 대중음악의 전당으로 변신한 목포문화원

목포에 와서 더 행복한 두 남자 이야기

"서울에서는 먹고살 만큼 벌어야 하지만, 여기서는 벌은 만큼만으로도 살아집니다. 책방을 운영해서 많은 돈을 벌지는 못해도 가끔 술 한잔 사 드릴 정도는 됩니다. 목포에서 아주 행복합니다!"

서울에서 디자이너로 일하며 살다가 2016년 목포를 처음 발견한 뒤 2017년 목포에 내려와 직접 집을 고쳐 살면서, 2020년 1월부터 '고호의 책방'을 운영하고 있는 백선제 대표를 만났다. 목포에 내려온 지 3주쯤 지난 2021년 9월 초였다. 목포시 도시재생지원센터 전은호 센터장이 동행해 주었다. 목포역에서 머지않은 곳, 마을호텔 '꿈꾸는 바다꼴목' 웰컴센터 '라운지 꿈'을 지나 모퉁이를 돌면 아주 작고 예쁜 고호의 책방이 있다.

책방 이름처럼 고호의 사진과 그림들이 곳곳에 장식되어 있고 예술과 디자인 분야 책들이 많다. 아주 오래된 책들도 있고 지역 청년 작가들이 만든 굿즈도 판매한다. 안쪽에는 너른 공간이 있어 강연이나 문화 활동도 가능하다. 보기에도 예쁘고 내용도 실한 아주 알찬 독립서점이자 복합문화공간이다.

　서울 사람이 어찌 목포에 내려와 살게 되었는지 궁금해 물었다. 2016년 신안군 어느 섬에 일 때문에 오가다가 목포에 처음 들렀는데 근대역사거리를 걷다가 깜짝 놀랐단다. 우리나라에 아직 이런 동네가 남아 있는 게 뜻밖으로 느껴졌단다. 고층 건물 하나 없이 나지막한 건물들이 죽 늘어서 있고, 길들은 아주 널찍한데다 조용하고 따뜻한 느낌의 도시였단다. 이런 곳에서 살면 좋겠다는 생각이 들어 아내와 함께 목포에 자주 왔고 마침내 정착하기로 결심했단다. 둘 다 목포가 처음이었는데 이곳의 매력에 깊이 매료된 아내가 더 적극적이었다고 했다.

고호의 책방

고호의 책방 내부

　백 대표 부부는 그전에 서울에서 살았고, 60세가 되면 은퇴한 뒤 홍천이나 양평으로 이주할 생각을 갖고 있었다. 주말에 땅을 보러 다니기도 했는데 목포를 발견한 뒤로는 다 접었다고 했다. 2017년 5월부터 목포에서 집을 구하기 위해 여러 곳을 찾아보았고, 당초 맘에 두었던 원도심에는 물건이 없어 MBC 가까운 곳에서 그해 겨울쯤 좋은 집을 매입한 뒤 공사를 시작했다. 처음에는 업체에 공사를 맡겼는데 고생을 많이 하고는 직접 집 고치기에 도전했다. 유튜브를 보면서 하나하나 배워 가며 집을 고치다 보니 1년 반의 긴 시간이 걸렸다.

　목포에 집을 마련한 뒤 일자리를 찾을 무렵 '고호의 책방'을 시작했던 사람이 다른 직업을 갖게 되어 책방 운영할 사람을 찾는다는 얘길 듣고 백 대표가 인수했다. 디자이너 출신인데다가 집을 직접 고쳐 본 경험까지 충분히 살려 책방을 예쁘게 리모델링했고 2020년 1월부터 책방 주인으로 일하고 있다.

전혀 연고가 없던 목포에 와서 집과 일자리를 마련해 5년째 살고 있는 백 대표에게 행복한지 물었더니 주저 없이 그렇다고 답한다. 서울에서 디자이너로 살아온 삶이 썩 행복하지 않았다고도 했다. 큰 기업체의 일을 받아 '을'의 입장에서 끌려다니듯 작업했는데, 목포에서는 하고 싶은 일을 할 수 있어 행복하다고 했다. 책방에서 일하니 책을 볼 시간이 많아서 좋다고도 했다. 서울에서는 먹고살려고 죽을힘을 다해 벌어야 했는데, 목포에 오니 벌은 만큼으로도 충분히 살 수 있다고 했다. 큰돈은 벌지 못해도 찾아오면 술 한잔 사 드릴 수 있다며 빙긋이 웃었다. '서울에서는 먹고살 만큼 벌어야 했는데, 목포에서는 벌은 만큼으로 충분히 살아진다.'는 말이 가슴에 와 박혔다. "여기서 지금 행복하다."는 말의 최상급 표현으로 들렸다.

목포의 어느 점이 좋은 지를 물었더니 원도심 지역이 그다지 넓지

왼쪽부터 정석, 백선제, 전은호

않아 걸어서도 충분히 다닐 수 있어 좋다고 했다. 목포 사람들이 대부분 심성이 착하고 따뜻한 것도 좋은 점이라고 덧붙였다. 사람과 장소 사이에도 '궁합'이 있는 것 같다. 같은 도시를 누구는 답답하게 느끼고 누구는 따뜻하게 느낀다. 인생의 긴 시간 동안 목포와 아무 인연이 없었던 백선제 대표는 2016년 우연한 기회에 이곳과 조우했고, 목포의 매력을 발견한 뒤 목포를 선택했다. 드라마 같은 이야기다.

책방 주인을 닮아서일까? 건물 입면과 간판 구석구석에 깨알 같은 장난기가 배어 있다. 'ㄱㅎㅇㅊㅂ'처럼 초성 간판도 있고, 책방 앞 입간판에는 '고호의 책빵'이란 글씨와 함께 '책'과 '빵'을 들고 있는 고호가 그려져 있고, 그 아래에 "빵은 옆집에서 팝니다."라고 적혀 있다. 책방 바로 옆에 목포의 유명한 빵집이 있어서 가끔씩 손님들이 빵집으로 착각하고 들어오는 모양이다.

나보다 한두 살 아래인 백 대표와 그 뒤에도 여러 번 만났다. 목포에 와서 역 앞을 지날 때는 대부분 책방에 들르고, 늘 책방을 지키는 백 대표를 만나 근황을 묻곤 한다. 목포 한달살이가 끝나 갈 무렵 백 대표와 둘이 술자리를 가졌다. 목포에 머무는 동안 여러 식당과 술집들을 꽤 다녔는데 그날 갔던 집은 처음이었다. 지역 토박이들이 주로 가는 맛집에서 둘이 많은 얘길 나눴다. 처음 만난 날 말했던 것처럼 손님인 나를 위해 그가 술을 샀다. 함께 마음이 맞아 목포를 선택했던 백선제 대표 부부가 목포에서 행복한 여생을 보내길 빈다. 고호의 책방이 목포의 명소로 오래오래 사랑받길 바란다.

목포 한달살이 중에 이곳으로 삶터를 옮겨 더 행복하게 일하며 사는 사람들을 많이 만났다. 고호의 책방 백선제 대표처럼 베이비부머들도 만났고, 젊은 청년들도 많이 만났다. 그중 한 사람이 서동효 대표이다.

"지역이 원하는 서비스를 우리의 방식대로!" 서울을 떠난 청년들이 목포에 와서 지역 청년들과 함께 창업한 회사 '유후컴퍼니'의 캐치프레이즈다. 로컬에서 하고 싶은 일을 하는 게 아니라, 지역에 꼭 필요한 서비스를 찾아 채워 주되 자신들의 스타일대로 한다는 아주 멋진 비즈니스 전략이다. 2021년 9월 초 목포시 도시재생지원센터 전은호 센터장과 함께 찾아가 서동효 대표를 만났다. 목포역에서 아주 가까운 로데오광장에 면한 상가 건물 1층 '오쇼잉'이란 이름의 배달 전문 커피숍에서였다.

목포에서 창업한 지 3년차를 맞는다고 했다. 여기서 지낸 3년이 어떠했는지를 먼저 물었다. "목포에 와서 살면서 제가 서울에서 많이 힘들게 살았다는 것을 깨달았어요. 많이 참으면서 살았고, 참는 걸 당연하게 여기며 살았다는 걸 새삼 느꼈습니다. 여기선 훨씬 덜 힘들게 살고 있고, 제가 가진 힘을 더 좋은 곳에 쓰면서 좋은 사람들과 나누며 삽니다. 이런 삶이 만족스러워 주변에도 추천하고 있어요. 더 많은 청년들이 지역에서 좋은 일 함께했으면 좋겠어요."

목포에 와서 가장 크게 달라진 게 뭔지 물었더니 집 얘기부터 한다. "서울에서는 집이 제 인생에 너무 큰 부분을 차지했어요. 집 때문에 사는 게 너무 힘들었고, 결혼을 결심할 때도 집 때문에 주저할 정도였지요. 그런 상황들이 매우 절망적이었습니다. 그런데 목포에 와서 달라졌어요. 서울 집값의 20~30% 정도 비용으로 집 문제를 해결하고 나니까 무거웠던 어깨가 가벼워졌고, 안 보이던 게 보이기 시작했지요. 서울에서는 상상하지 못했던 하고 싶은 일들과 할 수 있는 일들이 보이기 시작했어요. 주거 문제를 해결하고 나면 삶의 많은 부분이 바뀌게 된다는 걸 절절하게 경험했습니다."

로컬에서 살아가는 꿈을 꾸는 청년들에게도 해 주고 싶은 말이 많다고 했다. "너무 창의적이고 혁신적인 것만 굳이 찾지 말았으면 좋겠어요. 청년들이 지역에서 산다는 것 자체가 혁신 아닌가요? 어느 정도 수익을 낼 수 있으면서 꾸준히 장기적으로 할 수 있는 일을 찾으면 돼요. 내가 하고 싶은 일보다 지역에 필요한 일, 그곳 사람들이 원하는 일들을 찾아내 비즈니스 모델로 만들면 됩니다."

기분 좋을 때 내뱉는 감탄사 "유후"에서 본떠 '유후컴퍼니'로 이름 지은 여섯 청년들의 영업장은 당시 세 곳이었다. 가장 먼저 문을 연 곳은 사진관 '유후스튜디오'인데, 목포에 뿌리를 둔 '보해양조'가 지원해 조성한 '청년빌리지 오쇼잉' 골목에 위치한 상가 건물 1층과 2층을 쓰고 있다. 그다음 문을 연 곳이 로데오광장에 면해 있는 배달 전문 커피숍 '오쇼잉'이고, 이 건물 2층에는 미디어 체험 키즈카페가 오픈을 앞두고 한창 공사 중이었다. 그 무렵 3개 업장을 운영하고 있었지만 지역에 필요한 서비스를 찾아보는 것은 물론, 주민들이 찾아와 필요한 것들을 얘기해 주고 있어 비즈니스는 점점 더 커질 것 같다고 했다.

낯선 도시 목포에 정착했을 때 처음에는 '뭘 할 수 있을까?' 막막했다고 한다. 그러나 1년을 보낸 뒤에는 '뭐든 할 수 있겠다.'는 희망을 발견했고, 2년차를 맞으면서는 다시 '생각보다 어렵다.'는 느낌

좌 : 2023년 스몰액션의 전주시 새활용센터 기획전시, 우 : 넥스트로컬 목포 캠퍼스 ⓒ서동효

을 받았다고 한다. 그리고 3년차를 맞으면서 다시 '가능성'을 확신하며 희망을 본다고 했다. 희망의 근거를 물어봤더니 목포 사람들 때문이란다. "목포는 여건도 좋고 자원도 풍부한 곳이지만 무엇보다 목포 사람들이 희망입니다. 항구 도시다운 진취성이 있고, 새로

운 변화에 대한 기대감도 커요. 뉴욕 같은 세계적 항구 도시처럼 목포도 언젠가는 멋진 항구 도시로 변신할 것으로 기대합니다. 제가 만난 목포 사람들은 대부분 배타적이지 않고 도와주길 좋아해요. 뭐든 물어보면 친절하게 알려 줘요. 목포에서는 뭐든 물어보면 됩니다. 모른다고 하는 사람은 없고 하나하나 자세히 알려 줄 거예요."

여섯 청년들이 창업하고 3년이 지났는데 먹고살 만큼 버는지 물었더니 월평균 250~300만 원 정도는 벌고 있다며 만족한다고 했다. 집값과 임대료 부담이 훨씬 적고, 필요로 하는 서비스는 많은데 충분히 공급되고 있지 않으니, 비즈니스 아이템을 잘 찾아내기만 한다면 서울이나 대도시보다 훨씬 유리한 사업을 할 수 있는 곳이 로컬 아닐까. 수도권의 집값과 임대료가 오르면 오를수록 로컬 창업은 더욱 늘게 될 것이다.

서동효 대표는 오래 전부터 자신의 길을 선택해 당당히 걸어왔던 청년이다. 20대 후반에 청소년의 진로 교육과 꿈 찾기 프로그램을 개발하는 '모티브하우스'란 회사를 설립해 활발하게 활동해 왔고, 청년들의 자립과 사회 진출을 돕는 사회적 기업 '오티비'에서도 활동하다가, 2019년 우연히 도시재생과 관련된 일 때문에 목포에 와서 2박 3일 동안 머무는 사이 목포의 매력에 흠뻑 빠졌다고 한다. 목포에서 꼭 살아야 할 이유도 없지만, 반드시 서울에서 살아야 할 이유 또한 없다고 생각했고, 한 달 만에 결심을 굳히고 정리해 목포에 내려온 것이다.

서 대표는 유후컴퍼니 이외에도 많은 활동에 참여하고 있다. 최근에는 바다 인근 폐기물을 활용해 다양한 라이프스타일 제품을 만드는 '스몰액션' 활동에 열심이다. 목포뿐만 아니라 전라도 일대와 경상북도 경주 등 활동 범위를 넓혀 가고 있다. 꽤 오랫동안 그의 어깨를 무겁게 짓눌렀던 서울에서의 집 문제를 말끔히 덜어 낸 뒤 가벼워진 양어깨에 빛나는 날개를 장착한 덕분이 아닐까 싶다. 더 높이 더 멀리 맘껏 날아다니며 더욱더 행복하라고 응원한다.

힐링했다,
섬마을인생학교에서!

　목포는 재미난 도시다. 흥미진진하다. 먹을 것도 많고 볼거리도 많다. 목포역에서 내려 조금 걸으면 목원동, 만호동, 유달동 등 원도심 어디든 돌아볼 수 있다. 근대 도시의 옛 모습을 고스란히 간직한 나지막한 건물들의 거리 풍경이 마음을 편하게 한다. 게다가 목포는 항구 아닌가. 목포역과 연안여객선터미널이 걸어서 15분 거리에 있다. 배를 타고 섬 여행을 할 수 있고, 다리가 놓여 육지와 이어진 큰 섬들은 신안군 공영버스를 타고 편안히 다녀올 수 있다. 하루 5천 원짜리 정기권을 끊으면 버스를 몇 번이고 탈 수 있으니 굳이 렌터카를 빌리지 않고도 섬 여행을 훨씬 더 편히 즐길 수 있다.
　목포 한달살이를 시작하고 얼마 지나지 않아 뜻밖의 만남 덕분에 신안의 예쁜 섬에서 힐링하는 호사를 누렸다. 도초도와 비금도에 아주 재미난 학교가 있다. 2019년 봄에 '섬마을인생학교'가 문을 열었다. 우연히 참가했던 섬마을인생학교 18기 동기들과 함께

한 1박 2일이 나를 행복하게 해 주었다. 찐한 힐링의 시간이었다. 깨소금같이 고소했던 이야기를 들려드릴 테니 부러우면 오시라. 섬마을인생학교에.

2021년 8월 27일 목요일 저녁, 숙소인 건맥스테이 2층에 올라가려는데 아는 분이 1층 건맥펍에 계셨다. 송경용 신부였다. 활동가들과 함께 섬마을인생학교에 가려고 목포에 왔다고 한다. 일행 중에는 염형철, 송인창, 최경호 선생처럼 잘 아는 사람들도 있었다. 목금토일 3박 4일 일정이라며 함께하자는 제안을 받고 그날 저녁 약속이 있어 다음날 일찍 합류하겠다고 말씀드렸다. 일요일 새벽에 서울로 가야 해서 금토 꽉 채운 1박 2일만 함께할 수 있지만 기대되는 섬 여행이었다.

8월 28일 금요일 새벽 7시 25분 목포 연안여객선터미널을 출발하는 배를 탔다. 목포에 왔으니 대한민국 최고 보물인 섬들과도 인사를 나누는 것이 마땅할 텐데, 섬마을인생학교가 있다는 도초도와 비금도가 첫 대상이 되었다.

신안군에는 1천 개가 넘는 섬이 있다. 도초도는 한자로 '도읍 도都' '풀 초草'인데, 섬의 지형이 당나라 수도와 비슷하고 초목이 무성해 '도초도'라 불렸다고도 하고, 고슴도치처럼 생겨서 '도치도'라고 불렸다는 설도 있다. 아주 넓은 평야 지대를 가진 우리나라에서 열세 번째 큰 섬으로 면적이 44제곱킬로미터이고, 해안선의 길이는 42킬로미터이다. 위성사진을 보면 처음부터 하나의 섬이 아니라 여러 개의 작은 섬들이 간척을 통해 연결되었음을 짐작하게 한다. 도초도 북쪽에 위치한 비금도도 크기는 비슷한데 도초도가 반듯한 정사각형인데 반해, 비금도는 좌우로 길쭉해 해변의 길이도 86킬로미터에 달하고 북쪽에 아주 긴 명사십리 해변이 있다. 새가 날아가는 모양을 닮아 '비금도飛禽島'란 이름을 갖게 되었다고 한다. 1996년에 두 섬을 연결하는 '서남문대교'가 건설된 이후 도초.비금도는 하나의 섬처럼 연결되었다.

목포항에서 도초도까지는 쾌속정 '뉴엔젤호'로 한 시간 정도 걸린다. 국제여객터미널에는 '퀸메리호'라는 아주 큰 배가 정박해 있었다. 좌석이 맨 앞이어서 전망이 탁 트여 좋았다. 목포대교 아래를 지나면서 보니 2019년 가을부터 운행을 시작한 목포해상케이블카가 보였다. 너른 바다로 나오니 김 양식장인지 바다 위로 촘촘히 박아 놓은 나무 기둥들이 보였다. 한 시간 남짓 항해하니 눈앞에 두 섬이 보였다. 오른쪽 섬에는 하얀 글씨 '비금도'가 나타났다. 두 섬이 만나는 곳인 도초도 쪽에 있는 화도선착장에 배가 닿았다.

마중 나온 차를 타고 숙소에 짐을 내려놓은 뒤 일행들과 함께 영화 〈자산어보〉 촬영지로 향했다. 영화를 감명 깊게 본 터라 촬영지의 초가집과 바다 풍경이 궁금했는데, 도착하니 감탄이 절로 나왔

〈자산어보〉 촬영지에서 두 팔을 쫙 펴다.

다. "아! 어쩌란 말인가. 대한민국 국토는 어찌 이리 아름다운가."

'환상의 정원 팽나무 십리길'도 걸었다. 2021년 봄에 신안군이 조성한 곳으로 전국 각지에서 기증받은 70~100년 된 팽나무 716주가 심어져 있었다. 같은 수종의 나무도 지역마다 다른 환경에서 자라 생김새도 다를 터인데 이렇게 모아 놓으니 보기 좋았다. 박우량 신안군수는 기부와 기증을 지혜롭게 활용하는 분으로 알고 있는데 팽나무 십리길도 기증을 활용해 명소를 만들었다.

섬마을인생학교의 캠퍼스도 둘러보았다. 예전 '도초서초등학교'가 있던 자리였다. 폐교 건물을 깨끗이 단장하여 동시에 100명 정도 머물 수 있다고 했다. 리모델링 솜씨가 예사롭지 않아 물으니 잘 아는 황두진 건축가 작품이라고 했다. 역쉬.

팽나무 십리길에서 송경용 신부님과 함께

최근 도초도에 새로 만든 수국공원도 둘러보았다. 공원 언덕 위의 평평한 잔디에 동그랗게 둘러앉아 명상 시간을 가졌다. 앉아도 되고 누워도 된다고 해서 나는 누워서 명상했다. 파란 하늘을 보며 시원하게 불어오는 바람이 내 몸 구석구석을 스치고 지나가는 것을 집중해서 느꼈다. 편안했다. 내 몸이 사랑스럽게 느껴졌다.

점심을 먹고 오후에는 '시목해변'에서 전어를 잡았다. 늦여름 바다에서의 전어잡이는 생전 처음이었다. 섬마을인생학교 최형우 사무국장이 두 개의 기둥에 둘둘 말려 있는 기다란 그물을 챙겨 왔고, 오연호 이사장과 염형철 대표와 함께 바다로 들어갔다. 허리쯤 물이 차는 곳에서 두 사람에게 한쪽 기둥을 붙들게 한 뒤 자신은 그물을 풀어 가며 바다 저 멀리까지 갔다. 그리고 그물을 쫙 편 뒤 동시에 바닥을 긁듯 육지 쪽으로 쓸어 왔다. '후리질'이라고 하는 방식으로 전어를 잡는다는 걸 처음 알았고 가까이서 목격했다.

얼마나 잡혔을까 궁금했는데 꽤 많이 잡혔다. 펄떡펄떡 뛰는 전어들을 양동이에 담으니 수북했다. 짱뚱어도 보였다. 손바닥만 한 도다리 새끼는 바다에 놓아주었다. 숙소에 돌아와 막 잡은 전어를 회와 구이로 맛나게 먹었다. 안주가 좋으니 술이 빠질 수 없지. 아직 해는 중천에 있는데, 술도 안주도 달기가 그지없었다. 좋구나. 이렇게 쉴 수도 있구나.

해가 수평선 조금 위까지 내려왔을 무렵 조용한 시목해변을 천천히 걸었다. 아늑했다. 저녁 바다는. 내 발자국 소리가 들릴 만큼. 저녁 식사는 민어회였다. 이런 호사를 누려도 되는 걸까. 미안한 마음이 스멀스멀 밀려왔다.

토요일 아침 조금 늦게 일어났다. 일행들은 벌써 새벽 바닷가 명상에 갔나 보다. 숙소와 시목해변은 아주 가깝다. 대충 씻고 바

수국공원에서의 명상 ⓒ김현석

다로 갔다. 새벽 바다에서 명상하는 사람들 모습이 눈에 들어왔다. 더없이 고요하고 아름다운 정경이었다. 나도 그들과 함께 명상했다. 파도 소리가 어느 음악보다 곱게 들렸다.

바닷가 명상을 마친 뒤 도초여객선터미널 2층 '꽃차집'에서 전복죽으로 속을 풀었다. 다양한 꽃차들을 즐길 수 있는 곳이 선착장 가까이에 있으니 더욱 좋았다. 바다가 보이는 전망 좋은 찻집이었다. 아침을 든든히 먹은 뒤에 다시 바다로 나갔다. 이번 미션은 맛조개 잡기. 맛조개는 아이들 어렸을 때 바닷가에 가서 종종 잡아 봐서 익숙했다. 삽으로 모래를 한 삽 뜨면 맛조개가 들어가 있는 구멍이 보인다. 여기에 소금을 살살 뿌리면 바닷물이 들어온 걸로 착각하고 맛조개가 고개를 쏙 내미는데 이때를 놓치지 않고 꽉 잡아 살살 뽑아 올리면 끝!

이제 비금도로 가야 할 시간이다. 차를 타고 숙소를 출발해 비금도로 향했다. 도초도에는 염전이 많았다. 고란평야를 비롯해 아주 넓은 평야까지 있어 논농사도 풍성했다. 바다에서 논에서 풍요로운 혜택을 누리는 다복한 섬이라고 생각했다. 넓은 운동장이 보였다. 인조 잔디가 깔린 축구장이었다. 도초도에 축구 동호회가 5개 팀이 있고 야간에도 이곳에서 축구할 수 있다는 말을 듣고 많이 부러웠다.

비금도 명사십리 해변에 도착했다. "아!" 외마디 탄성이 절로 나

비금도 명사십리 해변에서 다함께 날다 ⓒ김현석

왔다. 이렇게 넓고 긴 해변이 있다니. 크기의 아름다움에 경탄했다. 해안 안쪽에는 풍력발전기들이 서 있고, 해안가 모래가 쓸려 나가지 않게 설치한 목책들이 길게 이어져 있었다. 끝없이 펼쳐진 바닷가를 한참 바라보았다. 대한민국이 참으로 넓고 깊다는 걸 다시 느낀 순간이었다.

바쁘게 살아온 활동가들이 아이들처럼 물에 들어가 놀았다. 물싸움을 하고 깔깔 웃는 모습을 바라보며 나도 웃었다. 모래밭을 맨발로 걸었다. 조심조심 걸었다. 모래밭에는 게들이 그린 멋진 그림들이 전시 중이었다. '게' 작가님들의 작품 세계가 저마다 달랐다. 생명은, 삶은 그대로 예술이다.

명상과 요가를 지도했던 김지연 선생은 바닷가에 글씨를 쓰고 있었다. 여기저기 활동가들이 쓴 글씨들이 보였다. "뜻밖의 동행" "활동가 섬, 쉼" 뜻밖의 동행으로 섬에서 쉼을 즐기는 활동가들의 지금 이 순간을 함축적으로 표현한 명문이었다. 글씨를 가운데 두고 에워싼 뒤 이 시간을 잊지 말자며 인증 샷을 찍었다. 처음엔 서서 찍었고 다음에는 하늘로 날아오르며 찍었다. 날자! 활동가여!

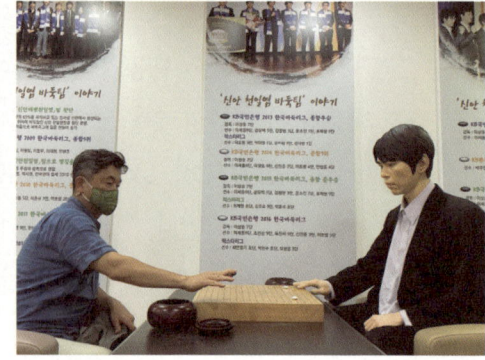

비금도 명사십리 해변(위), 이세돌바둑기념관(아래)

목책을 배경으로 사진도 찍었고 물 위에서 달리기 시합도 했다. 해안 저쪽 끝에 도달했을 무렵, 거기에 아픈 기억의 장소가 있음을 알게 되었다. 함평양민학살사건[5]의 희생자 유족회가 2013년 1월에 세운 민간인 학살 희생자 추모비였다. 희생자들의 넋을 기리며 큰 절을 올렸다.

비금도는 바둑 천재 이세돌의 고향이다. 내 이름 '정석'을 널리 알린 시초가 '바둑의 정석'이었다. 그 뒤 '수학의 정석', '작업의 정석', '도시의 정석'으로 이어지고 있다. 폐교된 대광초등학교 건물을 리모델링한 '이세돌바둑기념관'에 들렀다. 알파고와의 대국을 기념해 만든 기념비 앞에서 오랜만에 오목을 두었다. 바둑의 정석과 도시의 정석이 맞붙은 세기의 대국도 잠시 가졌고, 방명록에는 이세돌 캐리커처도 그렸다.

이별의 시간이 다가왔다. 일행들은 하루 더 있을 예정이어서 나만 오후에 배를 타고 목포로 돌아와야 했다. 출발까지 한 시간여 남아 산낙지 탕탕이 안주에 이별주를 마셨다. 저 앞에 칼을 파는 분이 보이는데 포스가 장난이 아니었다. 아무 칼이나 하나 사고 싶었다. 뉴엔젤호가 선착장에 도착했다. 인사를 나누고 배를 탔다. 돌아오는 길에 목포 앞바다에서 무지개를 보았다.

---

[5] 6·25전쟁 중이던 1950년 12월 6일부터 이듬해 1월 14일까지 전라남도 함평군 3개 면에서 국군에 의해 자행된 양민 집단학살사건.

'섬마을인생학교'는 왜 도초도에 생겼을까? 그 경위를 도초·비금도에 머무는 동안 〈오마이뉴스〉 오연호 대표에게서 자세히 들었다. 섬마을인생학교는 오 대표가 이사장으로 있는 '사단법인 꿈틀리'와 신안군이 협력해 만든 학교다. 오 대표가 2018년 신안군청 강연에서 덴마크형 인생학교의 사례로 강화도에 청소년을 위해 만든 '꿈틀리인생학교'를 소개했는데, 박우량 신안군수가 어른들을 위한 인생학교는 신안군에 만들자며 제안했다고 한다. 신안군의회가 '섬마을인생학교 설립에 대한 조례'를 제정해 법적 근거를 만든 뒤 2019년 4월 개교했다. 사단법인 꿈틀리가 학교를 운영하고, 목포시는 캠퍼스와 운영비를 지원한다.

오연호 대표는 행복한 나라 덴마크의 비밀을 취재하기 위해 20번 이상 출장을 다녀왔고, 알아낸 비밀을 담아 「우리도 행복할 수 있을까」(2014)와 「우리도 사랑할 수 있을까」(2018)라는 책을 펴냈다. 덴마크의 청소년 인생학교 '에프터스콜레Efterskle'와 성인 인생학교 '호이스콜레Hojskole'의 한국 모델을 강화도와 도초·비금도에 만든 것이다.

계획에 없던 도초·비금도 1박 2일은 섬마을인생학교 제18기 일정에 참여한 덕분이었다. 오연호 대표와 책을 주고받으면서 중장년들이 서울을 비롯한 수도권이나 대도시가 아닌 로컬에서 더 행복한 삶을 살도록 함께 힘과 마음을 모으기로 약속했다. 섬마을인생학교는 목포의 '괜찮아마을'의 성인 버전이라고 봐도 좋겠다. 비금도를 떠날 무렵 도초도에 점잖게 힐링하는 '인생학교'가 있으니, 비금도에는 신명나게 힐링하는 '땡땡이학교'를 만들자고 제안했더니 다들 좋다고 했다. 땡땡이학교 교장은 제안한 사람이 맡으라고 해서 그러자고 했다. 섬마을인생학교는 지금도 계속된다. 2023년 11월에는 '활동가땡땡이학교'도 열렸다. 교장도 모르게.

건맥펍에서 우연히 만나 동행을 권해 주신 송경용 신부님 덕에 가장 아름다운 곳에서 아름다운 사람들과 행복한 시간을 보내며 힐링했다. 고맙습니다. 신부님. 우리 18기 동기님들.

도초·비금도를 떠나다

서산동 보리마당과
다순구미 조금새끼

행여 지리산에 오시려거든
천왕봉 일출을 보러 오시라
삼 대째 내리 적선한
사람만 볼 수 있으니
아무나 오시지 마시고
노고단 구름바다에 빠지려면
원추리 꽃무리에
흑심을 품지 않는
이슬의 눈으로 오시라

 지리산 시인으로 불리는 이원규 시인의 절창 '행여 지리산에 오시려거든'은 이렇게 시작된다. 아름다운 이 시는 안치환이 작곡해 노래로도 불리고 있다. 이 시의 형식을 빌려 나도 목포의 노래를 하나 짓고 싶다.

> 행여 목포에 오시려거든
> 보리마당 다순구미를 보러 오시라
> 삼 대째 내리 진실한
> 사람만 볼 수 있으니
> 아무나 오시지 마시고
> 보리 언덕 햇살 바다에 빠지려면
> 꽃무릇 자태에
> 흑심을 품지 않는
> 순수의 눈으로 오시라

목포의 숨은 보물이 있다. '보리마당'과 '다순구미'다. 아는 사람만 아는 보물이다. 관광객들은 대개 1897 개항문화거리를 돌아보고 발걸음을 돌리는데 조금만 더 서쪽으로 언덕을 향해 올라오면 숨은 보물을 발견할 수 있다. 유달산 아래 바다가 내려다보이는 언덕에 자리한 옛 동네다.

서산동 보리마당은 햇볕이 잘 들어 보리를 타작하고 말리기 좋은 곳이라 하여 불린 이름이다. '다순구미'는 온금동의 우리말 이름이다. 한자로는 '따뜻할 온溫'과 '비단 금錦'이니 비단처럼 곱게 햇볕이 내리는 따뜻한 동네라는 뜻이다. 우리말 다순구미는 따뜻한 뒷동네라는 뜻으로 여겨진다.

두 곳 모두 예나 지금이나 서민들의 동네다. 일제강점기에 일본인들이 평지인 아랫동네에 살았다면 윗동네인 목원동과 언덕배기인 이곳 보리마당과 다순구미의 판잣집들에는 조선인들이 살았다.

서산동 보리마당은 도시재생사업이 한창 진행 중이다. 2021년 9월 2일 목포시 도시재생지원센터에 들러 목포 도시재생의 과거와 현재에 대한 자세한 설명을 들었다. 2014년 박근혜 정부가 도시재생선도사업을 시작했을 때 목포시도 포함되어 목원동 도시재생사업이 4년간 진행되었고, 2017년에는 '1897 개항문화거리'와 '서산동 보리마당' 두 곳이 문재인 정부의 도시재생뉴딜사업에 선정되어 현재 도시재생사업이 한창 진행 중이다.

목원동의 도시재생선도사업의 성과로 14개 게스트 하우스 협의체와 49개 청년 창업이 이루어졌고, 현재 진행 중인 1897 개항문화거리 재생 사업을 통해 '건맥1897협동조합'뿐만 아니라 원도심의 마을 호텔을 꿈꾸는 '꿈바다협동조합', '낭만항구협동조합' 등 여러 협동조합이 만들어졌다. 조금 늦게 시작된 서산동 보리마당에서는 청년들의 문화예술창작촌을 만드는 구상도 포함되어 있다고 들었다.

도시재생지원센터에는 목포 도시재생사업의 현황과 역사를 보여 주는 전시장도 있어서 한참 둘러보았다. 옛날 스타일의 다방과 주점, 극장을 재현한 곳도 있고 그 시대 옷으로 갈아입고 사진을 찍을 수도 있다. 목포가 배출한 대중가요와 가수를 소개하는 코너도 있었다. 남진, 조미미 같은 유명한 가수도 목포 출신이고 '목포의 눈물'을 부른 이난영도 목포 사람이다. 아마도 우리나라 최초의 걸 그룹이었을 김시스터즈가 이난영 선생의 따님들이란 걸 아는 사람은 많지 않을 것이다.

목포의 도시재생 공부를 마친 뒤 현장을 둘러보았다. 잘 알려지지 않았던 서산동 보리마당은 영화와 드라마에 등장하면서 꽤 유명해졌다. 2017년에 개봉된 영화 〈1987〉에 나오는 연희네 슈퍼가 마을 입구에 있고, 2020년 가을 KBS-2TV로 방송된 드라마 〈도도솔솔라라솔〉을 촬영한 미장원 '진헤어'와 '행복꽃집'이 보리마당 언덕 위에 있다. 마을 골목길 곳곳에 시와 그림이 있어 '시화골목'으로도 불린다.

보리마당 언덕 위는 '괜찮아마을'을 소개한 다큐 〈다행이네요〉 촬영지로 아주 전망이 좋은 포토 존이다. 이곳에서는 바다 건너 고하도의 작은 해변도 보이고, 일제강점기 때 뚫은 바닷가 동굴들도 볼 수 있다. 고개를 들면 유달산에서 바다를 지나 고하도로 가는 해상케이블카가 있고, 눈길을 저 멀리 바닷가로 향하면 국제여객터미

서산동 보리마당

널도 볼 수 있다. 제주로 가는 커다란 배 퀸메리호가 정박해 있을 땐 훨씬 쉽게 찾을 수 있다. 국제여객터미널과 보리마당의 언덕 사이로 1897 개항문화거리가 빤히 내려다보인다.

보리마당의 북쪽으로 돌아서면 온금동 다순구미 마을이 보인다. 서울의 장수마을이나 부산의 감천문화마을처럼 경사지에 작은 집들이 빼곡히 들어서 있다. 남사면이어서 이름처럼 볕이 잘 드는 다순구미 마을이다. 자세히 보니 경사지 계단을 힘겹게 올라가는 할머니가 보이고, 그 위쪽 골목길에는 뛰어노는 두 어린이들도 보였다.

다른 지역처럼 여기도 빈집들이 많을 것이다. 경사지 마을의 빈집들은 잘 고쳐서 청년들이 들어와 일하며 살게 해 주면 참 좋겠다. 도시재생사업을 할 때 이런 일들도 포함하면 좋겠다. 보리마당과 다순구미 마을 가까이에 아주 너른 공간이 있다. 조선내화의 옛 목포 공장 부지다. 용광로를 만드는 데 필요한 불에 견디는 '내화' 벽돌을 생산하는 조선내화주식회사는 1938년 일제강점기에 설립되었고 해방 후 1953년 이동훈이 인수해 목포의 대표적 향토 기업으로 성장했다. 1997년 조선내화 본사가 광양으로 옮겨 가면서 가동을 중단했고 오랫동안 비어 있다가 2017년에는 공장 내 건물 5개동, 굴뚝 3기, 고장 설비 5기가 등록문화재로 지정되었다. 재개발 논란도 있었지만 옛터를 잘 보존해 왔고, 2023년 2월에는 목포시와 조선내화(주)가 부지에 복합문화시설 조성을 위한 업무 협약을 체결하였다.

시화골목을 천천히 걸어 올라갔다. 곳곳에 예쁜 카페와 갤러리가 많았다. 카페 한 곳에서 잠시 쉬었다. 오랜만에 보는 수세미와 수세미꽃이 정겨웠고, 의자에 앉아 열심히 독서 중인 곰이 귀여워

서산동 보리마당 골목길

서산동 보리마당에 가는 길

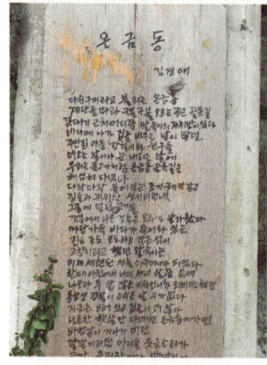

서산동 보리마당 시화골목

어깨를 다독여 주었다. 2층 창문에는 마릴린 먼로가 찡긋 윙크를 한다. 유달동 14통 통장님댁 대문 앞에 서니 먼 바다까지 한눈에 들어왔다. 최고의 조망점이었다. 보리마당 맨 위쪽에 '바보마당'이 있다. 이름이 왜 바보마당일까? 바다가 잘 보이는 곳이어서란다.

벽에 그리고 쓴 시화들 하나하나가 마음을 흔들었다. 유명한 시인의 시도 있고, 동네 주민들이 쓴 시도 있다. 어느 할머니가 쓴 시를 읽고 한참 웃었다. "첫날밤 신랑은 술을 겁나게 먹고 잠만 잤제. 그렇게 나도 잠만 잤제. 그란디 어떻게 애가 생겼다냐?"

'조금새끼'란 제목의 시를 읽는데 가슴이 아려 왔다. '조금'이란 조수간만의 차가 없어 바닷물이 가장 낮아지는 때를 말한다. 매달 음력 초여드레와 스무이틀이 조금이다. '조금'에는 고기가 잘 잡히지 않으니 어부들에겐 쉼의 시간이었고, 오랜만에 집에 온 어부들이 오래 참아 온 부부 관계를 갖는 때이기도 하다. 비슷한 시기에 잉태되어 태어난 아이들을 '조금새끼'라고 부른다. 골목길 나무판에 목포 시인 김선태의 '조금새끼'가 적혀 있다.

"가난한 선원들이 모여 사는 목포 온금동에는 조금새끼라는 말이 있지요. 조금 물때에 밴 새끼라는 뜻이지요. 그런데 이 말이 어떻게 생겨났냐고요? 조금은 바닷물이 조금밖에 나지 않아 선원들이 출어를 포기하고 쉬는 때랍니다. 모처럼 집에 돌아와 쉬면서 할 일이 무엇이겠는지요? 그래서 조금은 집집마다 애를 갖는 물때이기도 하지요. 그렇게 해서 뱃속에 들어선 녀석들이 열 달 후 밖으로 나오니 다들 조금새끼가 아니고 무엇입니까? 한꺼번에 태어난 녀석들은 훗날 아비의 업을 이어 풍랑과 싸우다 다시 한꺼번에 바다에 묻힙니다. 태어나서 죽을 때까지 함께인 셈이지요. 하여, 지금도 이 언덕배기 달동네에는 생일도 함께 쇠고 제사도 함께 지내는 집이 많습니다. 그런데 조금새끼를 되뇌면 웃음이 나오다가도 금세

눈물이 나는 건 왜일까요? 도대체 이 꾀죄죄하고 소금기 묻은 말이 자꾸만 서럽도록 아름다워지는 건 왜일까요? 아무래도 그건 예나 지금이나 이 한마디 속에 온금동 사람들의 삶과 운명이 죄다 들어 있기 때문 아니겠는지요."

조금새끼는 목포에만 있는 것은 아니다. 바닷가 마을 어디든 사정이 다르지 않았을 테니까. 여수 시인 임호상의 '조금새끼로 운다'라는 시도 있다.

"중선배 타고 나간 아버지는 한 달에 두 번 조금이 되어서야 돌아왔다. 초여드레, 스무이틀 간만의 차가 없는 조금이면 바다로 나갔던 아버지들 돌아오는 날. 조금이 되면 어머니 마음도 분주하다. 보름을 바다에 있다 보면 얼마나 뭍이 그리웠을까. 얼마나 밑이 그리웠을까. 어머니 마음도 만선이다. 뜨거워진 당신은 선착장 계선주에 이미 밧줄을 단단히 동여맸다. 아버지도 그랬지만 선착장에서 하염없이 기다리던 어머니도 그랬다. 조금이 돼야 뜨거워질 수 있었던 그때, 갯내음으로 태어난 우리들은 조금새끼. 서방 들어오는 날 속옷을 널어 방해하지 말라는 수줍은 경고가 마당에서 춤을 춘다. 어머니의 빨랫줄에 속옷과 함께 널린 고등어 세 마리 누구 것인지 알 사람 다 안다. …중략… 바다는 아버지를 데려다가 보름이 되어서야 돌려보내곤 했다. 조금이 돼도 돌아오지 않으면 어머니의 바다에는 소리 내지 못하는 파도가 쳤다. …중략… 문밖에서 아버지를 기다리는 파도 소리 자꾸만 자꾸만 어머니의 가슴을 쳤다."

보리마당에 올랐다가 내려오는 내내 마음이 요동쳤다. 바닷가 사람들의 삶을 조금은 더 알게 된 것 같아 고맙고 또 미안했다. 금화떡방앗간에서는 구수한 참기름 냄새가 솔솔 풍겨 왔다. 그래, 여기가 목포로구나.

드라마 〈도도솔솔라라솔〉 촬영지

음악과 함께한 목포 낭만 여행

　목포에서 한 달을 살려고 갔을 때 트럼펫을 챙겼다. 2020년 가을 트럼펫에 입문한 지 1년 된 초보 트럼페터이니 한달살이 중에도 틈틈이 연습하고 싶어서였다. 그런데 연습할 곳이 있을지 궁금했다. 숙소인 건맥스테이는 손님들이 있어서 연습하기 어려울 테니 방음이 되는 연습실이 필요했다. 며칠 지나지 않아 연습하기 딱 좋은 곳을 찾았다. 목포 원도심에 자리한 음악 카페 '공감'이 그곳이다.

　목포역에서 멀지 않은 로데오광장 바로 앞에 아주 널찍한 카페가 있다. 입구 간판에는 'ㄱㅗㅇㅏㅁ&Code'라고 적혀 있고 안에 들어가면 테이블과 의자뿐만 아니라 무대와 악기들이 눈에 들어온다. 드럼과 피아노가 있고, 벽에는 기타가 열 개 정도 걸려 있다. 이 지역 음악인들의 메카가 아닐까 하는 생각이 들었다. 사장님 안내로 2층도 둘러봤는데, 크고 작은 연습실이 다채롭게 배치되어 있었다. 가끔 트럼펫 연습하러 와도 되냐고 물으니 언제든 환영한다고 했다. 그날도 몇몇 음악인들이 연습을 마치고 식사 중이어서 인사를 드렸다.

   그러나 공감 카페에 혼자 연습하러 간 것은 두세 번뿐이었다. 이런저런 핑계로 연습 시간을 온전히 확보하지 못한 탓이다. 대신에 발칙한 기획을 했다. 트럼펫을 가르쳐 주는 사부님과 선배님을 모시고 음악과 함께하는 목포 낭만 여행을 떠올렸다. 두 분께 연락하니 기다렸다는 듯 반겨 주셨고 날짜를 잡았다. 2021년 9월 15일, 1박 2일의 트럼펫 낭만 여행이 그렇게 시작되었다.

   수요일 점심 무렵 목포역에 도착한 정순원 사부와 고창곤 선배를 반갑게 만나 '오거리식당'에서 식사부터 했다. 식사를 마칠 무렵, 똑같이 생긴 가방을 들고 온 두 사람이 궁금했는지 무슨 가방이냐고 사장님이 물었다. 트럼펫이라고 답했더니 반색을 하며 얼른 한 곡 뽑아 보라고 하셨다. 사부께서 트럼펫을 꺼내 한 곡 뽑으셨다.

목포 원도심에 있는 카페 공감

"해당화 피고 지는 섬마을에 철새 따라 왔다가~." 구성진 가락의 '섬마을 선생님'을 연주하기 시작하자 주방에 있던 안주인과 따님이 뛰어나왔다. 구성진 트럼펫 소리가 식당을 가득 채우는 모습을 어느새 따님은 카메라에 담고 있었다. 음악을 아주 좋아하는 분인지 사장님은 연신 어깨를 들썩이고 손짓을 하다 연주를 마칠 땐 박수를 쳐 주셨다.

이난영, 김시스터즈, 남진, 조미미로 이어져 온 음악 도시 목포여서일까. 평일 점심시간 식당에 울려 퍼지는 음악 소리는 아주 자연스럽고 감미로웠다. 사장님도 안주인도 아주 환한 표정으로 반겨 주셨다. '괜찮아마을' 홍동우 대표와 부부가 된 오거리식당 따님도 이렇게 음악 연주를 듣는 게 참 좋다며 목포에 막 도착한 트럼페터 아재들을 반갑게 맞아 주었다.

숙소 '건맥스테이'에서 체크인을 하고 짐을 맡긴 뒤 '목포진'에 올랐다. 그리고 정자에 앉아 잠시 쉬는 시간을 가졌다. 고창곤 선배와 나는 마루에 편안히 누웠고, 사부님은 트럼펫을 꺼내 몇 곡을 이어 연주했다. 바람은 시원하게 불어오고 트럼펫 선율은 감미롭게 퍼져 가고 사방으로 내려다보이는 목포의 풍경은 더욱 사랑스러웠다. 이순신 장군님을 모시고 노고를 풀어 드리는 잔치를 벌이며 멋진 연주를 해 드리면 좋겠다는 엉뚱한 상상을 했다.

귀한 분들이 목포에 오셨으니 저녁 식사도 아주 멋진 곳으로 모셨다. 프랑스 요리 학교 르 꼬르동 블루Le Cordon Bleu 출신이고 일본에서도 요리사로 일했던 김하영 셰프chef가 얼마 전 고향인 목포로 내려와 목포진 아래 '피시테리안'이란 작은 레스토랑을 열었다. 피시테리안은 테이블이 딱 하나여서 한 번에 대여섯 명 정도의 손님만 예약으로 받고, 목포의 제철 재료를 활용한 창의적 요리를 즐길 수 있는 곳이다. 마침 민어 철이어서 민어를 재료로 한 아주 맛난 식사를 즐기며 간간이 사부님의 트럼펫 연주가 분위기를 돋우어 주었다. 뭐랄까? 아주 귀한 대접을 받은 느낌이었다. 좋은 음식과 멋진 음악과 좋은 사람들과 함께였으니 최고의 저녁이었다.

저녁 식사 뒤에는 숙소 1층의 '건맥펍'에서 맥주도 마시고, 트럼펫 연주 시간도 가졌다. '건맥1897협동조합' 박창수 이사장과 건맥펍의 직원들, 그리고 안면이 있는 손님들도 음악이 흐르는 건맥펍의 색다른 시간을 함께 즐겼다.

음악 아재들의 목포 낭만 여행은 밤늦게까지 이어졌다. 건맥펍에서 목포내항으로 가다 왼쪽으로 모퉁이를 돌면 박창수 이사장이 운영하는 건해산물 도매상 신광상사 건물이 있고, 마당을 지나면 안쪽에 너른 홀이 있는데 이곳에서 노래도 부르고 트럼펫도 연주하며 흥겨운 시간을 보냈다. 노래방 반주기에 맞춰 노래를 부를 때와 트럼펫 반주가 곁들여질 때는 차원이 달라진다. 고등학교 때부터 지금까지 평생 트럼페터로 살아온 사부님은 누가 어떤 노래를 부르던지 바로 트럼펫으로 맞춰 주었다. 내내 반주만 하던 사부님도 한 곡 부르려고 마이크를 잡았는데 노래 실력도 빼어났다. 노래를 부르다가 간주 때는 트럼펫을 불고 다시 노래를 하며 1인 2역을 멋지게 해냈다.

사부님과 선배님 두 분을 목포로 모시길 참 잘했다고 생각했다. 나를 트럼펫의 세계로 초대해 준 감사한 두 은인께 이렇게라도 보답할 수 있으니, 마음에 진 빚을 조금은 갚은 느낌이 들었다. 뜻밖의 계기로 트럼펫과 친구가 되어 함께 보냈던 시간들이 내게 큰 힘이 되고 즐거움을 주었다. 나의 트럼펫 입문 이야기를 잠깐 소개해야겠다.

2020년 여름 무렵이었을까? 평화방송 라디오의 〈행복을 여는 아침〉 금요일 오전 8시 코너인 〈도시의 정석〉에 매주 출연하면서 한 달 내

신광상사 홀에서의 트럼펫 연주

내 이어 온 발트삼국 여행기를 마칠 무렵, 좋은 여행에 초대해 준 고창곤 선배 생각이 나서 전화를 드렸고 주말에 만나 막걸리를 마셨다. 요즘 어찌 지내는지 여쭈니 트럼펫 부는 재미에 쏙 빠져 산다며 영상을 보여 주는데, 갑자기 트럼펫을 배우고 싶은 생각이 솟구쳤다. 내 마음을 알아차렸는지 사부님께 안 쓰는 트럼펫이 있으니 부탁드려 보자고 했고 일주일 뒤 사부님까지 셋이 만났다. 처음 만난 자리에서 사부님은 수리비만 내고 가져가라 하셨고, 정말 수리비 5만 원을 드리고 중고 트럼펫을 받게 되어 2020년 9월 트럼펫에 입문하게 되었다.

2019년부터 서울시립대학교 교무처장을 맡아 많이 힘들 때였는데, 매일 새벽 출근 전에 1시간씩 트럼펫 연습을 하면서 새로운 도전과 몰입의 시간을 규칙적으로 가진 덕분에 스트레스도 풀고 마음을 다잡을 수 있었다. 어려운 악기여서 처음 배울 때는 소리를 내느라 고생도 많았지만 내 삶의 새로운 활력이 되어 준 트럼펫이 늘 고맙고, 그런 좋은 친구를 갖게 해 준 두 분에게 그래서 더욱 감사했다. 그런 마음으로 목포 낭만 여행 첫날을 마무리했다.

둘째 날 아침 식사는 '조선쫄복탕'으로 모셨다. 맛있는 복어탕으로 해장을 가뿐히 한 뒤, 아침 산책 겸 서산동 보리마당으로 안내했다. '연희네슈퍼'와 '연희네다방' 맞은편에 있는 '서산동갤러리'에 먼저 들렀다. 모닝커피를 한 잔 마신 뒤 내가 풍금 앞에 앉으니 사부님은 트럼펫을 꺼냈다. '고요한 밤 거룩한 밤'에 이어 고창곤 선배의 세례명이기도 한 '노엘The First Noel'까지 트럼펫과 오르간 연주를 이어 갔고, 사부님은 '목포의 눈물'을 구성지게 뽑았다. 보리마당을 지키고 있던 전남문화해설사 전영자 선생께서 박수도 치고 녹화까지 해 주셔서 소중했던 순간을 영상으로 남길 수 있었다.

서산동갤러리를 나와 보리마당 시화골목을 천천히 걸어 올랐고, 언덕 위에 있는 KBS 2TV 수목드라마 〈도도솔솔라라솔〉 촬영지에도 들렀다. 마침 피아노가 있었는데, 사부님은 '고향의 봄'을 연주했고, 우리는 보리마당에서 내려다보이는 목포의 풍경을 즐겼다. 목포에 왔으니 해상케이블카를 빼놓을 수 없겠다 싶어 두 분을 모시고 유달산에서 고하도까지 케이블카를 탔다. 고하도 옥상에 오르니 사방으로 열린 풍경이 멋지게 펼쳐졌다. 이곳 역시 트럼펫을 연주하기 좋은 무대 아닌가. 두 분이 돌아가며 트럼펫을 연주했다. 해상케이블카가 오르내리는 풍경을 배경 삼아 트럼펫을 연주하는 모습이 멋진 조화를 이루었다.

점심 식사는 '태동반점'에서 목포의 특별한 음식인 '중깐(일반 짜장면보다 얇은 면에 고기와 야채를 다져서 볶은 짜장면)'으로 즐겼다. 1인분을 시켜도 탕수육을 서비스로 주는 마음 푸근한 식당이다. 이후 목포 원도심 음악인들의 아지트인 카페 '공감'에 가서 연주 시간을 가졌다. 반주기에 맞춰 연주하니 음악은 더욱 꽉 찬 느낌이었다. 트럼펫 사부님과 선배님과 함께했던 목포 음악 여행 1박 2일을 그렇

신형당 카페에서의 연주와 노래 ⓒ신형배

게 마무리했다.

목포 음악 여행은 그 뒤 한 번 더 이어졌다. 그해 12월 초 트럼페터 3인에 아코디언을 연주하는 갑장 친구 이희준과 테너 색소폰을 연주하는 박수창 형님 부부까지 밴드를 이루어 목포 1박 2일 여행을 다녀왔다. 멤버가 더욱 풍성해진 우리는 이번에도 원도심의 카페 공감에서, 1897건맥펍 옥상에서, 목포진에서, 그리고 우연한 계기로 들렀던 신형당 카페에서 연주를 했다. 마침 수목원 식당 김장례 대표의 생일이어서 저녁 무렵엔 건맥펍에서 특별한 파티도 해드렸고, 처음 만나 친구가 된 한국을 무척 사랑하는 영국인 오웬 밀러와도 함께 어울렸다.

신형당 카페에서의 우연한 만남은 KBS광주 TV의 방송 출연까지 이어졌다. 둘째 날 점심 식사를 마치고 차나 한잔 하려고 신형배 대표의 카페 '신형당'에 들렀다가 목포의 원로 사진작가 박종길 선생을 취재하러 온 KBS광주 PD의 즉석 제의를 받고 연주하는 모습을 영상에 담았다. 정순원, 이희준 두 사람의 트럼펫과 아코디언 연주를 반주 삼아 내가 '목포의 눈물'을 불렀다. 이날 촬영했던 영상의 일부가 목포를 소개하는 KBS광주의 〈남도 스페셜〉에 실려 더욱 특별했다.

목포는 중장년들이 일주일에서 한 달쯤 머물기에 참 좋은 곳이다. 가까운 몇몇 부부들이 함께 와도 좋고, 편한 친구들끼리도 좋을 것이다. 목포에서 느긋하게 머물며 맛있는 남도 음식도 즐기고, 악기도 하나쯤 배우고, '아재'들은 바느질도 배워 사랑하는 아내와 자녀들을 위한 옷 한 벌 만들어 가면 어떨까? 다이내믹한 '체류형 로컬 여행' 1번지로 목포를 '강추'한다. 목포는 예향이자 음악의 도시다. 목포에 구성진 음악이 늘 흐르면 좋겠다. 목포에서 낭만 여행과 음악 여행을 통해 음악 도시 목포의 꿈도 꾸고 꿈이 어렵지 않게 이뤄질 것이라는 기대가 커졌으며 믿음도 더욱 단단해졌다.

목포역에서 정석, 고창곤, 이희준, 정순원

목포에서 떠나는 섬 여행
- 압해도, 암태도, 자은도 -

목포에서 한 달을 살면 거저 받게 되는 특별 보너스가 있다. 섬 여행이다. 천여 개의 신안군 섬들을 언제든 편안히 다녀올 수 있다. 생각해 보라. 신안 섬 여행을 서울이나 부산 또는 강릉에서 출발한다면 얼마나 먼 길이 되겠는가? 목포는 다르다. 신안의 섬들이 지척에 있다. 옛날 같으면 배를 타야 갈 수 있었지만, 육지와 섬을 연결하고 섬과 섬을 연결하는 다리들이 많이 놓인 지금 큰 섬들은 육로로도 편안히 다녀올 수 있다. 목포에 머물면서 신안의 아름다운 섬들을 몇 곳 다녀왔다. 도초도와 비금도의 '섬마을인생학교' 이야기는 앞에서 했으니, 이번에는 압해도, 암태도, 자은도까지 세 섬을 다녀온 여행기를 들려드려야겠다.

2021년 9월 14일 화요일 목포대 박성현 교수의 차를 타고 아침 일찍 목포를 출발했다. 처음 들른 곳은 압해도였다. 산정교차로에서 압해대교를 건너면 바로 압해도다. 목포와 압해도를 이어 주는 압해대교는 2008년 4월 개통되었고, 3년 뒤인 2011년 4월에 목포에 있던 신안군청이 압해도로 이전했다. 군청이 왔으니 압해도는 신안군의 중심이 된 셈이다.

신안군은 2개 읍(압해읍, 지도읍)과 12개 면(증도면, 임자면, 자은면, 비금면, 도초면, 흑산면, 하의면, 신의면, 장산면, 안좌면, 팔금면, 암태면)으로 구성되어 있다. 면적이 가장 큰 섬은 지도읍(79.54㎢)이고 압해읍(67.57㎢), 안좌면(59.96㎢), 도초면(55.46㎢), 자은면(52.81㎢), 비금면(51.69)이 50㎢ 이상의 큰 섬들이다. 2023년 10월까지의 인구 상황을 보면 압해읍(5,500명)이 가장 많고, 지도읍(4,300명), 비금면(3,600명), 임자면(3,200명), 안좌면(2,900명), 도초면(2,400명), 자은면(2,200명), 흑산면(2,100명)이 2천 명 이상의 인구를 보유하고 있다. 신안군 전체 면적은 655.6㎢이고 현재 인구는 38,043명이다.

압해대교를 건너 압해도에 들어와 박 교수는 빵집 앞에 차를 세웠다. 간단히 아침을 먹으려고 들른 모양이다. 빵집 이름이 '농부애빵 마시쿠만'이다. 다양한 종류의 빵들이 한눈에도 먹음직스러웠다. 빵집 주인이 자신과 빵집을 소개하는 글을 가게 입구 배너에 써 두었다. "YBM 시사영어사 서울본사 영업부에서 17년간 근무하고 명예퇴직 후 고향인 압해도에 귀농하여, 부모님과 3천여 평의 무화과 농사를 짓고 있습니다. 직접 농사지은 무화과로 사랑을 가득 담아 맛있고 건강한 빵을 만들겠습니다. 감사합니다. 농부 파티시에 김상원"

무화과 단팥빵, 무화과 크림치즈빵 등 무화과를 재료로 한 빵이 많았다. 단팥빵을 좋아하는 나는 무화과 단팥빵을 골랐다. 빵을 둘로 쪼개니 팥앙금 사이로 무화과 씨들이 보였다. 군침이 돌아 한입 크게 베어 먹었다. 야! 맛이 정말 끝내주었다. 빵과 커피로 요기를 한 뒤 다시 차를 타고 섬 안으로 들어갔다. 박 교수가 처음 보여 준 곳은 '1004섬 분재정원'이었다.

너른 잔디밭과 개울과 나무들이 빼곡한 숲과 바다가 내려다보이는 언덕이 이어진 곳에 분재들이 곳곳에 놓여 있었다. 야외에도 있고, 실내에도 있다. 분재정원을 조성하는 데 큰 기여를 한 사람을 기념하는 '최병철분재기념관'도 세워져 있었다. 최병철 교수는 평생 가꾼 분재 200점을 신안군에 기증했고, 신안군에서 공원을 조성하고 기념관을 건립해 2012년 2월 분재정원이 문을 열었다.

분재정원 옆에는 '저녁노을미술관'이 있다. 대표작들을 모두 이곳에 기증한 우암 박용규 화백의 작품들이 상설 전시되고 있고, 다른 공간에서는 '2021전남국제수묵비엔날레' 출품작들이 전시 중이었다. 박용규 화백의 작품들은 힘차고 시원시원한 느낌을 주었다. 북한에 직접 가서 본 적이 있는 금강산과 비룡폭포(장백폭포)를 그린 작품 앞에서는 한참 멈춰 서서 감상했다.

2021전남국제수묵비엔날레 전시장에는 국내 작가 4인과 15개국 작가 17인의 작품들이 전시 중이었는데 하나하나 명작들이었다. 더불어 커다란 붓으로 먹을 찍어 그림을 그리는 영상들도 함께 전시되어 생동감이 더했다.

저녁노을미술관은 이름처럼 노을을 볼 수 있는 곳이다. 발코니에 나와 서해를 내려다보았다. 아직 해는 중천에 있고, 김 양식장에서는 어부들이 열심히 작업하고 있었다. 그 모습 그대로 한 폭의 작품처럼 아름다웠다. 아름다운 섬 위에 사람의 손길이 닿은 분재와 미술 작품들이 더해지니 그 아름다움이 더욱 돋보였다.

압해도에서 두 곳을 들른 뒤 암태도를 향했다. 압해도와 암태도를 연결하는 '천사대교'는 2019년 4월 개통되었다. 길이가 7.2킬로

천사섬 분재정원

저녁노을미술관에서 바라다본 바다

미터로 국내 7위의 긴 다리이고 압해도 쪽 절반은 현수교로, 암태도 쪽 절반은 사장교 형식으로 지어진 특이한 다리다. 천사대교 입구에는 계단 위에 올라가 다리를 배경으로 사진을 찍을 수 있는 포토존이 마련되어 있다.

  암태도에서 처음 들른 곳은 옛 암태동초등학교 부지에 새로 만든 '에로스서각박물관'이었다. 1949년에 문을 연 암태동초등학교는 1999년에 폐교되었고, 신안군에서 부지를 되살리려는 노력으로 에로스서각박물관을 지어 2019년에 문을 열었다. 당초에는 남녀의 성性을 주제로 한 에로스박물관으로 문을 열 준비를 했으나, 2016년 신안군 여교사 성폭행 사건이 일어나 개관을 늦출 수밖에 없었고, 코로나 시기가 지난 뒤 서각박물관과 함께 뒤늦게 문을 열었다. 박물관 가까이에 레트로 풍의 예쁜 카페도 있고, 옛 초등학교 교실을 재현한 공간도 마련되어 있다.

  폐교를 재생한 곳들을 볼 때마다 마음이 아프다. 폐교 부지를 어떻게 활용할지 고민하기 전에 폐교하지 않는 쪽으로 정책을 바꿔야 한다고 생각한다. 학생 수가 적다고 폐교하면 그나마 있던 학생과 부모들을 다른 곳으로 내쫓게 된다. 학생이 단 한 명이라도 있으면 학교 문을 닫지 말아야 한다. 학생 수가 '0'이 되면 폐교하지 말고 휴교하고, 다시 학생이 한 명이라도 생기면 학교 문을 여는 게 맞다. 폐교는 지방 소멸을 가속화하는 아주 잘못된 조치다. 일본도 다른 선진국들도 폐교 정책을 바꿨다. 우리도 바꿔야 하지 않겠는가.

암태도를 떠나 자은도로 향했다. 가는 길에 암태도의 명물이 된 벽화를 보았다. 기동삼거리에 있는 '동백나무 파마머리 벽화'다. 삼거리 맞은편 담장에 그려진 노부부의 머리 부분이 동백나무여서 유명해진 곳이다. 처음엔 이 댁 마당에 동백나무 한 그루만 있어서 이곳 출신 김지안 작가가 손석심 할머니의 얼굴만 그렸는데, 벽화가 유명해지면서 신안군에서 동백나무를 한 그루 더 심어 문병일 할아버지 얼굴까지 그리게 되었다고 한다. 노부부가 함께 다정히 계시는 모습이 더 보기 좋았다. '무병장수 백년해로'하시기를 빌었다.

자은도는 암태도 북쪽에 가까이 있다. 은암대교를 지나 자은도에 건너와서 처음 들른 곳은 '백길해변'이었다. 먼바다까지 경사가 완만한 백길해변은 고요하고 아름다웠는데, 가까이 리조트 공사가 한창이었다. 백길해변에서 잠시 쉬었다가 다음 목적지인 양산해변을 향해 출발했다.

암태도 기동삼거리의 동백나무 파마머리 벽화

　자은도의 땅은 '모래질' 성분이 많아 파와 마늘 농사를 많이 짓는다고 박 교수가 설명해 주었다. 그러고 보니 길가에 마늘과 파를 심은 밭이 아주 많았다. 양산해변에 도착하자 자은도의 명소로 널리 알려진 '1004뮤지엄파크'가 눈에 들어왔다. 세계조개박물관과 1004섬 수석미술관, 수석정원까지 여러 박물관이 함께 모여 있는 말 그대로 '뮤지엄파크'였다.

　건물이 자연 지형에 순응하듯 다소곳하게 보였다. 건물의 지붕까지 경사로를 따라 올라갈 수 있고, 지붕 위에도 잔디가 깔려 있었다. 지붕에 올라 주변을 둘러본 뒤 '세계조개박물관'을 둘러보았다. 수많은 종류의 크고 작은 조개들이 눈길을 사로잡았다. 압도당한 느낌이었다. 조개들로 그린 그림과 조개로 만든 꽃과 나무들도 신비로웠다. 벽에 걸린 커다란 거북이를 가까이 가서 보니 아주 작은 전복 종패들로 만든 작품이었다.

자은도에 이렇게 멋진 조개박물관이 만들어진 것은 평생 연구하고 모은 조개를 아낌없이 기증한 임양수 선장 덕분에 가능했다. 해양수산학을 전공하고 원양어선 선장으로 40여 년을 살아오면서, 세계 곳곳에서 수집한 조개와 고등을 신안군에 기증해 세계조개박물관이 문을 열게 되었다. 박물관 한 곳에 기증자의 서재가 마련되어 있었는데, 책상 위에 놓인 타자기와 지구본과 책과 모래시계를 보니 마치 기증자가 지금도 그곳에 있는 느낌을 주어 더욱 감동이었다.

신안군의 섬들은 저마다 보석 같다. 섬마다 박물관이나 미술관을 하나씩 짓겠다는 신안군의 '1도 1뮤지엄' 사업은 누군가의 기증을 전제하고 있는데, 이렇게 멋진 박물관들이 하나둘 늘고 있는 걸 보니 아주 지혜로운 사업이고 성공을 향해 나아가고 있다는 생각이 들었다. 기증과 기부가 우리가 안고 있는 많은 문제들을 능히 해결해 주는 좋은 해법이 될 수 있다. 노블레스 오블리주(noblesse oblige)!

세계조개박물관 가까이에 '1004섬 수석미술관'과 '수석정원'이 있다. 노신사, 두꺼비, 장미꽃, 달마대사 등 다양한 형상의 수석들이 눈길을 끌었다. 수석정원 가운데엔 날개 모양을 배경으로 사진을 찍는 포토 존이 있다. 두 날개 가운데에 앉아 두 팔을 쫙 펴고 사진을 찍었다. 행복했다.

박물관을 돌아본 뒤 '양산해변'을 잠시 걸었다. 바닷가에 커다란

자은도 세계조개박물관, 양산해변의 조개 모양 조형물(위), 둔장해변의 무한의 다리(아래)

조개 형상의 조형물이 놓여 있고, 비금도의 명사십리해변처럼 모래를 지키기 위한 목책들과 언덕 뒤의 풍력발전기가 어우러진 독특한 풍경이었다.

자은도의 마지막 목적지는 북쪽 끝에 위치한 둔장해변. '무한의 다리(Ponte Dell' Infinito)'로 널리 알려진 곳이다. '섬의 날'은 8월 8일인데, 섬이야말로 무한한 발전 가능성을 가진 곳이어서 무한대의 상징과 비슷한 숫자 8이 겹친 '8월 8일'을 섬의 날로 지정했다고 한다. 섬의 날을 기념해 둔장해변에 만든 무한의 다리는 한국의 조각가 박은선과 스위스 건축가 마리오 보타Mario Botta가 함께 작명했다고 한다. 둔장해변을 출발해 구리도, 고도, 할미도를 연결하는 다리의 폭은 2미터이고 길이는 1,004미터이다.

둔장해변에서 빼놓을 수 없는 곳이 한 곳 더 있다. '둔장마을미술관'이다. 1971년에 마을회관으로 지어진 뒤, 오랜 세월 마을의 공동체 공간으로 제 몫을 해 오다 한동안 빈 채로 방치되었던 건물을 리모델링해 2020년 마을 미술관으로 문을 열었다. 그때 미술관에서는 박일정 작가의 작품들이 전시 중이었다. 이중섭의 그림과 닮은 게의 그림과 조각들, 한글을 소재로 한 그림들이 포근하게 느껴졌다. 마을 미술관을 가진 마을이 대한민국에 얼마나 있을까? 내가 아는 바로는 제주도 표선면 가시리의 '리립 조랑말 박물관'과 하동군 악양면 입석리의 '마을미술관 선돌', 진안군 마령면의 공동체 박물관 '계남정미소' 등 몇 곳 외엔 떠오르는 곳이 없다.

신안은 말 그대로 보물섬이다. 1,000개가 넘는 섬들 구석구석 기가 막힌 보물들이 당신을 기다리고 있다. 걍 오시라! 보물섬으로! 사랑하는 이의 손을 꼭 잡고!

'임자', 몰라봐서 '무안'합니다

압해도, 암태도, 자은도 여행을 다녀온 며칠 뒤 이번에는 북쪽의 임자도를 찾아갔다. 오며 가며 들른 무안까지 합쳐 '임자+무안 여행'을 함께해 준 가이드는 목포대 조준범 교수였다. 조 교수와는 인연이 꽤 깊다. 1996년 말 서울연구원에서 처음 만나 2001년까지 마을 만들기 사례 연구, 북촌 연구 등 많은 연구를 함께했다. 전북 남원이 고향인 조 교수는 2003년 박사 학위를 받은 뒤, 2004년 목포대학교로 부임해 지금껏 목포 사람으로 연구와 교육에 열심인 심성 좋은 사람이다.

2021년 9월 17일 금요일 일찍 목포를 출발해 신안군 '임자도'에 갔다. 임자도는 신안군 1004섬의 북부권에 있고, 목포에서 무안을 지나 신안군 '지도읍'에서 '임자2대교'와 '임자1대교'를 건너야 도착한다. 지도읍의 '지도'는 섬 이름이고 신안군에 속하지만 무안군 '해제면'과 땅으로 연결되어 있다. 지금은 무안군, 신안군, 목포시가 별개의 지방자치단체로 존재하지만 원래는 '무안' 하나였다.

　조선 시대에 '무안군' 또는 '무안현'으로 불리다가 1897년 목포항이 개항되면서 '무안군'은 '무안부'로 승격되었고, 1910년 일제강점기에 '목포부'로 개칭되었다가 1914년 행정구역 개편 때 개항장을 제외한 나머지 지역은 다시 '무안군'으로 분리되어 무안군과 목포부가 공존해 왔다. 해방 후 목포부는 '목포시'로 개칭되고, 1963년에는 무안군 '이로면'이 목포시에 편입되었다. 1969년에는 무안군에 속해 있던 섬 지역이 분리되어 '신안군'으로 독립하는데, 새로운 무안이란 뜻을 담아 '신안新安'이라 이름 지었다고 한다. 이렇게 해서 하나였던 무안이 지금은 목포시, 무안군, 신안군으로 분할되어 있다.
　임자도에 들어서니 '대파산업특구'라고 적힌 표지석이 보인다. 대파로 유명한 섬인가 보다. 이름처럼 크고 넓은 '대광해변'에 도착했다. 바람이 꽤 세게 불어 파도가 일렁이는데, 바다에서 보드를 타고 패러글라이딩을 즐기는 사람들이 보였다. 임자도는 해변 승마를 즐기는 곳으로도 유명한데, 그래서인지 바닷가에 달리는 말의 조형물이 여럿 세워져 있었다.

　임자도는 조선 후기 대표적 서화가인 '우봉 조희룡(1789~1859)'이 정쟁에 휘말려 유배를 와서 머물렀던 곳이다. '추사 김정희(1786~1856)'와 동시대를 살았던 조희룡은 글씨와 그림에서 추사의 영향도 받았지만 자신의 서화 세계를 단단히 구축한 사람이다. 그가 남긴 '불긍거후 망의고예(不肯車後 妄意孤詣)'란 문장은 "더럽게 남의 뒤꽁무니나 따라다니지 않고, 망령되다 하더라도 내 갈 길을 간다."는 뜻인데 그의 성정이 잘 드러나 있다. 조희룡은 1813년 식년문과에 급제한 후 여러 벼슬을 거쳐 오위장을 지내며 많은 작품들을 남겼는데, 1851년 정쟁에 개입되고 추사의 심복으로 지목되어 전라도 임자도에 유배되었다가 2년 뒤인 1853년에 귀향하였다.

임자도에는 조희룡을 기념하는 장소가 곳곳에 있다. 대광해변 바닷가에 '조희룡미술관'이 있고, 어머리해변 가까이에 '조희룡 선생 적거지(유배지)'가 있다. 그의 멋진 그림을 미디어 아티스트인 이이남 작가가 미디어아트로 되살린 작품을 조희룡미술관에서 보며 감탄했다.

임자도 황금 들녘

임자도는 큰 섬이어서 벼농사도 짓지만 대파 농사를 특히 많이 짓는다. 차를 타고 가면서 끝없이 이어지는 가을 논의 황금물결도 보았고, 거대한 규모의 대파밭이 한없이 펼쳐지는 장면도 한참 동안 볼 수 있었다.

대광해변을 출발해 조희룡 선생 적거지로 가기 전에 임자도 동북쪽 끝에 있는 '전장포항'에 잠시 들렀다. 항구에 우뚝 서 있는 젓갈 판매장에 차를 대고 젓갈 구경을 했다. 임자도는 국내 최대 새우젓 생산지이다. 수산물도 풍요롭고, 벼농사와 대파 농사는 물론 '임자'란 이름이 상징하듯 검은깨 농사까지 풍요로운 섬임에 틀림없다.

조희룡 선생이 2년을 살았던 유배지 입구에는 빨간 양철 지붕의 방앗간 건물이 눈에 띄었다. 골목길 담장에는 조희룡 선생을 기념하는 매화 그림이 그려져 있었다. 골목길을 잠시 걸어 나지막한 언덕에 오르니 조희룡 선생 유배지가 눈앞에 보였다. 건물 몇 채와 우물을 옛 모습 그대로 복원해 놓았다. 마당에 서니 멀리 논밭과 어머리해변이 내려다보였다.

멀지 않은 곳에 있는 '어머리해변'도 가 보았다. 용이 승천했다는 '용난굴'이 저기 어디쯤일까 가늠해 봤다. 우봉 선생은 어머해변에도 자주 와서 걸었을 것이다. 바닷가에 서서 잠시 우봉 선생의 마음을 헤아려 보았다. 정쟁에 휘말려 멀리 이곳까지 내려와 지내면서 그는 무슨 생각을 했을까? 파도는 끊임없이 밀려오고, 파란 하늘에 흰 구름이 떠다니는 풍경이 순간순간 작품을 만들어 내고 있었다. 그때 우봉 선생도 이런 기막힌 풍경을 보았을 것이다.

우봉 조희룡 선생 적거지

적거지 입구 방앗간

압해도, 암태도, 자은도는 물론이고 임자도 역시 내겐 초행길이었다. 신안의 섬 여행을 하면서 대한민국의 로컬이 이렇게 넓고 깊다는 걸 새삼 느꼈다. 안내해 준 박성현 교수, 조준범 교수에게 감사하다. 빚을 졌다.

임자도의 작은 식당에서 맛난 점심 식사를 한 뒤 무안의 갯벌을 보러 갔다. 무안은 우리나라 최대 갯벌을 보유한 곳이라고 조 교수는 설명해 주었다. 2006년 무안군 해제면에 문을 연 '무안황토갯벌랜드'부터 들렀다. 갯벌 여기저기 '흰발농게'가 부지런히 오간다.

흰발농게 수컷은 한쪽 집게발이 유독 커 눈에 띈다. 갯벌 한가운데 '바다헌장비'가 세워져 있다.

 생물 다양성의 보고인 무안 갯벌도 간척으로 훼손될 위기를 맞았으나 슬기롭게 극복했다. 둑을 막고 간척했으면 어찌 되었을까. 아찔했다. 갯벌 위로 둑을 쌓았던 흔적이 남아 있었다. 바다는 있을

무안 황토갯벌랜드

때 지켜야 한다. 한번 망가지면 다시 되돌릴 수 없다. 이곳을 지키려는 많은 사람들의 노력 덕분에 무안 갯벌은 2001년 국내 최초로 '습지보호구역'으로 지정되었고, 2008년에는 '람사르 습지(1732호)'로 등록되었으며, 같은 해 국내 최초의 '갯벌도립공원'으로도 지정되었다.

갯벌 위로 힘차게 뛰는 '짱뚱어'가 눈에 들어왔다. 갯벌 위를 걷듯 뛰듯 빠르게 움직이는 짱뚱어를 한참 동안 지켜보면서 무안의 갯벌이 펄펄 살아 있음을 느꼈다. 갯벌이 생명력을 잃으면 짱뚱어도 흰발농게도 살 수 없다. 갯벌의 생명들이 사라지면 갯벌에 의지해 살아가는 사람들도 더는 살기 힘들 것이다. 갯벌도, 짱뚱어도, 흰발농게도, 사람도 모두 연결되어 있다. 우리는 하나의 생명체이고 공동 운명을 지닌 공동체라는 걸 깨닫는다면 공멸을 피할 지혜도 어렵지 않게 찾게 될 것이다.

무안의 바닷가는 끝없는 갯벌로 이어진다. 한참 갯벌을 따라 달린 뒤, 현경면 '홀통해변'에 도착했다. 해안가에는 초당대학 '해양스포츠연구센터' 건물이 자리하고 있고, 바다에서는 윈드서핑을 즐기는 사람들이 꽤 많았다. 바람을 타고 미끄러지듯 바다를 가로지르는 사람들이 부러웠다. 바람은 한쪽으로만 불고 있는데, 윈드서핑은 이쪽으로도 저쪽으로도 가는 걸 보니 신기했다.

무안군 망운면 '조금나루해변'에도 들렀다. 바다 한가운데로 모래톱이 길게 뻗은 곳이어서 무척 독특했다. 바다와 갯벌과 모래톱이 어우러져 아주 특이한 풍경을 이루고 있었다. 길가에 오토바이가 세워져 있었는데, 바닷가에서 무언가를 가득 잡았는지 한 짐 무겁게 들고 온 사람이 오토바이에 짐을 싣고 저 멀리 가는 모습을 한참 봤다. 조 교수는 낙지일 것이라고 했다. 낙지든 뭐든 조금나루해변 갯벌이 살아 있는 덕에 저이는 오늘 푸짐한 저녁 밥상을 즐길 수 있을 것이다.

임자도도 처음이지만, 생각해 보니 전남 무안군을 구석구석 돌아본 것도 처음이었다. '무안'이란 이름은 한자로 '힘쓸 무務'와 '편안할 안安'으로 이루어져 있다. 해석한다면 "힘만 쓰지도 말고, 놀기만 하지도 말고, 힘쓸 땐 힘쓰고 쉴 땐 편안히 쉬라."는 뜻이 아닐까? 행복한 삶의 귀한 지혜를 무안에서 깨달았다.

임자와 무안을 둘러보고 목포로 돌아오는 길, 차창 밖으로 유난히 붉은 남도의 황토 언덕들이 눈에 들어왔다. 무안은 갯벌만이 아니라 땅도 예쁜 곳이다. 이렇게 풍요로운 섬 임자도와 땅도 바다도 더없이 아름다운 로컬 무안을 이제야 알아보다니. 부끄러웠다. '임자'와 '무안'을 여태 몰라 미안했다. 이제야 알아봐 무척 무안하다. 힘만 쓰지도 말고, 편안함만 바라지도 말고, 둘 다 균형 있게 살라고 일러 주는 무안務安. 많이 배우고 간다.

목포 '한달살이'에서 목포 '환갑잔치'로!

어느 곳에서 한 달 쯤 살아 보면 놀라운 일들이 일어난다. 내가 나고 자란 고향이 아니더라도 일정 기간을 머물렀던 곳은 내게 의미 있는 곳이 되기 때문이다. 내가 한 달을 머물렀던 로컬도 다르지 않았다. 그 시간만큼의 머묾과 그곳에서 지내며 보고 듣고 만나고 겪은 삶이 주는 독특한 힘이 있다. 지역과 사람 사이에 맺어진 '관계'가 주는 힘이고, '관계인구'가 되면 받게 되는 귀한 선물이자 보답이다.

처음 한 달을 살았던 '하동'도 내게 그런 곳이 되었다. 한달살이 뒤에 다시 하동을 갈 때면 고향에 가는 것처럼 마음이 설렌다. 하동에서 하루를 묵어도 그때의 느낌들이 고스란히 살아난다. 강연이나 일상의 대화에서 하동 이야기를 할 때도 말에 힘이 주어지고 가슴이 잔잔히 뛴다.

'목포' 역시 한 달을 지낸 뒤 내게 고향 같은 곳이 되었다. 이런저

목포역에 도착한 친구들 ⓒ한승훈

런 기회가 닿아 목포에 다시 가게 되면 내 마음이 한 걸음 먼저 그곳으로 달려간다. 이런 게 '한달살이'의 특별한 선물이 아닐까 싶다.

2021년 8월 22일부터 9월 19일까지 목포에서 한 달을 지낸 뒤에도 자주 목포에 갔다. 수업과 관련해서 대학원생들과 나주 답사를 갔다가 목포 원도심에서 열리는 건맥축제 '토야호土夜好'에 참석하려고 일부러 목포에 들른 적도 있고, 다른 수업에서도 목포와 신안을 답사 대상지로 선정해 다녀왔다. 목포에 강연 일정이 잡히면 더욱 반가웠고, 아내와 함께 나주와 목포를 둘러보는 1박 2일 주말여행을 다녀온 적도 있다. 목포 한달살이 뒤 가장 찐했던 목포 여행은 2022년 9월에 고등학교 친구들 스물두 명이 함께했던 1박 2일 '환갑 여행'이었다.

목포 한달살이를 마치고 얼마 지나지 않아 고등학교 친구인 카이스트 한동수 교수의 부인 김경인 박사 전화를 받았는데 아주 반갑고 놀라운 제안과 부탁이었다. 오래 전에 한 교수 아들 승훈이가 매입한 목포 원도심의 낡은 일본식 건물을 리모델링하는 중인데, 2022년 가을쯤 공사가 끝나면 오픈 기념 첫 행사로 아빠 친구들을 초대해 환갑 파티를 열어 주고 싶다는 얘기였고, 목포에서 한 달을 산 경험이 있는 나에게 환갑 파티 준비에 필요한 여러 가지 정보와 사람들을 추천해 달라는 부탁이었다.

아빠의 환갑잔치를 아빠 친구들도 함께 초대해서 하겠다는 기특하고 대단한 아들도 훌륭하고, 아들과 함께 남편과 남편 친구들 환갑 파티를 기획하는 김 박사도 더없이 멋져 보였다. 이런 멋진 일을 어찌 모른 체할 수 있겠는가. 당근 도와주기로 약속했다. 그 뒤에도 자주 연락하면서 1박 2일 목포 환갑 파티 준비를 거들었고, 마침내 2022년 9월 24일 토요일 아침부터 25일 일요일 저녁까지 꽉 채운 이틀 동안 '58 in 58, 오빠오빠 환갑 파티'가 목포에서 열렸다. 환갑을 맞는 중년 사내들의 가슴을 내내 뛰게 했던 1박 2일 이야기를 들려 드려야겠다.

토요일 오전 9시경 목포역 광장에 하나둘 친구들이 모였다. KTX나 SRT를 타고 목포역에 내린 친구들이 스무 명 남짓 모이자 김 박사와 도우미들은 명찰을 나눠 주었다. 환갑 파티를 돕기 위해 한동수 친구 아들과 조카들, 김 박사의 지인들이 도우미로 함께해 주었다. 목포를 안내하는 가이드는 '괜찮아마을'의 홍동우 대표가 이틀 내내 직접 맡아 주어 여행의 격을 높여 주었다.

목포역 앞에서 단체 사진을 찍은 뒤 '목포해상케이블카'를 타기 위해 북항 승강장으로 이동했다. 케이블카를 기다리면서, 또 케이블카 안에서 오랜만에 만난 친구들은 이야기꽃을 피웠다. 기다란 흰머리를 동여매고 검은색 선글라스로 멋을 낸 김창엽 친구는 식스팩을 자랑했고, 못 미더웠던지 김영성 친구는 웃옷을 열어 식스팩의 존재 여부를 직접 확인했다. 케이블카 안에서 양환욱 친구는 150미터나 되는 기둥이 혹시 부러지지 않을까 걱정을 했다. 스무 살도 되기 전에 만났던 친구들이 환갑이 되어 만났으니 어디서든 이야기가 끊이지 않았다.

고하도에 내려서는 가이드 홍동우 대표의 목포 역사 이야기를 들었고, 돌아오는 케이블카는 북항까지 가지 않고 유달산에서 내려 목포 시내를 내려다본 뒤에 '이난영의목포의눈물노래비'까지 걸어갔다. 이난영 선생 노래비 앞에서 잠시 쉴 때 내가 '목포의 눈물' 1절을 불렀고, 친구들도 노래비에 새겨진 가사를 보며 2절을 함께 불렀다. 목포에 온 게 실감이 났다.

유달산에 세워진 이순신 장군 동상 앞에서는 큰절을 올렸다. 노적봉과 고하도는 이순신 장군과 깊이 연결된 곳이어서 더욱 경건한 마음이 들었다. 홍 대표는 여기서도 목포의 역사 이야기를 술술 풀어 주었다.

환갑을 맞은 우리 친구들에게 목포는 함께 공유하는 특별한 기억의 장소이기도 하다. 고등학교 2학년이던 1979년 9월에 제주도 수학여행을 가기 위해 전주에서 기차를 타고 목포에 왔고, 목포에서 배를 타고 제주도에 갔다. 돌아올 때도 배로 목포에 와서 기차를 타고 전주로 갔으니 목포는 우리 모두에게 40년도 더 된 옛 추억의 장소였다.

그렇게 토요일 오전을 알차게 보내고 나니 배가 고파졌다. 점심 식사 장소는 '오거리식당'이다. 가이드를 맡아 준 홍동우 대표의 장인, 장모님이 운영하는 식당에서 푸짐한 남도 음식으로 맛난 점심을 즐겼다. 홍어와 조기, 간장게장에 민어회까지 목포의 제철 음식을 안주 삼아 막걸리까지 반주로 곁들여 목포에서의 첫 식사를 흡족하게 즐겼다. 식사를 하면서도 오랜만에 만난 친구들의 대화가 끊이지 않았고, 여기저기 건배사도 이어졌다. 점심 때 마신 막걸리만 20병이니, 각 1병을 한 셈이다.

배불리 점심 식사를 한 뒤에는 목포 근대역사거리를 천천히 걸었다. 처음 들른 곳은 '목포 대중음악의 전당'이다. 목포 한달살이 때

오며 가며 자주 봤던 '목포문화원' 건물이 리모델링을 거쳐 목포 대중음악의 전당으로 새롭게 문을 열었다. 옛 호남은행 목포 지점으로 쓰였던 건물이 목포문화원 시대를 지난 뒤 이제 목포의 대중음악을 알리는 전당으로 변신했다.

목포, 군산, 마산은 대표적인 일제강점기 개항 도시다. 목포에도 군산에도 당시 지어진 건물들이 꽤 많이 남아 있고, 다행스럽게도 이런 역사 문화유산들을 잘 보전하고 활용하고 있다. 그런데 마산은 조금 다르다. 일제강점기 때 지어진 근대 유산들이 개발 시대를 거치면서 대부분 철거되었다. 개항 도시의 역사를 보여 주는 건물이나 장소가 거의 남아 있지 않아 마산의 지인들로부터 아쉽다는 애길 종종 듣는다. 도시 경쟁력은 결국 도시 정체성에서 비롯된다. 다른 도시에 없거나 있어도 변변치 않은 게 우리 도시에 있다면 그것이 우리 도시의 정체성이고 경쟁력이다. 우리 도시만의 차별화된 정체성이 곧 도시 경쟁력의 원천일 텐데, 우리는 스스로 정체성을 지우고 경쟁력의 원천을 없애고 있는 게 아닌지 생각해 볼 일이다.

야행 행사장에서 김대중 대통령 성대모사

롤링페이퍼 쓰기 ⓒ한승훈

대중음악의 전당에서 멀지 않은 '구 목포 화신연쇄점' 건물 앞에서도 홍 대표에게서 이곳의 역사와 당시의 유통과 판매에 대한 설명을 들었다. 좁은 골목길에 위치한 '목포 해안로 붉은 벽돌 창고'도 보고 건물 앞에서 기념사진도 찍었다. 그렇게 첫날 오전과 오후 일정을 보낸 뒤 환갑잔치가 열리는 장소로 모두 모였다.

롤링페이퍼 엽서 – 정도운 작가가 그린 흑린각

환갑잔치가 열리는 장소는 '흑린각'이다. 흑린각의 주소는 '목포시 번화로 58번지'이고, 환갑 파티에 초대된 친구들은 모두 '전주고 58회 동창'들이니 놀라운 인연 아닌가? 환갑잔치의 제목을 '58 in 58, 오빠오빠 환갑 파티'로 작명한 것도 이런 연유에서였다. '번화로 58번지에서 전주고 58회 동창들이 오팔오팔(오빠오빠) 환갑 파티'를 열었으니 묘한 인연이고 어쩌면 운명일지 모른다.

환갑 파티가 열리는 '흑린각'으로 가는 길에 계획하지 않은 이벤트가 벌어졌다. 그날 마침 목포시에서는 '문화재 야행' 행사가 열렸는데, 흑린각으로 이어지는 골목길에서도 한바탕 축제가 벌어졌다. 댄서들이 춤을 추는 모습을 지켜보던 한 무리가 눈에 띄었는지, 행사 진행자가 우리의 정체를 물었고 즉석에서 무대로 초대했다. 조금 전 댄서들의 춤곡에 맞춰 춤을 추라는 주문을 받고 예정에 없던 '전주고 58 댄서들'의 즉석 공연이 벌어졌다. '홍도야 우지마라' 음악에 맞춰 춤꾼 아재들의 '댄스, 댄스, 댄스'가 펼쳐졌고 문화재 야행 행사는 더욱 뜨거워졌다.

흑린각은 목포진 아래 '갑자옥 모자점' 옆의 2층 건물이다. 리모델링하기 전에도 몇 번 와서 봤지만 리모델링 뒤에는 처음이어서 1층과 2층을 둘러보았다. 옛 모습을 잘 보전하면서 단정하게 잘 고쳤다. 2층에는 한동수 친구의 시가 게시되어 있었고, 그 옆 길가 쪽 벽에는 환갑 파티에 초대된 친구들의 고등학교 때 사진들이 게시되어 있었다.

드디어 '환갑 파티'가 시작되었다. 환갑을 맞은 친구들 앞에 떡이 하나씩 놓여 있었고, 떡 위에 꽂은 작은 초들에 불이 붙여졌다. 환갑 파티는 촛불 끄기로 시작되었다. 이런 멋진 환갑 파티를 기획하고 준비한 한 교수 아들 승훈이가 환영의 인사를 했다. 환영사는 간결했다. "모든 근심 걱정 털어 버리고 오늘 내일은 맘껏 즐기시라."는 부탁이었다. 승훈이가 우리 모두의 아들이 되는 순간이었다.
  승훈이와 함께 환갑 파티를 준비하고 실행한 김경인 박사도 인사말을 했다. 뜻깊은 환갑 파티가 열리는 흑린각 건물에 대한 소개부터 했다. 일제강점기인 1924년에 건축된 것으로 추정되고, 1935년 건축물대장에 등록되었으며, 1965년에 화재가 있어서 기둥과 대들보가 손상된 채 오랜 시간 사용되어 오다가, 최근 몇 년 동안 비어 있던 건물을 불탄 흔적들까지 구조에 큰 문제가 없는 한 최대한 보존하면서 복원 재생했다고 설명했다.

환갑 파티를 위한 음식에 대해서도 소개가 이어졌다. 흑린각 가까이 있어서 건물 재생 공사 중에 불편을 겪은 '김은주화과자점'의 화과를 전채 요리로 준비했고, 메인 요리는 프랑스 르 꼬르동 블루 출신 김하영 셰프의 '피시테리안'에 맡겨 홍어, 민어, 낙지, 전복 등 목포의 제철 식자재로 특별히 준비했으니 술과 안주와 함께 환갑 파티를 맘껏 즐기라는 부탁의 인사였다. 최고의 대접을 받고 있다는 생각이 들어 고마웠고 행복했다.

환갑 파티의 절정은 '1분 스피치'였다. 멋진 음식과 술을 들면서 친구들이 돌아가며 짧게 자기 이야기를 나누는 시간이었다. 60년을 살아온 소회와 고등학교 졸업 후 40년의 인생사, 그리고 얼마나 남았을지 모를 앞으로의 삶과 꿈에 대해 저마다 짧은 이야기를 했다. 오랫동안 검도를 해 온 심상표 친구의 검도 소개와 시범도 있었고, 금오공대 이승환 친구는 사무엘 울만Samuel Ullman의 시 '청춘'을 낭송했으며, 만능 엔터테이너 이남기 친구가 춤을 추고 노래할 때 모두가 환호했다.

중간에 휴식을 겸해 기타 반주에 맞춰 함께 노래 부르는 시간도 가졌다. 나와 김영성 친구가 기타를 치면서 '젊은 연인들', '토요일 밤' 같은 노래를 함께 불렀다. 환갑 파티의 마무리는 전통의 '롤링페이퍼'였다. 김 박사 부탁으로 우리 둘째 아들 정도운 작가가 그린 흑린각 그림으로 만든 엽서를 나눠 주었고 엽서 뒷면에 서로에게 해 주고 싶은 말들을 돌아가며 적은 뒤 각자에게 선물했다. 이날 흑린각에서 마신 맥주가 90캔이었다고 들었다. 대단한 술꾼 친구들이다.

김영성 친구는 환갑 기념 수건을 만들어 친구들에게 선물했다. 준비한 분량이 넉넉해 꽤 많이 남았는데, 남은 수건들은 지역 주민

흑린각 앞에서 기념사진 ⓒ한승훈

들께 선물하겠다고 했다. 좋은 일이고 잘한 일이다. 이사 떡을 돌리듯 나누는 이런 작은 선물이 지역에 '연착륙'하는 데 윤활유 역할을 해 줄 것이다. 환갑 파티 뒤 저녁 식사는 가까운 '짱뚱어 남도 추어탕' 집에서 추어탕으로 즐겼다. 환갑 파티 때 마신 맥주가 90캔이었는데, 저녁 식사 자리에서 또 "소주 먹어도 돼?" 하는 질문이 들어왔다. 답은 간결했다. "네. 맘대로 하세요.^^"

저녁 식사 뒤 숙소인 '건맥스테이'에 짐들을 내려놓고 1층에 있는 '건맥펍'에서 2차 뒤풀이를 했다. 건맥펍의 안쪽 공간을 꽉 채운 자리에서 커다란 환갑 기념 케이크를 자른 뒤 맥주를 마시며 또 한마디씩 이야기들을 나눴다. '건맥1897협동조합'의 박창수 이사장도 환영의 인사를 했고, 평생 한국관광공사에서 일해 온 관광 분야 전문가 김홍기 친구가 우리의 환갑잔치가 목포의 지역 경제와 관광에 긍정적인 영향을 주길 바란다는 의미 있는 건배사를 했다.

건맥펍 안쪽 공간 벽에 걸린 단체 사진 위에 적힌 '1897'이란 숫자는 조합원들의 이름으로 만들었는데, 자세히 보니 내 이름도 있었다. 김홍기 친구는 내가 출자한 회사라며 건맥펍과 건맥스테이의 발전을 기원하는 건배사를 한 번 더 해 주었다. 그날 이곳에서 스무 명의 친구들이 마신 맥주가 500cc 생맥주 90잔이었다. 징한 술꾼 친구들. 첫날 일정이 마무리된 시간은 밤 12시 반쯤이었다.

2022년 9월 25일 일요일, 둘째 날 아침의 해장 겸 조식 메뉴는 건 맥스테이에서 가까운 '영해복집'의 복어국이었다. 여기서도 해장을 명분으로 내건 술잔들이 빈번히 오고 갔다. 아침 식사 뒤 영해복집 건너편 만호동 표지판 앞에서 거리 공연이 이어졌다. 김영성 친구와 둘이 기타 연주를 시작으로 버스킹을 하면서 바닥에 모자를 놓았더니 꽤 많은 돈이 걷혔다. 모인 돈은 지역의 필요한 일에 쓰이도록 기부했다.

  둘째 날 오전 첫 방문 장소는 '노적봉예술공원'이었다. 홍동우 대표는 여기서 내려다보이는 서산동 '보리마당'과 '다순구미'에 대해 설명한 뒤 김선태 시인의 '조금새끼'를 낭송했다. 옛 일본 영사관 건물과 지하 땅굴도 둘러봤다. 강제윤 시인이 홍동우 대표와 청년들에게 무상으로 빌려주어 '괜찮아마을'의 숙소로 요긴하게 쓰

영해복집 앞에서 즉석 공연 ⓒ한승훈

였던 옛 '우진장' 건물이 현재는 '스테이 카세트플레이어'란 이름의 게스트 하우스로 되살아난 현장도 둘러보았다.

  점심 식사를 앞두고 '목포진'에 올랐다. 그곳의 팔각정에 둘러앉아 배달 전문 커피숍 '오쇼잉'에서 주문한 커피를 마시며 이애란 가수의 노래 '백세인생'을 함께 불렀다. 환갑 파티의 마지막 식사가 될 점심은 '태동식당'의 '중깐'이었는데, 목포의 별미로 계란 프라이를 곁들인 색다른 짜장면이었다. 다들 맛있게 즐겼다. 1박 2일 환갑잔치를 마무리하고 이별을 앞둔 식사여서였을까, 이번에는 이별주가 빈번히 오고 갔다.

  환갑 파티의 마지막 장소는 괜찮아마을의 공유 사무실 '반짝반짝 1번지'였다. 이번 행사를 준비한 한동수 친구가 최근 발간한 시집 「어머니와 바느질」의 사인회 시간을 가졌다. 환갑 파티를 기획한 것도 모자라 이렇게 특별한 선물까지 준비한 한동수 친구는 참으로 귀한 벗이다. 친구를 보면서 배운다. 좋은 친구들 덕분에 이만큼 자랐다.

  우리의 이별은 예나 지금이나 변함없다. 학창 시절의 구호를 외치며 마무리했다. "억센 KS MS LY~." 지금도 입으론 기억하지만 뜻은 잘 모르겠는 구호를 다 함께 외쳤다. 모교에서도, 동창회 행사장에서도, 야구장에서도 늘 구호를 외칠 땐 같은 마음이다. 우리는 이런 걸 함께했던 친구요 동지다. 그런 마음의 표현이 구호로 나오는 건 아닐까. 그렇게 1박 2일 목포 환갑 파티를 마무리했고, 아쉬움 속에서 작별 인사를 나눴다. 목포역으로 급히 향하는 친구들의 발걸음이 빨라졌지만, 인사를 나누는 목소리는 빠르지 않았다.

이번 환갑잔치의 제목은 '58 in 58, 오빠오빠 환갑 파티'였고, 부제는 '지역과 함께, 청년과 함께, 우리들의 환갑 파티'였다. '목포'라는 지방 중소 도시에서 열렸으니 '지역과 함께한' 파티였고, 파티를 준비하고 열어 준 호스트 한승훈과 친구들, 목포 여행을 가이드해 준 홍동우 대표와 괜찮아마을 직원들, 환갑 파티를 사진과 영상으로 기록해 준 이들도 모두 청년이었으니 '청년과 함께'라는 부제도 매우 적절했다. 60세가 된 이들의 환갑 파티였지만, 이를 지켜보고 도우며 일정을 함께했던 청년들에게도, 우리가 머물렀던 지역에도 도움이 되는 '우리들의 환갑 파티'였기를 바란다.

나 홀로 했던 '목포 한달살이'가 계기가 되어 스물두 명의 친구들이 함께한 '목포 환갑 파티'로 이어졌다. 한달살이가 만들어 내는 놀라운 일들은 여기서 멈추지 않았다. 목포 환갑 파티에 깊은 감동을 받았던 전주고 58회 재경 동창회장 이영준 친구가 제안해 더 많은 친구들이 함께하는 환갑잔치를 준비했고, 2022년 11월 충북 진천에서 동창들의 환갑잔치를 열었다. 1박 2일 환갑잔치에 몇 명의 친구들이 함께했을까? 168명이었다.

3. 전주 한달살이

마음이 따뜻해진다. 여기 있기만 해도

사장님 댁을 통째로 빌리다

하동과 목포에 이어 세 번째 로컬 한달살이를 했던 곳은 내 고향 전주다. 고향에서 한 달을 살 생각을 하니 마음이 더욱 설렜다. 전주시 태평동에서 태어나 어린 시절을 보냈고, 초등학교 2학년 때 진북동으로 이사해서 고등학교 졸업할 때까지 전주에서 살았다. 대학생이 되면서 고향을 떠났고, 서울과 수도권에서 지금까지 살고 있다. 세 살 때 김제 큰집에 가서 여섯 살까지 살다 온 적도 있지만 청년기 이전 내 삶터는 오롯이 전주였다.

한달살이 준비의 알맹이는 '숙소'다. 전주에서 한 달을 지낸 곳은 '인봉집'이었다. 기린봉 아래 자리한 중노송동 언덕 위 2층짜리 단독주택이다. 예전 전주에서 꽤 큰 회사를 운영하던 사장님 가족이 살던 집을 통째로 빌려 한달살이 숙소로 썼다. 너른 집에서 대부분 나 혼자 지냈고 가족과 지인들을 초대해 함께 보낸 적도 있다. 좋은 집에서 행복한 한 달을 보냈다. 맘에 꼭 드는 쾌적한 집을 구할

구도심 재생 릴레이 콘서트 참석자들 ⓒ고은설

수 있었던 것은 '별의별협동조합' 고은설 대표 덕분이었다. 인봉집은 고 대표가 집주인에게 임대해서 게스트 하우스로 운영 중인데 내게 아주 착한 가격으로 한 달 동안 빌려주었다.

고은설 대표는 전주 사람이다. 대학에 진학하면서 고향을 떠나 서울과 수도권에서 살다가 2009년 전주로 돌아왔다. 2015년 전주 원도심인 중노송동에서 맘에 꼭 드는 2층 단독주택을 발견해 매입했고 직접 고쳐 가족을 위한 보금자리 '하하하집'을 만들었다. 그 뒤 사철나무집(2016), 철봉집(2017), 인봉집(2018), 희희당(2019), 봉봉한가(2020)까지 원도심의 주택을 여러 채 사거나 빌려 문화예술공간으로 되살렸다.

고은설 대표와 처음 만난 건 2014년 가을이었다. 전라북도청과 원도심 재생을 위해 고 대표가 기획했던 '구도심 재생 릴레이 콘서트'에 초대되어 전주에 왔을 때였다. 도청 앞 '카프카'란 이름의 카페에서 고 대표를 비롯해 전주의 여러 좋은 벗들을 만나 '참한 도시에 살고 있나요?'란 주제로 강연했던 게 인연이 되었고, 그 인연이 전주 한달살이까지 이어졌다.

　전주 한달살이는 2021년 10월 5일부터 11월 6일까지 지속되었다. 수서역을 출발해 익산역에서 기차를 갈아타고 전주역을 향해 가는 도중 창밖으로 호남평야의 황금물결이 눈에 들어왔다. 전주역으로 마중을 나온 고은설 대표와 만나 인봉집 근처 '만나회관'에서 점심 식사를 했다. 오래된 단독주택을 식당으로 바꾼 곳이어서인지 구석구석 정감이 느껴졌다. 새장 안에서 반갑게 맞아 주는 잉꼬에게 나도 말을 건넸고, 주인이 정성스레 가꾼 꽃과 호박과 손질하다 만 마늘에도 하나하나 눈길을 주었다. 고향에 온 게 실감이 났다. 1981년 봄에 고향을 떠났고, 2007년 초에 부모님마저 서울로 이사 오신 뒤로는 전주에 와도 잘 곳이 없어져 타향처럼 느껴졌는데 새롭게 다가왔다. 비록 한 달은 짧은 기간이지만 오랜만에 내 고향 전주에서 살아 보려고 내려온 첫날, 내 마음은 자꾸만 동동거렸다.

　식사를 마치고 '봉봉한가'에 들러 차를 마신 뒤 숙소인 '인봉집'으로 향했다. 골목길도 정겨웠고, 길가에 늘어선 집들을 하나하나 놓치지 않으려 살펴보았다. 변하지 않은 옛 동네, 사라지지 않고 남아 있는 키 작은 마을이 오래 전에 익숙하게 보아 왔던 그 모습 그대로였다. 비록 중노송동에서 산 적은 없지만 내가 살았던 동네와 꼭 닮은 친숙한 풍경이었다.

'청강유치원' 앞에서 우회전하니 언덕 위로 초록색 경사 지붕의 '인봉집'이 보였다. 커다란 검은색 철대문 옆에 '인봉1길 21-10번지'라고 도로명 주소가 적혀 있었다. 대문을 열고 들어가니 너른 잔디 마당과 파라솔이 보였다. 언덕 위에 자리해서 멀리까지 내려다보이는 전망 좋은 집이었다. 마당도 넓고 게다가 이층집이어서 실내 공간도 아주 넉넉했다. 1층에 침실과 화장실이 2개씩 있고 2층에도 침실과 거실이 있어 대가족이 살았던 집이라는 걸 짐작할 수 있었다.

짐을 푼 뒤, 거실에는 한 달 동안 열심히 책도 읽고 글도 쓸 수 있게 작은 연구실을 꾸몄다. 2층의 북쪽 창밖으로 옹기종기 모여 있는 한옥들이 보였고 감나무에 달린 잘 익은 홍시도 눈에 들어왔다. 남쪽 창밖으로는 멀리 기린봉, 치명자산, 남고산이 보였다.

짐 정리를 마친 뒤 집을 나와 천천히 걸어서 동네 구경을 했다. 자세히 보니 단독주택들도 제각각이었다. 한옥들도 꽤 남아 있고 어떤 한옥은 잘 고쳐 게스트 하우스로 운영 중이었다. 예전에 '불란서 집(프랑스 집)'이라 불렸던 박공지붕 형태의 2층 양옥집들도 많이 남아 있었다. 청강유치원 옆에는 '노송성당'과 '인보성체수도회' 같은 천주교 관련 시설이 있고, 언덕 꼭대기에는 '전주 천부교회', 아래쪽에는 '보문사'까지 있어 종교박람회장 같은 느낌을 주는 재미난 동네였다.

인봉집에서 잠깐 걸어 내려오면 예전에 내가 다녔던 '전주고등학교'가 있고, '봉봉한가'를 지나서 큰길로 나오면 길 건너에 '풍남초등학교'와 '전주제일고등학교(옛 전주상고)'가 있으니 학교들이 몰려 있는 중노송동은 교육의 명소다. 전주시청도 가깝고 한옥마을과 동문시장도 걸어서 갈 수 있는 거리에 있어 역시 원도심은 최고의 입지조건을 갖춘 곳이다.

둘째 날 점심은 전주시정연구원의 장우연 선생과 고 대표와 함께 '호호박'이란 식당에서 했다. 슴슴한 간장게장 국물을 넉넉히 넣어 비빈 비빔밥 맛이 끝내주었다. 부안댁이 차려 준 추억의 밥상을 맛나게 즐기며 다시 한 번 전주에 왔음을 실감했다. '맛의 고장' 전주에!

원도심에 있긴 해도 기동력을 위해서는 자전거가 필요할 것 같아 중고 자전거를 사러 갔다. 내가 타는 것뿐만 아니라 '봉봉한가'에도 하나 더 있으면 좋겠다며 고 대표는 자전거 두 대를 구입했다. 자전거를 타고 원도심을 조금 넓게 돌아보았고, '카페놈'에 들러 맛난 커피도 즐겼다. 입보다 눈이 더 호강했던 멋진 카페였다.

인봉집에서

　며칠 뒤에는 가까운 아중호수 생태공원에서 새벽 산책도 즐겼다. 아중호수에도 무척 오랜만에 왔는데 새벽 산책을 즐기는 시민들이 많았다. 호숫가를 따라 편안히 걸을 수 있도록 산책로도 잘 조성되어 있었다. 잔잔하고 청명한 아중호수를 천천히 걸은 뒤 서학동의 '소문난집'에서 콩나물국밥으로 아침을 먹었다. 전주 콩나물국밥으로 유명한 '전주왱이콩나물국밥전문점', '현대옥', '삼백집'과는 또 다른 맛이었다.

　동네에 술 빚는 어른이 계시고 마침 오늘이 술 내린 날이라는 얘길 듣고 귀가 번쩍 뜨여 밤마실을 다녀왔다. 인사드리고 보니 전주 해성고등학교 출신으로 친형의 동기들이었다. 한 분은 국민은행 지점장으로 정년한 뒤 전주로 귀향하셨고, 또 한 분은 임실에서 민들레를 이용한 약재 개발에 몰두하고 계셨다. 내가 꿈꾸는 '일백탈수

(1년에 백만 명이 수도권을 탈출해야 나라가 산다)'를 실행하고 계시는 두 분과 밤늦게까지 좋은 시간 보내고 돌아왔다.

내 고향 전주에서의 한달살이를 이렇게 시작했다. 대한민국 로컬에서의 한달살이 이야기를 하면 꼭 듣게 되는 질문이 있다. "어디가 가장 좋았습니까?" 나는 이렇게 대답하곤 했다. "다 좋았습니다. 조금씩 다르게. 하동은 '고요'했고, 목포는 '흥미진진'했지요. 전주는 어땠냐고요? 전주는 사람도, 도시도 '따뜻'했습니다."

아중호수의 새벽

고향 사람 환영해 준 동네잔치 음악회

하던 일을 멈추고 가만히 머물러야 비로소 보이는 것들이 있다. 나의 생각과 계획에 따라 '주체적'으로 사는 대신, 내가 머물고 있는 지역과 사람이 하자는 대로 '수동적'으로 살아 본다면, 내가 머무는 그곳에 가만가만 사부작사부작 스며들게 될 것이다. 하동과 목포에서, 또 전주에서도 그렇게 한 달을 지냈다. 전주에서는 '별의별협동조합' 고은설 대표가 수동적인 나를 대신해 여러 가지 재미있는 행사, 모임, 만남을 기획해 주었다. 가장 감동이었던 게 오랜만에 고향을 찾아온 나를 따뜻이 환영해 준 '동네잔치'였다.

전주에 내려온 지 사흘 뒤인 2021년 10월 8일 금요일 저녁 6시에 '봉봉한가'에서 '동네잔치'가 열렸다. 고 대표는 '정석의 전주 한달살이 환영'이란 포스터를 만들어 페이스북과 인스타그램에 홍보했고, 봉봉한가 안쪽 벽엔 전주 노송동 주민들의 환영 현수막도 걸었다. 현수막 맨 위엔 "소다연강미小多連强美, 하나는 비록 작아도 그

작은 것들이 모이고 이어지면 강하고 아름답다."라고 적혀 있었다. 내 명함에 새기고 다니는 글이어서 더욱 고마웠다. 길가 창문 쪽에는 "사람이 온다는 건 사실은 어마어마한 일이다. 그는 그의 과거와 현재와 그리고 그의 미래와 함께 오기 때문이다."로 시작하는 정현종 시인의 '방문객'이란 시를 적은 현수막이 걸려 있었다.

내가 누구라고 이런 환대를 받는 것일까? 곰곰이 생각해 보니 금방 알 것 같았다. 고향이어서다. 고향을 오래 떠났던 사람이 비록 짧은 기간일지언정 고향에 와서 지낸다고 하니 고향을 지켜 온 사람들이 따뜻이 환영해 주는 게 아닐까. 고마웠다. 마음이 따뜻해졌다.
전주 한달살이 환영 동네잔치는 시작부터 끝까지 '음악회'였다. 마침 전주에서 안식년을 보내고 있는 성공회 성경원 요한 신부께서 오셔서 많은 노래를 불러 준 덕분에 동네잔치의 예술적 품격이 쑥 올라갔다. 함께해 준 동네 분들, 특히 고은설 대표의 요하, 섬하, 백하 세 아이들과 친구 어린이들이 함께해 주어 고마웠다. 이 동네에서 오래 살아온 박현정 선생님과 전주에 출장 왔다가 동네잔치까지 참석해 준 최정한 형도 자리를 빛내 주셨다. 동네잔치가 끝난 후 인봉집에 모시고 술도 한잔 더 나누며 속 깊은 얘길 나눌 수 있어 더욱 감사했다.
차려진 음식과 다과, 음료를 즐기는 가운데 성경원 신부는 먼저 어린이들을 위한 노래를 불렀다. 안진영 시에 성 신부가 작곡한 노래 '맨날 맨날 착하기는 정말 힘들어요'를 부를 때 어린이들은 공감의 눈빛을 보였다. 다음 노래는 정현종 시인의 '방문객'. 성 신부와 처음 만난 건 2017년 내가 서귀포에서 한 달을 살 때였는데 성 신부는 제주 원도심에 있는 '평화꽃섬' 카페지기를 하고 있었다. 다정다감하고 음악을 좋아해 많은 노래를 작곡하고 부르는 참 좋은 분을 이렇게 전주에서 다시 만나게 되었으니 깊은 인연 아닌가.

"자세히 보아야 예쁘다. 오래 보아야 사랑스럽다. 너도 그렇다." 나태주 시인의 '풀꽃'이란 시도 성 신부의 노래로 들으니 훨씬 더 정겹다. "꽃들에게 인사할 때 꽃들아 안녕. 전체 꽃들에게 한꺼번에 인사를 해서는 안 된다. 꽃송이 하나하나에게 눈을 맞추며 꽃들아 안녕! 꽃들아 안녕! 꽃들아 안녕! 그렇게 인사함이 백번 옳다." '꽃들아 안녕'도 나태주 시인의 시에 곡을 붙인 노래였다.

동네잔치 주인공도 기타를 넘겨받아 노래를 불렀다. 먼저 광고 음악부터 시작했다. "생감자로 만든 포테이토칩, 농심 크레오파트라, 드세요 농심 크레오파트라, 포테이토칩" "아름다운 아가씨 어찌 그리 예쁜가요. 아아아아 아카시아 껌" 이런 노래를 기억한다면 연식이 꽤 된 분들이겠다. 어른을 위한 노래도 한 곡 불렀다. "여름은 가고 적막한 이 거리에~." '가버린 젊음'이란 제목의 이 노래도 꽤 오래되었다. 묵묵히 들어주는 어린이들이 대견했다. 어른들 대부분이 아는 노래 '젊은 연인들'도 함께 불렀다. 이 노래는 화음이

들어가야 제맛인데 노래 잘하는 성 신부와 함께 부르니 더욱 맛이 났다.

기타를 이번에는 고은설 대표 남편인 최병주 대표에게 넘겨주었다. 연극과 문화예술을 전공했던 최 대표는 조하문의 '눈 오는 밤'을 신나게 불렀다. 어린이들도 손뼉을 치며 따라 불렀다. 큰딸 요하는 아빠가 악보를 보기 쉽게 아빠 곁에 와서 핸드폰을 들어 주었다. 어린이들의 환호 소리에 앙코르가 이어졌다. 역시 조하문의 노래 '이 밤을 다시 한 번'. 나보다 훨씬 젊은 최 대표의 노래가 어린이들에게 아주 어필했는지 반응이 뜨거웠다. '선곡'에 유의하자고 반성하고 다짐하는 순간이었다.

생각해 보니 성경원 신부와 내가 함께 만든 노래도 있었다. 2019년 12월 페이스북에 내가 '다 그런 겨'란 제목의 짧은 글을 하나 올렸는데 성 요한 신부가 여기에 곡을 붙여 노래를 만들어 보내 주었다. 유튜브 채널 '성 요한의 노래 편지'에도 올라 있다.

다 그런 겨

그려
사는 게 힘들 때도 있는 겨
그땐 걍 참어
버텨

죽지는 말고
맨날 순풍순풍하것어
찌걱찌걱 헐 때가 훨 많어
워쩌것어
이만큼 사느라 애썼어
훌륭햐
됐어
저조헐 때가 제때여
살어 봐
금방 알겨
따독따독
심내
사는 게 다 그런 겨

　마무리로 성 요한 신부는 정희성 시인의 '숲'이란 시로 만든 노래를 불렀다. "숲에 가 보니 나무들은 제가끔 서 있더군. 제가끔 서 있어도 나무들은 숲이었어. 광화문 지하도를 지나며 숱한 사람들을 만나지만 왜 그들은 숲이 아닌가…. 그대와 나는 왜 숲이 아닌가." 의미 깊은 노래였다.
　음악회에서 어른들만 노래를 부르면 안 되겠지. 드디어 어린이 대표로 요하가 마이크를 잡고 이무진의 '신호등'을 불렀다. 요하의 노래 솜씨에 다들 깜짝 놀랐고, 어린이들은 함께 따라 불렀다. 전주 중노송동 원도심의 조용한 주택가 '봉봉한가'에서 저녁 시간에 노래 소리가 한참 동안 이어졌다. 따뜻한 동네잔치 음악회에 감사하며 단잠을 잤다. 전주를 찾아온 방문객이 비로소 전주 사람이 된 것 같은 느낌이 들어 편안하고 포근했다.

동네잔치 뒤에도 한 달 동안 살러 고향에 내려온 나를 따뜻이 맞아 준 고마운 분들이 많았다. 고등학교 친구들이 한 달에 한 번 점심을 먹는 모임에 오라는 연락을 주어 오랜만에 보는 반가운 친구들과 맛난 식사를 했다. 모교인 '전주고등학교'에도 오랜만에 방문했고, 후배들을 대상으로 '나의 공부 유랑기'란 주제로 강연도 했다. 한달살이 소식을 들은 고등학교 동기 박진홍 교장이 초대해 주어 학교에 들러 얘기도 나누고 교정도 돌아보았다. 학창 시절엔 매일 다녔던 곳을 40년이 지나 다시 와 보니 기억이 가물가물했는데 천천히 돌아보면서 옛 기억들을 되살릴 수 있었다. 기억을 잃지 않게, 추억을 가슴에 담게, 잊힌 기억을 되새기며 사람답게 살게 해 주는 것, 그것이 '역사 보전'이다. 생가, 모교, 고향, 친구 집, 단골 가게가 그 자리에 그대로 남아 있다면 당신은 행복한 사람이다.

"교수님, 아니 선배님, 제가 정말 살고 싶은 삶을 살고 계시네요. 사인해 주세요. 사진도 찍어요." 10월 20일 수요일 오후 전주고등학교 1학년 학생들과 만나 나의 공부 유랑과 인생 유랑 이야기를 해 주고, 진짜 하고 싶은 일을 꼭 찾아 조금 느긋하게 당당하게 살면 어떻겠냐는 취지의 강연을 했는데, 끝나고 학생들이 몰려와 강의 소감문 뒷장에 사인을 한참 해 주었다.

　10월 22일 금요일에는 고등학교 3학년 때 같은 반이었던 조환형 친구와 함께 안병열 담임 선생님을 모시고 완주의 맛집 '화산손두부'에 가서 맛난 점심도 먹고 가을 정취 가득한 들녘을 천천히 돌아봤다. 진안군 부귀면의 '모래재 메타세콰이어길'은 아주 멋진 드라이브 코스였다. 고등학교 동기들 가운데 전주에 사는 친구들은 고3 때 담임 선생님들을 졸업 후부터 지금까지 자주 찾아뵙고 살갑게 모시고 있다. 참 훌륭한 친구들이다. 그에 반해 나는 멀리 떨어져 있다는 핑계로 행사 때나 뵙곤 해서 늘 마음의 빚이 쌓여 갔는데, 이렇게 오며 가며 선생님과 많은 얘길 나눌 수 있어서 고마운 하루였다.

　따뜻한 환대를 받으며 그렇게 전주에 천천히 스며들었다. 로컬한달살이는 사람을 만나고 연결해 주는 놀라운 마력이 있다. 낯선 곳이어도 외로울까 봐 걱정할 필요가 없다. 로컬에는 숨은 보석 같은 좋은 벗들이 많다. 그러하니 그냥 오면 된다. 더욱이 추억이 남아 있는 고향이라면 아무 걱정 없이 와도 좋다. 더 늦기 전에 오시라. 혼자도 좋고 함께여도 좋다. 계획도 필요 없다. 천천히 머물며 스며들 각오만 있으면 된다. 한 달이 버거우면 보름도 좋고 일주일도 좋다. 형편 닿는 대로 오시라.

진안군 부귀면 모래재 메타세콰이어길

어린이도 어른도 화요일엔 책모임

　전주 한달살이에서 가장 기억에 남고 소중했던 시간은 매주 화요일에 열리는 '책모임'이었다. 함께 책을 읽고 생각을 나누는 이 모임은 두 모둠으로 나누어 진행되었다. 화요일 오후에는 중노송동 어린이들과 함께 '봉봉그림책방'을 열었고, 저녁에는 어른들을 위한 독서 모임 '봉봉학당'을 열었다. 전주 한달살이 2주차부터 시작해 모두 4회씩 열렸고, 제자의 논문 심사로 서울을 다녀와야 했던 세 번째 모임을 빼고 모두 참석했다.

　책을 읽고 서로의 생각을 나누며 공동체를 단단히 다져 가는 '독서모임'은 정말 보약처럼 좋은 모임이다. 공주 원도심 재생의 주역들인 봉황재 권오상 대표와 가가책방 서동민 대표, 주식회사 다이얼 이병성 대표는 2015년 서울에서 시작된 독서 모임 '미교독(미래를 만드는 교육 읽기)'에서 만난 사람들이다. 2018년 권오상 대표가 공주에 내려와 전통 숙소 '봉황재 한옥'을 열고, 서동민 대표 역시 공주 원도심에 '가가책방'을 열었다. 이병성 대표는 2019년 서울시가 청년들의 지역 창업을 지원하는 넥스트로컬 사업에 참여해 공주에 와서 '퍼즐랩'을 열었다. 관광과 건설 그리고 출판 분야에서 일하던 세 사람이 독서 모임에서 만나 작당했던 게 오늘날 공주 원도심 재생의 기폭제가 되었을 것이다. 함께 책을 읽고 생각을 나누고 기획하고 실행하는 데 책모임보다 좋은 길은 없다.

고은설 대표는 봉봉한가 길가 쪽 창에 독서 모임을 알리는 현수막을 내걸었고 참가자를 모았다. 어른들의 책모임 때 읽을 책으로는 「양제에서 중소도시의 미래를 보다」, 「로컬, 새로운 미래」, 「인구의 진화」, 「천천히 재생」 네 권이 선정되었다.

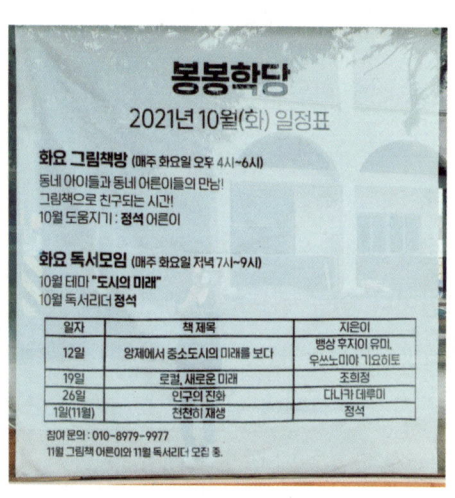

화요 책모임을 알리는 현수막 ©고은설

첫 모임은 2021년 10월 12일 화요일에 시작되었다. 오후 4시에 어린이들과 만나 여러 권의 그림책을 함께 보았다. 그림책 모임이니 그림도 그렸고, 함께 읽고 싶은 책으로 「우리가 모르는 하루」(천미진 글, 이상현 그림)를 골랐다. 내가 책을 읽어 주었다. 우리나라에 사는 준이는 아침마다 학교에 가기

첫 번째 그림책 모임 ⓒ고은설

싫어서 투덜투덜하는데, 콩고에 사는 함바는 아침마다 엄마와 함께 사탕수수밭에 일하러 간다. 준이가 학교에서 친구들과 신나게 축구할 때, 네팔에 사는 마누는 하루 종일 공장에서 축구공을 만든다. 같은 시간에 콩고, 네팔, 나이지리아, 케냐, 말리 등 다른 공간에서 다른 일을 하는 친구들 이야기를 읽은 뒤 스마트폰의 지도 앱을 열어 책에 나온 나라의 위치를 어린이들과 함께 찾아보았다. 우리가 잘 몰랐던 친구들의 하루 이야기가 많은 생각을 하게 해 주어 내게도 의미 있는 시간이었다.

그날 저녁 어른들의 첫 번째 독서 모임에는 아주 많은 사람들이 참석해 깜짝 놀랐다. 전주시의원을 여섯 번 했던 김남규 전 의원과 엄성복 전주시 버스정책과장, 장우연 전주시정연구원, 임실군 관촌면으로 귀촌한 목사 부부, 최근 전주로 이사 온 분들까지 다양한 분들과 함께했다.

첫 번째 어른 책모임

우리가 읽었던 책 「앙제에서 중소도시의 미래를 보다」는 일본의 두 저자들이 쇠퇴해 가는 일본 중소 도시와 달리 여전히 활기가 넘치는 프랑스 중소 도시 앙제의 비밀을 지역 내부적인 측면은 물론 지역 간을 원활히 연결해 주는 대중교통과 토지 이용 등 여러 측면에서 비교하고 설명해 주는 책이다. 책을 읽은 느낌도 나누고 전주와 인근 지역들의 대중교통이 너무 불편하다는 문제 제기와 함께 해법에 대해서도 대화를 나눴다. 전주시의 대중교통 개편 정책에 대한 설명도 듣고, 프랑스 앙제처럼 중소 도시들이 소멸되지 않고 활기차게 살아남기 위해 무엇이 필요한지에 대해서도 뜨거운 토론 시간을 가졌다.

10월 19일 오후 어린이들과 함께했던 두 번째 그림책 모임 땐 책을 읽는 대신 어린이들이 자신의 책을 만들어 보는 시간을 가졌다. 비록 한 쪽짜리 얇은 책이지만 제목도 정하고 그림과 글도 적어 넣었다. 그렇게 만든 각자의 책을 돌아가며 읽고 느낌을 나눴다. 나도 「로컬을 살리자」는 제목의 책을 만들었는데, 내 책을 읽은 민서는 저자가 평화주의자 같다고 느낌을 말해 주어 심쿵했다. 독자에만 머물지 말고 저자가 되고, 관객으로만 남지 말고 무대 위에서 자신을 맘껏 표현하는 아이돌이 되자고, 그렇게 하기 위해 내가 가진 보물을 발견해 보자는 취지였다. 매번 어린이들이 재미있게 함께해 주니 그림책 모임은 순항 중임을 알 수 있었다.

그날 저녁 어른들의 독서 모임 두 번째 시간에는 「로컬, 새로운 미래」(조희정 저)를 함께 읽고 생각을 나눴다. 6선의 김남규 전 전주시의원은 지난주에 이어 이번 주도 참석했는데, 내가 쓴 「도시의 발견」과 「천천히 재생」을 가져와 고마운 마음으로 사인을 해 드렸다. 책을 펼쳐 보니 밑줄 긋고 포스트잇을 붙이고 관련 기사들도 스크랩하면서 아주 열심히 공부한 흔적이 역력했다. 대단한 열정에 감동했다.

이날 독서 모임에서 반가운 청년을 만났다. 2015년에 처음 만난 뒤 6년 만에 다시 만난 강평화 군은 전주의 핫플레이스 '평화와 평화'를 운영하는 대표로 전주를 든든하게 지키고 있어 더욱 반가웠다. 그동안 전국 일주도 했고, 2016년부터는 전주 남부시장 청년몰과 객리단길 레스토랑에서 일했으며, 3개월간의 미국 여행 때 샌프란시스코의 도시 해석에 흥미를 느껴 전주에 돌아와 지금의 카페를 3년째 운영하고 있다며 자신의 삶을 자세히 들려주었다.

'더가능연구소' 조희정 선생이 쓴 「로컬, 새로운 미래」는 전주 한 달살이를 시작하기 한 달 전쯤 서강대 류석진 교수께서 「시골의 진화」, 「인구의 진화」, 「창업의 진화」와 함께 보낸 책이어서 일부러 전주에 가져왔고 독서 모임의 교재로 삼은 책이다. 강원창조경제혁신센터의 다양한 성과들을 소개하고 있고, 내 책 「천천히 재생」의 일부를 그대로 담아 주어 고마운 책이다. 류석진 교수의 제안으로 서강대 '더가능연구소'와 서울시립대 '커뮤니티와도시설계연구실'이 상호 교류를 막 시작할 무렵, 2022년 11월 11일 안타깝게 작고하셨다.

그날 토론 시간에는 지역 재생에서 기업의 역할도 함께 이야기를 나눴다. 기업의 공유가치창출(CSV) 사례의 하나로 목포 한달살이 때 알게 된 지역 기업 '보해양조'가 본사 사옥 점포를 청년들에게 좋은 조건으로 내준 '청년빌리지 오쇼잉' 사례도 소개해 드렸다. 책 제목처럼 로컬은 새로운 미래다. 더 행복하게 일하고 더 행복하게 살려는 많은 사람들이 로컬에 오고 있다. 대한민국 회생, 로컬에 길이 있다.

어린이들과 함께한 마지막 그림책 모임 때는 여섯 어린이들이 아주 재미난 이야기책을 만들었다. 각자의 책 쓰기 기획을 발표한

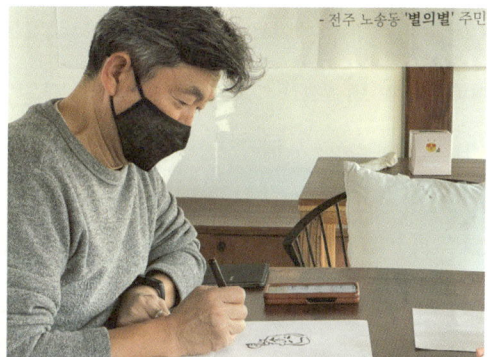

두 번째 그림책 모임, 각자의 책을 만드는 어린이들 ⓒ고은설

뒤 하나로 의견을 모은 후 세 바퀴를 돌아가며 앞에 쓴 글에 이어서 저마다 글을 썼다. 기획 회의 때 장르는 코미디로 하자는 절대다수의 의견에 따라 웃기는 이야기를 함께 지었는데, 산으로 강으로 제멋대로 이어진 이 이야기의 결말은 과연 코미디인가, 공포물인가, 그것을 알 수 없었다.

어른들의 마무리 책모임에서는 내 책 「천천히 재생」을 읽고 우리나라와 일본 전역에서 전개되고 있는 지역 재생 사례들을 공유하며 의견을 나누었다. 도시재생이란 결국 시민들이 오래오래 건강하게 살아갈 수 있는 지속 가능한 삶터를 만드는 것이고, 도시재생이 제대로 방향을 잡고 기대했던 성과를 거두기 위해서는 우리 자녀들과 다음 세대를 생각하고 앞을 내다보는 시민들의 혜안과 적극적인 참여가 무엇보다 중요하다는 데 의견을 모았다. 자본에 잠식되어 가는 우리나라 도시들의 현실도 지적하며 전주시의 재개발과 현안인 '대한방직 부지' 개발에 대한 논의도 이어졌다.

한 달이란 짧은 기간 동안 어린이들과 그림책 모임을 하면서 내 마음이 말랑말랑해진 느낌이었다. 어린이들의 눈과 마음에 내 눈과 마음을 조금이나마 맞출 수 있어서 참 좋은 경험이었다. 두 번째 그림책 모임 뒤에는 함께 동네 식당에서 밥을 먹었는데, 식사를 마치고 어두워지는 골목길로 뛰어가는 어린이들의 뒷모습을 한참 동안 바라보았다. 어른들만 살다시피 하는 원도심에서 이렇게 아이들의 웃고 떠드는 소리가 울려 퍼지는 게 너무도 신기했고 사랑스러웠다.

책모임에 함께한 어른들에게도 좋은 자극과 계기가 되었기를 기대한다. 마을의 문제, 도시의 문제, 지역의 문제를 풀어 가기 위해 가장 먼저 하면 좋은 게 '책모임'이다. 앞에서 예로 든 공주 원도심 재생의 주역들뿐만 아니라, 2000년대 초 진안군 마을 만들기의 새로운 길을 개척한 공무원 '곽동원 팀장'을 2010년 진안에서 만났을 때 그가 했던 말이 오래 기억에 남는다.

"대학 시절 학생운동을 한 뒤, 큰 뜻을 품고 공무원이 되었는데 10년쯤 지났을 무렵 자괴감이 밀려왔습니다. 내가 과연 공직자로서 사회를 위해 무슨 기여를 했고 무엇을 바꿨는지 도무지 생각나지 않았지요. 그래서 그만두려고 하다가, 저와 비슷한 생각을 하는 동료들이 많은 걸 알고 함께 공부하자는 취지로 독서 모임을 시작했지요. '그루터기'란 이름의 독서 모임에 진안군 공무원 20여 명이 함께했고, 그 뒤 많은 변화가 있었습니다."

네 번째 어른 책모임
ⓒ고은설

책의 도시 전주에서 도서관 순례를

　전주는 여행하기 좋은 곳이다. 여행자의 관심사에 따라 다채로운 선택이 가능하다. 연간 1천만 명이 방문하는 한옥마을 여행은 말할 필요도 없고, 전주비빔밥과 콩나물국밥에 푸짐한 막걸리와 가맥(가게 맥주)을 즐기는 맛 기행도 많은 사람들이 선택하고 있다. 어린 자녀들이 있다면 전주동물원 여행도 추천한다.

　전주동물원은 우리나라 지방 동물원 중 가장 일찍 1978년에 문을 열었고, 과천 서울대공원 동물원과 용인 에버랜드 동물원에 이어 세 번째 규모를 자랑한다. 호랑이, 사자, 코끼리 등 포유류를 비롯해 100여 종 600여 마리의 다양한 동물들을 볼 때 꼭 유념할 게 있다. 전주시가 2015년부터 시작한 '전주생태동물원' 조성 사업 이후 동물원이 어떻게 변화했는지를 세심하게 살펴보면 좋겠다. 콘크리트 바닥에서 사람들의 구경거리가 되어 슬픈 삶을 살던 동물들이 서식지와 유사하게 조성된 쾌적한 환경에서 더욱 풍부한 행동을 하며 편히 지내는지 살펴보기 바란다. 사람 중심의 동물원과 '동물복지'가 우선인 생태동물원의 차이를 구별하는 안목을 갖게 된다면 여행의 깊이가 더욱 심오해질 것이다.

특별한 전주 여행 신상품이 또 하나 출시되었다. '전주 도서관 여행'이다. 책을 좋아하고 도서관을 즐겨 찾으며 인문학적 소양으로 더 행복한 삶을 꿈꾸는 사람이라면 전주에 와서 도서관 여행을 즐겨 보시라. 책과 도서관과 인문학에 대한 사랑이 조금 더 뜨거운 분들이라면, 전주 도서관 여행은 어쩌면 '도서관 순례'가 될지도 모르겠다. 그만큼 감동이 크고 울림도 깊을 것이다.

전주 한달살이 중이던 2021년 10월 14일, 하루 종일 도서관 순례를 했다. 출발지는 전주시청 '책기둥도서관'이었다. 시장실에서 김승수 전주시장을 만나 차담을 나눴다. 2014년 전주시장으로 취임해 지난 7년 동안 전주를 크게 바꿔 온 사람이다. 자문회의나 강연에 초대받아 전주에 와서 만나던 때와 한달살이 중에 만났을 때는 느

책기둥도서관으로 변한 전주시청 로비 ⓒ이현우

책기둥도서관으로 변한 전주시청 ⓒ이현우

낌이 사뭇 달랐다. 김 시장도 고향에 내려온 나를 반갑게 맞아 주었다. 차담을 마친 뒤 시장이 직접 안내해 주어 시청 1층 로비에 만든 책기둥도서관과 놀이터로 변신한 시청 앞 광장을 함께 돌아보았다.

텅 비어 있던 전주시청 1층 로비가 책기둥도서관으로 변신한 것은 2020년 11월이다. 김 시장에게 시청 로비를 책기둥도서관으로 바꾼 이유를 물으니 이렇게 답했다. "전주가 지향하는 가장 중요한 가치는 '인문의 도시'입니다. 인문의 힘으로 도시를 지탱하고 발전시켜 나간다는 상징이 바로 '책기둥'입니다." 로비에 있던 네 개의 기둥이 책기둥으로 변신했으니 책기둥은 '상징'이면서 눈에 보이는 '실재'이기도 했다. 책기둥도서관 개관식 때 김 시장은 전주를 '책의 도시'로 키우겠다는 의지를 이렇게 밝혔다. "쓰는 작가, 읽는 시민, 만드는 출판사, 판매하는 서점, 소장하는 도서관까지 유기적으로 이어지는 독서 생태계를 조성하여 작가와 출판, 서점과 도서관, 책 읽는 시민들이 서로 이어지고 함께 성장하는 책 중심 도시 전주를 만들어 가겠습니다."

책기둥도서관은 그 자체로 훌륭한 도서관 기능을 하고 있고, 토요일에는 어린이를 위한 별도의 프로그램도 운영한다. 벽면 쪽에 계단과 복층 공간을 만들었는데 '동네책방' 표지가 눈에 들어왔다. 큰 도서관이 많이 생길수록 동네책방은 부담스러울 수도 있어 책기둥도서관의 일부를 동네책방에 내주어 동네책방들이 직접 큐레이션도 하고 강의, 강연, 회의도 이곳에서 자유롭게 하게 했다고 김 시장은 설명했다. 텅 비어 있던 시청 로비를 시민을 위한 알짜배기 공간으로 되살린 전주시장에게 "참 잘했어요!" 칭찬을 아낌없이 듬뿍해 드렸다.

시청 로비도 그렇고 시청 앞마당 같은 공간을 휑하니 비워 둘 게 아니라, 늘 시민들이 와서 다채롭게 쓰도록 하면 좋겠다는 의견도 건넸다. 전주시청뿐만 아니라 모든 공공청사들 앞의 너른 공간에 작은 부스들을 촘촘히 설치해 아침 출근길엔 인근 주민들이 만든 샌드위치도 팔고, 저녁 퇴근길에 사회적 경제 주체들이 와서 꽃과 빵과 비즈 같은 소품들을 팔면 공무원들에게도 좋고 지역에도 좋을 것이다.

책기둥도서관 카페에서는 발달장애인들이 일하고 있다고 김 시장은 설명해 주었다. 발달장애인들도 일자리를 갖고 행복하게 일

할 수 있도록 'I got everything'이라는 브랜드도 만들고 재단도 세웠으며, 전주시가 운영하는 공공 시설의 카페는 대부분 발달장애인들에게 일자리를 내주고 있다고 덧붙였다. 이 또한 잘한 일 아닌가. 나 또한 발달장애 자녀를 둔 부모여서 전주시의 이런 세심한 노력이 더욱 고마웠다.

김승수 시장과 함께 시청 앞 '노송광장'도 둘러보았다. 전주에 내려와 지내며 여러 번 이곳을 스쳐 지나갔어도 잘 몰랐는데 시청 앞 광장은 어린이 놀이터로 변해 있었다. 통나무 터널, 모래 놀이터, 짚라인, 타잔 하우스 등 너른 잔디밭 곳곳에 어린이들이 신나게 놀 수 있는 다채로운 놀이기구들이 마련되어 있었다. 대부분 자연 소재들로 만든 자연 놀이터였다. 전주에서 큰 나무가 부러지거나 죽으면 이곳에 옮겨 온단다. 김 시장은 이곳 놀이터는 아직 미완성이고 완성되어 가는 중이라고 설명한 뒤, 전주시 곳곳에 어린이들을 위한 '야호' 놀이터를 계속 만들어 갈 계획이라고 했다. 놀이터가 늘어나면서 환영하는 시민들이 대부분이지만, 조용하던 동네에 아이들이 떠든다고 불평하는 사람도 있다면서, 늦지 않은 저녁 시간까지는 아이들이 맘껏 떠들 수 있는 권리를 담은 조례 제정을 준비하고 있다는 말을 듣고 꼭 그렇게 하라고 격려해 드렸다.

김승수 전주시장의 '마을 시청' 꿈 이야기도 들었다. 전주시청 건물은 이미 포화 상태란다. 공간이 부족하면 대개는 새로운 청사를 크게 짓는데, 그와 달리 시청 주변 원도심 여기저기에 있는 빈 건물들을 매입해서 시청사로 활용하고 싶단다. 거대한 '건물 시청'이 아닌 작은 건물들을 연결한 '마을 시청'을 만든다면 시청과 주변 지역이 함께 상생할 수 있을 것이다. 거대한 '수직 호텔'이 아닌, 마을

김승수 전주시장과 함께 시청 앞 노송광장을 둘러본다. ⓒ고은설

의 작은 건물들을 연결해서 만든 '수평 호텔'이 곧 '마을 호텔'인데, 전주시장이 생각하는 '마을 시청'은 마을 호텔의 또 다른 진화일지 모르겠다.

김승수 전주시장과 함께 책기둥도서관과 놀이터로 변신한 노송광장을 둘러본 뒤 본격적인 전주 도서관 순례를 시작했다. 책기둥도서관 개관 이듬해인 2021년 4월 15일 전주시는 '책이 삶이 되는 책의 도시 전주' 비전을 선포했다. 선포식에 이어 전주시립삼천도서관, 학산숲속시집도서관, 첫마중길여행자도서관 등 여러 도서관

들이 문을 열었다. 시청을 출발해 팔복예술공장 안에 자리한 '이팝나무그림책도서관'을 시작으로 전주역 앞의 '첫마중길여행자도서관', 화산동의 '전주시립도서관꽃심', 평화동의 '학산숲속시집도서관'을 차례로 순례했다.

팔복예술공장에 있는 '이팝나무그림책도서관'은 긴 역사를 지닌 '팝업북'의 다양한 종류를 구경하고 직접 책을 활용한 예술 작품들

이팝나무그림책도서관

도 만들 수 있는 곳이다. 희귀한 그림책들을 수집해 전시하고 있고, 어린이들이 편안하게 앉거나 누워서 책을 읽을 수 있도록 나무 계단 열람석이 마련되어 있다. 팔복예술공장에 자리한 도서관답게 다양한 '예술 놀이' 프로그램도 운영하고 있다. 어린이들뿐만 아니라 어른들도 오랜만에 팝업북을 만나고 직접 만들어 보는 체험을 통해 옛 추억을 되새길 수 있다. 버려지는 책을 잘라서 화병도 만들고 다육이를 키우는 화분도 만들 수 있다. 예술 놀이를 즐길 수 있는 아주 이채로운 도서관, 이팝나무그림책도서관에 가 보시라.

'첫마중길여행자도서관'은 기차를 타고 전주에 오는 여행객을 맞아 주는 도서관으로 전주역 가까이에 있다. 빨간 컨테이너 1동에는 예술 관련 책들이, 2동에는 전주 여행을 주제로 한 책들이 전시되어 있는데 다른 곳에서 볼 수 없는 희귀한 책들이 많다. 9천 부 한정판으로 제작된 데이비드 호크니David Hockney의 「A Bigger Book」, 「스타워즈 아카이브」, 「천일야화」, 검은 피카소로 불리는 「장 미셸 바스키아 작품집」, 책의 버튼을 누르면 노래가 나오는 「호두까기 인형」 그림책, 「키스 해링 작품집」, 「렘브란트 작품집」과 스케치북, 영화 해리포터의 「호그와트 팝업북」, '드림웍스'와 '픽사'의 애니메이션, 「고흐 작품집」, 「루브르 박물관 소장 작품집」 등을 만날 수 있다. 전주역 앞 첫마중길에 있는 여행자도서관은 크기는 작아도 막강한 고품격 도서관이다. 도서관 창문에 아주 멋진 글이 적혀 있다. "세계는

전주역 앞 첫마중길여행자도서관

한 권의 책이다. 여행하지 않는 자는 그 책의 단지 한 페이지만을 읽을 뿐이다." 누가 한 말일까?

　'시립도서관꽃심'은 중화산동 화산체육공원에 있다. 아이들과 부모가 함께 책을 읽고 이야기하며 떠들어도 되는 도서관이다. 벽도 없고 칸막이도 없이 서로 연결된 도서관, 드러눕듯 편한 자세로 책을 읽을 수 있는 색다르고 편안한 도서관이다. 입구에 장애인 일터를 상징하는 'I got everything' 로고가 새겨져 있고, 안쪽 벽면에는 1949년 전주시립도서관이 개관한 이후 현재까지 이어져 온 전주시 도서관의 역사를 게시해 두었다. 다른 쪽 벽엔 세계 여러 나라의 도서관 명칭이 원어로 적혀 있었다. 전주의 여러 도서관을 한눈에 볼 수 있게 '도서관 지도'도 있었는데 전주는 역시 많은 도서관을 보유한 도시임을 알 수 있었다.

　시립도서관답게 이곳이 전주 도서관의 중심임을 알게 해 주는 한편, 구석구석 세심하면서 자유분방한 공간 구성과 시설 배치 또한 눈길을 끌었다. 어린이를 위한 공간은 책상도 의자도 작고 나지막했고, 책기둥도서관처럼 여기에도 '동네책방'을 위한 공간이 마런되어 있었다. 2층으로 올라가는 계단 한켠에는 편안하게 앉거나 누워서 책을 읽을 수 있는 자리가 있다. 숲이 보이는 창가의 안락의자에 깊이 눕듯이 앉아 책을 읽는 어른이 행복해 보였다. 1층이 내려다보이는 난간에는 카페처럼 노트북을 들고 와 작업할 수 있도록 테이블이 길게 배치되어 있다. 도서관에 와서 구석구석 살피며 걸어 보니 벽이나 칸막이로 막히지 않고 끊임없이 이어지는 도서관이라는 걸 몸으로 느낄 수 있었다. 두 책장 사이에 딱 한 사람만 들어갈 수 있는 비밀 아지트 같은 좌석을 발견하고 일부러 한참 동안 앉아 있었는데 나만의 세계에 들어온 느낌이었다.

시립도서관꽃심의 진짜 보물은 3층에 있는 '우주로1216'이다. "우주로1216은 트윈세대(12~16세)를 위한 전용 공간입니다. 그 외의 연령이나 어른들은 출입할 수 없습니다."라는 설명이 이 공간이 어떤 곳인지 말해 준다. 3층은 책을 가장 안 읽는다는 12~16세 청소년 '우주인'만 들어갈 수 있는 출입제한구역이다. 청소년 우주인들도 여기 들어오려면 로그인을 해야 하고, 로그인하면 그동안 다녀간 내력이 다 뜬다. 멋지지 않은가? '우주로1216'은 이야기를 나누는 '톡톡존', 맘껏 뛰어도 좋은 '쿵쿵존', 무엇이든 만들 수 있는 '슥슥존', 나를 발견하고 세상을 탐색하는 '곰곰존'까지 네 구역으로 나뉘는데 이런 도서관도 있나 싶을 만큼 깨고 쩐다.

'쿵쿵존' 바닥에는 쿵쿵 뛰어도 좋은 쿠션이 깔려 있고, 천장에는 매달려 옮겨 갈 수 있는 철 구조물이 설치되어 있다. '슥슥존'에는 뭐든 만들 수 있도록 공구들이 가득 들어 있는 책장이 있는데, 알고 보니 이 책장은 비밀 아지트로 들어가는 출입구다. 책장을 슥 밀었더니 회전하면서 비밀 통로가 나왔다. 우주인들이 여기서 대체 무엇을 만드는지 궁금했는데, 한쪽에 우주인이 만든 온갖 무기들이 잔뜩 진열되어 있는 걸 보고 무서워 죽는 줄 알았다. 슥슥존에는 악기 연주도 하고 영상도 만들 수 있는 '슥튜디오'도 있다. 의자에 앉아 있는 우주인보다 그물에 누워 있는 우주인들이 더 많은 걸 보고 우주인의 행태를 조금 더 이해할 수 있었다. 나를 발견하는 '곰곰존'에는 편히 앉을 수 있는 다채로운 의자, 매트, 쿠션, 파티션이 마련되어 있어 혼자 책을 읽기도 하고, 친구들과 작당도 할 수 있다. 이런 멋진 공간을 과연 누가 만들었을까? 우주로1216은 이곳을 사용하게 될 청소년들이 직접 아이디어를 냈고, '이유에스플러스건축'의 지정우 소장과 동료들이 건축과 인테리어 설계를 담당했다. 이용자 참여 디자인의 멋진 사례다.

그날 나의 전주 도서관 순례의 마침표는 '학산숲속시집도서관'에서 찍었다. 공기 맑은 숲속에서 시집을 읽을 수 있는 도서관이 전주시 평화동 학산에 있다. 가까이에 작은 호수 '맏내제'까지 있으니 시집도서관으로서 최고의 입지조건을 갖추고 있다. 숲속 경사 지형에 지은 작은 도서관이어서 20여 명밖에 들어올 수 없지만

시립도서관꽃심

1800여 권의 시집이 있어 맘껏 시를 즐길 수 있는 특별한 도서관이다. 계단은 객석도 되니 강연도 할 수 있고, 2층 다락방은 천장이 낮아 앉거나 누워서 시집을 읽을 수 있다. 얼마 전에 김용택 시인이 와서 강연했다고 한다.

창밖은 온통 숲, 건물 안은 온통 시집으로 채워진 곳에서 잠시 머물렀더니 힐링이 절로 되는 느낌이다. 왜 군이 시집도서관을 따로 만들었을까? 요즘 사람들이 가장 읽지 않는 책이 시집이라고 한다. 그러나 이곳에 오면 모든 사람들이 시집만 읽게 되니 그 이유를 알 것 같다. 전주시는 책의 도시와 관련된 정책을 세우고 실행하는 전담 부서로 '책의도시정책과'를 새로 만들었다. 박남미 과장의 안내를 받으며 하루 일정의 도서관 순례를 행복하게 마무리했다. 감동이 컸고 내 마음을 표현하고 싶었다. 박 과장이 건네준 엽서에 학산숲속시집도서관을 방문한 느낌을 이렇게 적었다. "숲속에서 시를 읽으며 마음을 씻는다. 영혼이 맑아진다. 2021년 10월 14일. 전주 한 달 시민 정석"

'전주 도서관 여행'에 여러분을 초대하고 싶다. 아마도 국내 유일의 도서관 여행 프로그램일 것이다. 다양한 프로그램이 있으니 선택하면 된다. 2021년 나의 도서관 순례 이후에 '연화정도서관', '다가여행자도서관', '동문헌책도서관' 등 여러 도서관들이 새롭게 문을 열어 도서관 여행은 더욱 풍성해졌다.

도시 경쟁력을 키우는 일은 사람의 경쟁력을 키우는 일과 다르지 않다. 남들을 '따라 하기'가 아니라 나만의 매력과 차별화된 강점을 살려야 한다. '정체성'이 곧 '경쟁력'이다. 다른 도시에 없는 전주만의 정체성이 무엇일까? 전주의 정체성을 '인문'으로 인식하고 책의 도시를 만들어 가는 전주시의 노력에 경의를 표한다. 부디 오래 지속되길 바란다.

우주피스를 꿈꾸는 서학동 예술마을

전주 한옥마을에서 전주천을 건너면 전주의 보물들이 있다. '국립무형유산원'과 '서학동 예술마을'이다. 전주 시민들이야 잘 알겠지만 한옥마을 방문객들 중엔 지척에 이런 명소가 있다는 걸 모른 채 한옥마을만 보고 가는 사람들도 많다. 전주는 볼 게 많은 곳이다. 전주 여행의 명소가 한옥마을에 한정되지 않고 주변으로 더욱 확장되면 좋겠다. 특히 전주천만 건너면 손에 닿을 듯 가까이 있는 곳들부터 연결되면 좋겠다. 2021년 10월 14일 목요일 국립무형유산원과 서학동 예술마을 두 곳을 방문했다.

우리나라 무형유산의 '보고'라 할 수 있는 '국립무형유산원'은 2014년 5월 전주시 서학동에서 문을 열었고, 약 6만제곱미터의 너른 부지에 얼쑤마루(공연장), 누리마루(기획전시, 책마루), 열린마루(상설전시), 어울마루(세미나), 전승마루(체험, 교육), 도움마루(사무 공간), 사랑채(숙소) 같은 다양한 시설로 구성되어 있다.

국립무형유산원

 '무형유산'은 '무형문화유산'이나 '비물질문화유산'으로도 불리고, 영어로는 'ICH(Intangible Cultural Heritage)'로 표현된다. 유네스코 세계유산이 건축물이나 시설 등 유형의 문화유산을 뜻한다면, 무형유산은 민속, 전통, 음악, 무용, 공예 기술 등 무형의 문화유산을 지칭한다. 유네스코 무형문화유산은 2001년부터 등재되기 시작해 현재 전 세계에 300건 이상이 등재되었고, 우리나라도 종묘제례 및 종묘제례악, 판소리, 강릉단오제, 강강술래, 매사냥, 택견, 김장, 해녀, 씨름, 탈춤 등 20여 건이 등재되어 있다.
 임숙희 전주시 문화정책과장의 안내로 국립문화유산원을 처음 방문해서 깊은 감동을 받았다. 상설전시실과 기획전시실에서는 우리나라 무형유산의 정수를 가까이서 볼 수 있었다. 전통 가구, 서각, 그림, 은과 동으로 만든 그릇 등 장인들이 만든 귀한 작품들을 보면서 감탄이 절로 나왔다. 북, 가야금, 거문고 같은 전통 악기 전시실도 있었고, 국가무형문화재 보유자의 작품을 모은 기획전시실에서는 갓, 색동치마저고리, 가죽 신발 등 조상들의 다채로운 의복류를 볼 수 있었다.

관람 중인 나를 촬영하던 고은설 대표는 연신 감탄 중인 내 모습을 보며 "에너지 충전 중"이라고 했고, 맞는 얘기여서 나는 "문화 에너지를 가득 충전했다."고 답했다. 맞다. 이런 귀하고 아름다운 보물들을 가까이서 감상할 수 있는 것만으로도 내 안에 잠들어 있던 문화적 감성이 꿈틀꿈틀 깨어났고, 눈으로 접한 감동은 온몸을 긍정적 에너지로 가득 채워 주었다. 이것이 바로 문화의 힘이란 걸 오랜만에 느꼈다. 건물 밖에서도 감동은 계속되었다. 목판에 정교하게 새긴 전주의 옛 지도를 볼 때도 감탄했고, 나란히 서 있는 은행나무 두 그루를 볼 때도 그랬다. 아주 큰 은행나무들이 가까이 있다 보니 가지들이 서로를 다독이는 것처럼 보였다. 부부 관계가 아닐까 싶었다.

국립무형유산원 옆에 전주시가 복합문화시설을 계획 중이니 자문해 달라는 부탁을 받고, 박금희 문화유산팀장에게 설명부터 들었다. 흥미로운 프로젝트였다. 국립무형유산원 바로 옆의 꽤 넓은 부지에 문화재청의 '무형문화재 전수교육관'과 국토부의 '생활SOC

사업', 그리고 토지주택공사의 96호 규모의 '행복주택'까지 3개 기관의 사업을 한 곳에서 함께 시행할 예정이란다.

설명을 다 듣고 몇 가지 의견을 건넸다. 먼저 이곳에 3개 동의 건물을 짓는다는 생각보다 작은 마을을 만든다는 생각으로 3개 사업을 잘 엮어 보라고 했다. 또 일반 주택에 더해, 무형유산을 관람하고 배우기 위해 이곳에 오는 사람들이 일정 기간 체류할 수 있도록 '스테이'도 가능하면 계획에 넣어 보라는 의견도 주었다. 건축 프로젝트가 아닌 마을 프로젝트로 접근한다면, 큰 건물 위주의 설계보다 길을 중심으로 저층 건물들이 빼곡히 채워지는 형태면 더욱 좋겠다는 의견도 덧붙였다.

오후에는 서학동 예술마을을 찾아갔다. 국립무형유산원과 서학동 예술마을은 아주 가까이 있고, 모두 한옥마을에서 걸어갈 수 있는 지근거리에 있다. 서학동은 원래 전주교육대학과 교대부속초등

오목교를 건너면 전주 한옥마을

서학동 도시재생사업을 설명하는 임정빈 팀장 ⓒ고은설

학교가 있어서 하숙생과 교사, 교수들이 많이 사는 조용한 주택가였는데, 2010년경부터 전주 한옥마을에 살던 예술인들이 건너오면서 예술인 마을로 점차 변화했다. 음악, 미술, 문학 등 문화예술 분야의 사람들이 많이 살면서 공방, 작업실, 갤러리도 늘어 활기 넘치는 예술마을로 자리 잡게 되었다. 그런데 예술인들은 왜 한옥마을에서 전주천을 건너 서학동에 왔을까?

예술인들이 서학동에 오고, 서학동이 예술마을로 변신하게 된 것은 한옥마을이 주목받고 방문객이 늘면서 시작된 일이다. 2000년대 초 전주 교동 한옥마을이 유명해지면서 방문객이 급격히 늘었고, 집값과 임대료가 가파르게 오르면서 '젠트리피케이션gentrification'[6] 이 벌어져 가난한 예술인들이 한옥마을에서 더 이상 살기 힘들어 서학동으로 건너오게 된 것이다. 이런 일이 벌어진 데에는 내게도 일정한 책임이 있다. 전주시장에게 처음 한옥마을 보존과 재생을 건의했던 사람이니 자유로울 수 없다.

1998년 7월에 민선 2기로 당선된 김완주 전주시장은 취임 2년쯤 됐을 때 전주시 간부 공무원들과 함께 서울연구원을 방문했다. 2002년 월드컵 축구 경기가 전주에서도 열릴 예정인데, 전주시가 대비해야 할 일들을 조언해 달라는 부탁을 받고 나는 세 가지 의견을 드렸다. 첫째가 '한옥마을 되살리기'였다. 월드컵 경기가 열리는 전주라는 도시를 세계인들에게 어떻게 보여 줄지 상상한다면,

전주다운 특징을 한눈에 보여 주는 장면은 아마도 교동 한옥마을일 것이고, 경기전과 전동성당과 향교, 오목대, 전주천까지 하늘에서 내려다본 모습이 가장 전주다운 풍경일 테니 그 중심인 한옥마을을 잘 보전하고 재생하라고 제안했다. 그 무렵이 서울연구원에서 북촌 한옥마을 보전과 재생 연구의 책임을 맡고 있던 때여서 한옥마을에 대한 관심이 더욱 특별했는지도 모른다.

두 번째 제안은 전주 '원도심 재생'이었다. 원도심에 차가 다니지 않는 '걷고 싶은 거리'도 만들고 영화거리와 재래시장의 특성을 살린 특화거리도 만들어 젊은이들이 원도심을 즐겨 찾게 하자는 것이었다. 세 번째 제안은 '경전철 도입'인데, 자가용보다 빠른 대중교통을 전주 시내 주요 간선도로에 도입하고, 이 노선을 군산과 익산까지 연결해 전주, 익산, 군산을 하나의 도시로 묶어 보자는 제안이었다. 첫째, 둘째 제안은 모두 받아들여져 시행되었고, 경전철 도입은 오랜 진통 끝에 아직 실현되지 않고 있다.

전주시는 2001년부터 한옥마을 보전 사업을 적극 추진했다. 한옥마을 주민에게 지원도 하고 새로운 한옥을 짓기도 했다. 초기에는 주민 반대에 부딪혀 곤욕을 치른 적도 많았다. 전주시 회의에 참석했다가 문규현 신부님과 함께 주민이 던진 계란에 맞기도 했다. 월드컵을 치르면서 한옥마을은 전주를 대표하는 관광지가 되었고

---

6) 낙후된 구도심 지역이 활성화되어 중산층 이상의 계층이 유입됨으로써 기존의 저소득층 원주민을 대체하는 현상을 가리킨다.

당초 계획했던 주민들의 삶터로서 주거지 보전을 우선시해야 한다는 기조는 지켜지지 못했다. 그 대신 상업지와 관광지로 변모했다. 전주도 서울 북촌도 마찬가지였다.

서학동으로 출발하기 전에 임정빈 전주시 도시재생과 팀장이 서학동 예술마을에서 한참 진행 중인 도시재생사업에 대해 설명해 주었다. 그 다음 내 책 「천천히 재생」을 가져온 임 팀장에게 사인도 해주고 기념사진도 찍었다. 서학동까지 걸어가면서 의견도 주고 대화도 나누었다. 재생의 핵심은 사람이고, 이해관계가 다른 사람들의 '마음 모으기'이니 지역 주민들이 참여하는 '주민협의체'나 '마을관리협동조합'이 살아나야 한다고 했더니, 임 팀장은 서학동 예술마을은 비교적 잘 되고 있다고 답했다.

걷는 도중에 보니 '전주교육대학교'의 담장이 사라져 학교와 마을이 하나처럼 보였다. 학교는 담을 헐었고, 전주시는 경계부에 '한글테마광장'을 조성해 화답했단다. 잘한 일이다. 성채처럼 고립된 대학이 아니라 마을을 품는 대학, 마을에 스며드는 대학이 훨씬 더 좋은 대학이다. 조금 더 걸으니 서학동성당이다. 참 오랜만에 왔는데 성당도 담을 헐었다. 이 또한 잘한 일이다.

도로 포장을 개선하고 녹지를 조성하는 현장도 둘러봤다. 거리가 깨끗하게 바뀐 뒤 길가의 경양식집 매출이 쑥 올랐다고 한다. 재생사업이 가져온 긍정적 성과다. 개관을 앞둔 커뮤니티 시설 '행복플러스' 건물도 안팎을 두루 살펴보았다. 건물 자체뿐만 아니라 건물 앞 공간도 잘 쓰이도록 세심하게 디자인하면 좋겠다는 의견을 건넸다.

담장을 허물고 개방한 서학동성당

서학동 예술마을을 이끌고 있는 곽승호 촌장도 만났다. 저마다 한 성질 하는 예술가들 모시느라 얼마나 고생이 많으냐고 인사를 건네니 껄껄 웃는다. 나중에 복 많이 받으실 거라고 덕담을 해 드렸다. 촌장의 안내로 갤러리도 방문했고, 서학동 620번지에 최근 조성한 '620정원'에도 들렀다. 예쁜 팻말을 촌장이 직접 디자인했다고 해서 깜짝 놀랐다.

예술마을답게 곳곳에 스튜디오와 갤러리가 눈에 띄었다. 거리 풍경도 아주 아름다웠다. 북유럽의 어느 거리 같다고 내가 말하는 순간 다들 빵 터졌다. 하필 그때 그 자리가 '북유럽풍 코바늘 손뜨개' 가게 앞이었다. 서학동에서 사진 갤러리를 운영하는 전주대학교 박승환 교수도 만났다. 마침 국제사진전시회 중인데 어린이 단체 손님이 방문해 기념사진을 찍고 있었다. 흐뭇한 느낌을 주는 풍경이었다. '서학아트스페이스'를 운영하는 김성균 작가도 만났다. 반나절 동안 서학동 예술마을을 가꾸는 많은 예술가들을 만나 반가웠다. 아트스페이스 뒤쪽 천변에는 예쁜 야외 카페가 자리하고 있었다. 이쪽을 보나 저쪽을 보나 어디를 보나 그 자체로 아름다운 그림 같았다. 예술마을다웠다. 서학동은.

며칠 지나서 서학동 예술마을에 한 번 더 갔다. 한숙 작가의 작

도시재생사업으로 지은 커뮤니티 시설 '행복플러스'

업실과 전시관을 둘러보며 서학동 예술마을의 매력을 다시 체감했다. 마을의 가장 귀한 보물은 사람이다. 좋은 사람들이 살고 있는 곳은 표가 난다. 좋은 분들이 여럿이고 그분들이 각자 따로 살지 않고 서로 연결하고 연대하며 살아가는 마을은 뭐가 달라도 다르다. 전주 한옥마을 못지않은 귀한 보물이 전주천 건너 가까이 있으니 놓치지 않았으면 좋겠다.

서학동 예술마을 곽승호 촌장과 이런저런 풍경들 ⓒ고은설

우주피스 공화국의 거리 풍경

    서학동 예술마을을 새롭게 바라보면서 머릿속에 툭 하고 떠오른 마을이 있다. 실체는 작은 '마을'인데 그곳 사람들은 '나라'라고 우기는 곳, '우주피스 공화국'이다. '우주피스'가 뭘까? 지구촌을 넘어 우주에 평화를 기원한다는 뜻의 콩글리시가 아니다. 발트삼국의 하나인 리투아니아 말이다. '우주uzu'는 물이고 '피스pis'는 건너편이라는 뜻이니 우주피스는 "강 건너 마을"이란 뜻이다. 리투아니아의 수도 빌뉴스Vilnius 바깥쪽, 빌넬레Vilnele 강 건너 가장 후미진 마을에 예술가들이 오랫동안 모여 살아오다 마침내 1997년 4월 1일 만우절에 독립공화국을 선포했다. 독립한 공화국이니 당연히 대통령도 있고, 장관들도 있고, 군대도 무려 열한 명이나 보유한 대단한 나라다. 빌넬레 강을 건너는 다리가 국경이다. 국경을 넘어 공화국 광장에 이르면 2002년에 세운 천사상이 반갑게 맞는다. 공화국 독립기념일 축제가 열리는 매년 4월 1일에는 천사상 앞 수도꼭지에서 물 대신 맥주가 나온다는 전설이 있는데 믿거나 말거나다.

  사람들은 얼마나 오랜 세월을 말도 안 되는 권력에 복종하며 살아왔을까. 그 모순과 부조리를 아마도 예술가들이 가장 민감하게 느끼지 않았을까. 그래서 이런 독립공화국을 세우지 않았을까. 골목길 벽면에 세계 각국 언어로 번역된 우주피스 공화국 헌법 조문이 적혀 있다. 2017년 여름 공화국을 방문했을 당시에는 한글 헌법 조문이 없어 아쉬웠는데 2019년 말 한글판이 세워졌다. 41개조로 이루어진 공화국 헌법의 조문 하나하나가 가슴 뭉클하다. 읽어 보시라.
  서학동 예술마을이 이런 공화국이 되면 참 좋겠다. 대한민국 예술인들이여, 일어나라. 만국의 예술인들이여, 연대하라. 그대들의 연대를 진정 고대하노라.

가족과 지인을 전주로 초대하기

전주에 집이 생기니, 그것도 아주 큰 집이 생기니 좋은 사람들을 집에 초대하고 싶었다. 가장 먼저 떠오른 건 부모님이다. 아들 넷 딸 하나, 오 남매가 모두 서울에 있는 대학에 입학하면서 고향을 떠났고, 대학을 졸업한 뒤에도 서울과 수도권에서 직장 생활을 하자 명절이나 기념일에 가족들이 전주에 모일 때마다 부모님은 이런 말씀을 하곤 하셨다. "너희 다섯 가운데 딱 한 명이라도 전주 가까이 오면 참 좋겠다. 만약 아무도 내려오지 않으면 그땐 우리가 올라갈 것이다."

둘째인 내 생각에 형이나 동생들 가운데 고향으로 내려갈 마음이나 계획이 있는 사람은 눈에 띄지 않았다. 결국 나밖에 없다고 생각해서 아내와 자녀들에게 이런 내 생각을 말하고 꽤 오랜 시간 설득해 귀향에 대한 동의를 얻었다. 그 뒤 몇 차례 고향으로 직장을 옮기려고 시도했지만 뜻대로 되지 않았다. 둘째네가 혹 내려올 수 있다는 기대를 갖고 계시던 부모님은 결국 결심을 굳히고 2007년 초에 서울로 이사 오셨다.

게스트 하우스 린월에서

2021년 전주 한달살이를 할 때는 그로부터 14년이 지난 뒤였다. 서울로 이사 온 뒤에도 전주에 일이 있을 때 가끔씩 다녀오셨지만, 집이 없으니 대게는 당일 여행이었다. 전주에서 한 달 살려고 내려간다고 말씀드리면서 한번 오시겠냐고 여쭈니 좋다고 하셨다. 잠깐 서울에 일이 있어 올라왔다가 10월 12일 부모님을 모시고 전주에 왔다. 할아버지 할머니의 전주 여행에 우리 집 셋째 새온이도 동행했다. 마음 같아선 전주에서 여러 날 머물다 가시길 바랐는데 부모님도 서울 집과 동네의 여러 일상들이 있어 1박 2일로 짧게 일정을 잡았다. 어쨌든 한 달 전주 시민 정석이 주도했던 오랜만의 효도 여행이었다.

전주에 도착해 인봉집에 짐을 놓고 점심 식사를 하러 갔다. 아주 특별한 식사였다. 고향 사람 환영하는 동네잔치에도 오셨던 이웃 박현정 원장께서 집으로 초대해 주시고 멋진 점심을 대접해 주셨다. 부모님을 모시고 골목길을 걸어 인봉집에서 멀지 않은 철봉집 바로 뒤, 박 원장이 운영하는 게스트 하우스 '린월'에 도착했다. 나도 처음 가 본 곳인데 아주 예쁜 집이었다.

바비큐까지 곁들인 점심 식사는 맛나고 푸짐했다. 맛고을 전주에서 평생을 사시다가 서울로 이사 온 뒤, 자식들이 돌아가며 서울과 근교의 여러 맛집에 모시고 식사 대접을 했지만 입맛이 까다로운 우리 아버지께서 흡족해 하신 경우는 많지 않았다. 식사 뒤에 "어때요?" 하고 여쭈면 "먹을 만하다."라고 말씀하실 때가 많았다. 음식이 아주 나쁘지는 않았다는 뜻으로 이해했다. 가끔 전주에 모시고 와서 즐겨 다니시던 단골 식당에 모시고 가면 그때서야 "맛있다."고 말씀하시던 아버지께서 그날 점심은 연신 맛있다며 즐겨 드셨다. 전주에서 드신 점심이고 집밥이어서 더 흡족하셨을 것이다.

식사 뒤에는 열띤 토론이 이어졌다. 이날 점심에는 김남규 전 전주시의원도 초대받아 오셨고, 대구 출신으로 석사 학위를 마친 뒤 전주가 좋다며 전주에 와서 살며 일하는 제자 이지영도 함께 식사를 했다. 김남규 전 의원은 현안에 대한 여러 의견들을 아버지와 주고받은 뒤, 고향에 내려와 열심히 살고 있는 고은설 대표 같은 사람과 낯선 곳에 와서 열심히 살고 있는 제자 지영이를 칭찬하면서 심훈의 소설 「상록수」의 주인공 같은 사람이라고 치켜세웠다. 전주를 지켜 온 사람과 전주에 찾아온 사람, 또 오랜만에 전주에 돌아온 사람들 모두가 다 똑같이 전주를 사랑하는 사람들임을 진하게 느꼈다.

점심을 드신 뒤 부모님은 옛 친구를 만나러 일어나셨다. 먼저 들른 곳은 예전에 사셨던 동국아파트였다. 같은 아파트에 살고 같은 성당에 다녔던 친구 부부와 오랜만에 만나 반갑게 인사를 나눈 뒤, 어머니는 친구를 만나러 동네 식당에 가셨고 나는 아버지를 모시고 숲정이성당에 갔다. 숲정이성당은 부모님이 전주에 사실 때 오래 다니시던 성당이다. 부모님뿐만 아니라 나도 학창 시절에 다니던 성당이고, 우리 부부가 혼배미사를 드린 곳이기도 하다. 오랜만에 찾아온 성당이 예전과는 많이 변했지만 그때 그 기억들은 가시지 않아 따뜻한 느낌이 들었다. 숲정이성당에서 아버지는 오랫동안 같은 직장인 해성고등학교에서 함께 지냈던 친구를 만나 반가운 시간을 보내셨다.

인봉집에서 첫날 잘 주무시고 부모님은 둘째 날 아침 일찍 치명자산 아래 최근 새로 지은 '치명자산성지 세계평화의전당'을 둘러보신 뒤, 치명자산 중턱에 있는 '천주교순교자묘'를 다녀오셨다. 그곳에 모신 전주교구 주교님과 신부님들 한 분 한 분 인사 나눈 뒤 전주교구청을 찾아가 어머니가 소장하고 있는 100년 넘은 성경책, 교리서, 십자가, 묵주같은 성물들을 교구청에 기증하고 싶다는 의사를 전하셨다.

전주 숲정이성당

그렇게 전주에서 1박 2일을 보내고 부모님은 서울로 올라가셨고, 부모님을 배웅한 뒤 셋째 아들 새온이와 한옥마을을 천천히 걸어 구경했다. 새온이도 그날 저녁 서울로 떠날 예정이라 전일슈퍼에서 가맥으로 송별 파티를 했다. 아빠와 아들 단둘이 전주에서 함께 보낸 시간이 무척 소중하게 느껴졌다. 부모님과 새온이까지 떠나보내고 혼자 인봉집에 돌아올 때는 조금 쓸쓸한 느낌도 들었다.

치명자산성지와 천주교순교자묘

부모님과 셋째 아들을 초대했던 효도 여행 뒤에도 더 많은 손님들을 인봉집에 초대했던 적이 있었다. 아기다리고기다리던 마님과

---

7) Marriage Encounter : 대화로 부부 관계를 개선하고 혼인 생활의 참다운 의미를 발견하게 하여 가정과 교회와 사회를 쇄신하려는 운동. 1958년 스페인에서 시작했으며, M.E.라는 약칭을 사용한다. M.E. 입문 프로그램인 '주말'은 3쌍 부부와 지도 신부가 2박 3일 프로그램을 이끌며 대화를 통해 부부간의 진정한 만남을 이루는 형식으로 진행된다.

평소 가족처럼 가깝게 지내는 ME[7] 부부 몇 쌍이 1박 2일 일정으로 전주에 왔다. 나 혼자 지내던 인봉집이 주말에는 시끌벅적했다. 전주에 찾아온 손님들을 어떻게 행복하게 해 드릴지 고민했고, 최고의 음식과 장소를 찾아 안내해 드렸다. 인봉집에서 아주 가까운 카페 '향기 품은 뜰'에서도, 가을이 깊어 가는 '전주향교'에서도, 전주 특유의 푸짐한 막걸리집에서도 손님들은 모두 만족했다. 인봉집에 돌아와서도 밤늦도록 흥겨운 뒤풀이를 즐겼다. 전주가 이렇게 좋은 곳인 줄 몰랐다며 또 오고 싶다고들 했다. 전주 한달살이 하길 참 잘했다는 생각이 절로 들어 행복했다.

다음 날 일행들은 대부분 서울로 떠났고, 우리 부부가 아주 좋아하는 형님 부부와 함께 하동으로 출발했다. 마산에 일이 있어 하동에 가서 하룻밤을 자고 다녀올 예정이었는데, 하동에 가 보고 싶다는 의견들이 많아 나와 함께 하동에 들렀다가 서울로 가기로 계획을 변경했다. 그해 3월에 하동에서 보름을 보내고, 7월 말에 마저 한달살이를 마친 뒤 꼭 석 달만의 하동 여행이었는데, 한 달을 산 곳이어서인지 여행이라기보다 고향을 찾은 느낌이었다.

늦은 10월, 지리산자락 산꼭대기는 단풍이 제법 짙었다. 찰나 같은 가을의 절정에 하동에서, 화개에서 좋은 사람들과 깊은 가을을 맛보았다. 지혜의 숲 '혜림농원'의 산몬당 찻자리에서 구해진 대표 덕분에 호사를 누렸다. 가을에 대한 최소한의 예를 갖춘 것 같아 마

하동 화개 산몬당 찻자리에서

음이 편안했다. 사랑하는 아내와 좋아하는 형님네와 함께여서 더 푸근했다. 매력이 뚝뚝 떨어지는 곳, 하동. 가을에는 더욱 하동하동 했다. 하동의 늦가을을 진하게 맛보고 형님 부부와 아내는 서울로 출발했고, 나는 하동에서 두 밤을 자며 일을 마친 뒤 전주로 돌아왔다. 로컬 한달살이는 새로운 인연과 연결을 계속 만들어 낸다. 신비롭다!

팔복예술공장과 전주 인수인계

 2021년 10월 14일, 전주의 대표적 도시 재생 사례로 널리 알려진 전주 팔복예술공장에 다녀왔다. 오래 비어 있던 공장이 복합 예술 공간으로 되살아난 곳이다. 옛 공장 건물을 리모델링하고, 컨테이너 같은 새로운 소재를 덧붙여 보기에도 근사했다. 팔복예술공장은 A동과 B동 두 개의 건물로 구성된다. A동은 전시와 사무동, B동은 '유아예술놀이터'와 '영상예술터'다. 전주문화재단의 서용선 사무국장이 반갑게 맞아 주었다. 전주문화재단은 팔복예술공장을 비롯해 한옥마을 '한벽문화관'과 시내 곳곳의 '놀이터'까지 운영을 담당한다고 했다.
 A동에 들어서니 입구에 카페 '써니'가 있다. 벽과 천장에는 옛 공장의 흔적들이 고스란히 남아 있고, 테이블과 의자와 조명 등은 분위기 있는 카페에 어울리는 새로운 디자인이다. 신구의 조화라고 할까. 레트로 감성이라고 할까. 새로 지은 건물에서는 느껴지지 않

는 묘한 힘 같은 게 재생의 현장에서 느껴진다. 층층이 누적된 시간의 힘이고, 켜켜이 쌓이고 응축된 기억들의 아우라일 것이다. 카페 써니에서 전주문화재단의 백옥선 대표와도 인사를 나누고 명함도 주고받았다.

카페 한쪽에 체크무늬 셔츠에 청바지를 입은 커다란 인형이 서 있다. 예전에 이곳에 있던 '썬전자'에서 카세트테이프를 만들던 여공을 상징하는 '써니' 인형이라는데, 일을 많이 했던 손은 아주 작게 표현했고, 오랜 시간 의자에 앉은 자세로 일해서 고생이 많았을 엉덩이는 일부러 크게 표현했다고 한다. 코로나 시기여서 인형도 마스크를 하고 있었다. 천장에 매달린 조명은 여공들이 앉아 일하던 의자로 만들었다는데, 의자도 조명이 될 수 있다는 발상이 기발하게 느껴졌다. 카페 써니에 와서 여공 써니를 만났으니 꼭 들어야

전주 팔복예술공장 영상놀이터

할 음악이 생각나 휴대폰에서 찾았다. 예전에 자주 들었던 디스코 음악 '써니Sunny'에 맞춰 가볍게 춤도 췄다.

카페 써니를 운영하는 협동조합 이사장으로부터 팔복예술공장의 역사에 대해 자세한 설명을 들었다. 팔복예술공장은 처음에 '썬전자'로 시작해서 나중에 '쏘렉스'로 이름이 바뀐 카세트테이프를 만들던 공장으로 1979년에 설립되어 1992년까지 운영하다 문을 닫았고, 이후 25년 동안 비어 있었다. 변화가 시작된 것은 2016년 문화체육관광부의 '폐산업시설 문화재생사업' 대상지로 선정되면서부터였다. 그 후 5년 동안 재생 사업이 진행되어 오늘의 모습으로 변신했다고 설명했다. A동에는 7명의 작가들이 입주해 있고 작가들의 작업 공간과 전시장이 마련되어 있다는 얘기도 덧붙였다. 조용하던 시골 마을 팔복동에 공장이 들어선 유래도 궁금했는데, 가까이에 만경강이 흘러 물이 풍부했고 전주의 가장 북쪽에 위치해 서울에서 전주에 올 때 첫 관문이었기 때문이란다. 1967년에 열렸던 팔복공단 기공식에는 박정희 대통령도 참석했다며 전시된 사진도 보여 주었다. 팔복동의 새로운 도로명인 '구레뜰'의 뜻이 "기름진 땅"이라는 것도 처음 알았다. 팔복동에는 썬전자 이외에도 '세한제지(뒤에 한솔제지, 전주제지, 전주페이퍼로 바뀜)'와 '코카콜라' 등 여러 공장들이 입주해 있었다.

2층 전시장도 둘러보았다. 마침 '탄소'를 소재로 한 작품들이 전시 중이었다. 2층 한쪽에는 네칸의 화장실도 남겨 두었는데, 수많은 여공들이 일하던 공장에 여자화장실은 이렇게 네 칸이 전부였다고 한다. 건물 사이의 너른 마당 한구석에 '야호'라는 하얀 글씨가 눈에 들어왔다. 어린이를 위한 놀이터 브랜드다. 마당에는 흥미로운 어린이 놀이터도 마련되어 있었다. 동심으로 돌아가 나도 그네에 누워 한참 동안 하늘을 바라보며 쉬었다. 파란 하늘과 높이 솟은 기둥과 문화 공간으로 되살린 공장 건물들이 흔들흔들 눈앞에 오갔다.

최근 문을 연 '영상놀이터'도 돌아보았다. 한여름의 땡볕을 가리려고 지붕처럼 펼쳐 놓은 노란색과 빨간색 천들이 파란 하늘을 배경으로 강렬한 인상을 주었다. 그늘 아래 들어서자 노래가 흘러나왔다. "빨간 꽃 노란 꽃 꽃밭 가득 피어도~." 예전에 많이 들어 귀에 익숙한 '사계'란 노래였는데, 팔복예술공장에서 들으니 더욱 절절했다. 건물 안에서는 미디어아트 영화가 상영되고 있었는데, 과거 이곳에서 일하던 사람들의 이야기였다. 제주에서 가 보았던 '빛의 벙커'가 떠올랐다.

팔복예술공장을 다녀온 며칠 뒤, 귀한 손님이 전주에 와서 반갑게 만났다. 지난 5년간 전주에 와서 팔복예술공장을 만드는 일을 진두지휘한 황순우 감독이었다. 만나자마자 정말 수고 많으셨다고 두 손을 꼭 잡아 드렸다. 동문시장의 숨은 맛집에서 맛난 저녁 식사에

위 : 어린이 놀이터 브랜드 야호에서   아래 : 동문시장에서 황순우 감독과 ⓒ고은설

술도 곁들였고, 식사 뒤에는 '소금인형'이라는 재미난 공간으로 나를 안내해 주었다. 5년간 전주에서 뼈와 살을 갈아 넣은 인천 사람 황 감독은 전주를 오래 떠났다가 한 달 시민으로 다시 돌아온 전주 사람에게 전주의 깊은 속살을 보여 주며 '인수인계'를 해 주었다. 황송하고 고마운 저녁이었다. 어렵고 힘든 일을 마치고 그는 떠났지만, 황순우 감독을 전주 시민들은 오래오래 기억할 것이다.

전북 BRT+전북시민=전북민국

　전주에서 한 달을 지내는 동안 전주와 인근 도시에서 강연 요청을 여러 번 받았다. 2021년 10월 20일 수요일 오후에는 모교인 전주고등학교에서 후배들에게 '나의 공부 유랑기'란 제목의 특강을 했고, 21일 목요일 오후에는 군산시가 주관하는 '새만금 아카데미' 강연에 초대받아 '천천히 재생-공간을 넘어 삶을 바꾸는 도시재생'이란 주제의 강연을 했다.

　10월 28일 목요일에는 전주와 익산을 오가며 두 개의 강연을 소화했다. 오후 2시에는 전주중부비전센터에서 열린 '전주시 생활권 계획 수립 준비를 위한 토론회'에 참석해 '15분 생활권 도시의 실현 과제'를 주제로 기조발제를 했고, 오후 6시 반부터는 익산종합비즈니스센터에서 열린 익산 희망연대가 주최하는 희망 포럼에서 '걷는 도시, 좋은 도시'라는 제목의 발제를 했다. 익산 '희망연대'는 익산 지역 시민 단체로 회원이 1천 명이 넘고 다양한 동아리들이 만들어져 신나는 시민운동을 하고 있다고 해서 깜짝 놀랐다.

10월 29일 금요일 저녁엔 '봉봉한가'에서 열린 토크콘서트에서 전주 한 달살이를 마무리하는 강연도 하고 참가자들과 대화도 나누었다. 이날 강연에는 전주로 초대한 ME 부부들도 함께했고, 연구실 제자들도 몇 명 전주로 1박 2일 여행을 와서 함께했다.

새만금 아카데미 강연 ⓒ군산시

전주에서 열리는 강연은 대부분 걷거나 자전거를 타고 가면 되니 문제없었고, 익산에 갈 때는 전주역에서 기차를 탔다. 문제는 군산이었다. 강의를 며칠 앞두고 고속버스나 시외버스를 예매하려다 깜짝 놀랐다. 전주와 군산을 연결하는 고속버스 노선은 아예 없고, 시외버스는 오전 10시까지 예닐곱 편, 그리고 밤 시간대에 한두 편 정도가 전부였다. 낮에는 차편이 아예 없었다. 전주와 군산을 평일 낮에 연결하는 대중교통이 없다는 건 상상도 못한 일이었다. 결국 게스트 하우스 주인인 고은설 대표의 차를 빌려 군산 강연을 다녀왔다.

서울에서 전주를 오갈 때마다 많이 불편했다. 고속버스보다 고속철도가 훨씬 빠르니 가급적 철도를 이용하곤 했는데, KTX는 용산에서 전주까지 직통 노선이 있지만 SRT는 그 당시 전주까지 가는 것이 없어서 익산역이나 천안아산역, 오송역에서 KTX로 갈아타야 했다. 환승도 불편하고 시간도 더 소요되는 문제가 있지만 예매할 때 두 번씩 하는 것도 성가신 일이었다.

2023년 9월부터 SRT 전라선이 개통되어 수서와 전주를 하루 2번 정도 운행하고 있어 그나마 다행이지만, 강남에서 전주까지 고속철도를 이용하는 것은 매우 불편하고 성가신 일이었다. 물론 고속철도가 지역 간 이동을 전부 담당할 수는 없다. 주요 지역들을 빠르게 연결하는 간선 대중교통 역할을 고속철도가 담당하고, 지역 내에서 도시들을 연결하는 대중교통은 또 다른 수단들이 담당해 원활한 '환승'으로 이어 주면 된다. 고속버스나 시외버스가 그 역할을 할 수도 있고, 서울과 수도권에서 운행하는 광역버스가 담당할 수도 있다.

유럽 여행의 좋은 점 가운데 하나는 '대중교통'이다. 철도 교통이 아주 편리하고, 트램(노면전차)과 BRT(간선급행버스)로 도시와 도시는 물론, 국경을 넘어서 여러 지역들을 편히 오갈 수 있다. 계산해 보면 택시보다 대중교통이 더 빠른 경우도 많다. 편리한 대중교통에 더해 자전거 이용까지 편리하니 말 그대로 '대중교통'과 '자전거'와 '보행'만으로 관광도 생활도 너끈히 가능한 '대자보 도시'를 그들은 이미 구현하고 있다.

유럽으로 출장을 갔을 때 호텔에서 약속 장소까지 가는 여러 경로와 이동 수단을 비교·검색해 보면 택시나 우버를 타는 것보다 자전거가 빠를 때도 있다. 그만큼 대중교통과 자전거를 이용하는 사람들이 불편하지 않게 기반 시설을 갖추는 것은 물론, 비용 부담을 줄여 주고 이동 시간의 상대적 강점까지 충족시켜 준다면 시민과 방문객 모두 더 빠르고, 더 값싸고, 더 편리한 이동 수단을 선택할 것이다. '대자보 도시'를 만드는 것은 결코 어렵지 않다. 대중교통과 자전거를 선택하면 자가용이나 택시보다 더 빨리 갈 수 있게 해 주고, 비용도 훨씬 덜 들도록 파격적으로 우대해 주면 된다.

전주와 군산을 연결하는 대중교통이 없어 결국 자가용을 빌려 운전하면서 중대 결심을 했다. 이 문제를 내가 풀어 보자. 전주와 군산과 익산뿐만 아니라 전라북도의 14개 시군을 남북으로 또 동서로 가장 빨리 오갈 수 있게 해 주는 혁신적인 '전라북도 광역 교통 체계'를 연구하고 제안해 보자. 그런 계기로 나는 제자들과 함께 '전북 BRT' 구상을 시작했고, 2022년 6월 18일 전라북도 정책 소통 플랫폼 '전북소통대로'에 간략한 보고서와 함께 공식 제안했다.

대중교통은 그동안 여러 차례 진화를 거듭해 왔다. 가장 초기의 대중교통은 '지하철'이다. 뉴욕, 런던, 파리, 도쿄, 서울 등 세계 대도시들은 지하철을 보유하고 있다. 자동차가 등장하기 시작하고, 급격하게 증가하는 차들로 인해 도로가 꽉꽉 막힐 때, 많은 사람들을 태워 땅속으로 막힘없이 이동하게 해 주는 대중교통 수단으로 지하철이 처음 등장했다. 지하철은 막강한 대중교통임에 틀림없다. 문제는 건설비용이다. 서울과 수도권처럼 2천만 명이 넘게 사는 지역에서 수많은 사람들이 매일같이 지하철과 도시철도를 이용하는데도 몇 개 노선을 제외하곤 대부분 적자를 면치 못하는 이유도 막대한 건설비 때문이다.

지하철이 대중교통 1세대라면, 지하철보다 비용을 줄인 2세대 대중교통이 등장해 유럽 대다수 도시들의 대표적 이동 수단으로 자리 잡게 되니, 바로 '트램'이다. 지상에 선로를 깔고 운행하는 트램은 '노면전차'로 불리기도 하고 지하철과 구분해서 '경전철light rail'로 부르기도 한다. 지하철 건설비가 1킬로미터당 1500억 원 정도인 데 비해 트램은 500억 원 정도이니 지하철보다 훨씬 저렴하다.

대중교통은 진화를 거듭해 1970년대 초에는 지하철이나 트램보다 더욱 가성비가 좋은 3세대 대중교통이 등장했다. '간선급행버스'라 부르기도 하는 'BRT(Bus Rapid Transit)'가 1974년 브라질 쿠리치바Curitiba에서 처음 운행되기 시작해 지금은 전 세계의 대표적 대중교통으로 자리 잡고 있다. 쿠리치바 시장을 세 번 역임했던 자이메 레르네르Jaime Lerner 시장이 BRT를 연구하고 도입했던 이유는 무엇일까? 당연히 비용이었을 것이다. 현재 비용으로 1킬로미터당 30억 원이면 가능하니 BRT는 지하철이나 트램보다 훨씬 가성비 좋은 대중교통이다.

쿠리치바 BRT의 핵심 기술은 세 가지다. 첫째는 버스를 두세 대 연결한 '굴절버스'로 기존의 버스보다 수용 인원을 늘린 것이고, 둘째는 '전용차로'를 만들어 BRT가 막힘없이 빨리 오가게 한 것이다. 셋째는 '튜브형 정류장'으로 원통처럼 보이는 정류장 안에 아주 지혜로운 해법들이 고루 담겨 있다. 서울과 세종시의 BRT는 버스를 탈 때 요금을 지불하는 방식인 데 반해 쿠리치바 BRT는 정류장에 들어올 때 요금을 지불한다. 굴절버스가 정류장에 도착하면 5개 출입문이 열리면서 승객들이 빨리 내리고 타는 데 반해 우리나라 BRT는 내리고 탈 때와 요금을 체크할 때 많은 시간이 소요된다. 미리 요금을 내고 빨리 내리고 타니 공회전 시간까지 줄일 수 있다. 깨알 같은 디테일은 또 있다. BRT 튜브 정류장은 비오는 날, 땡볕이 내리쬐는 날, 추운 겨울 같은 악천후 때 승객들을 쾌적하게 보호해 주는 기능도 담당하니 기막힌 창안물이다.

2021년 10월 21일 군산을 다녀온 뒤 바로 제자들과 함께 '전북 BRT' 노선 검토를 시작했고, 27일 페이스북에 처음 '전북 BRT 노선(안)'을 올렸다. 그리고 이런 글도 덧붙였다. "전라북도 14개 시군을 신속하게 연결하는 BRT가 이른 새벽부터 밤늦게까지 빈번하게 다닌다면 전북은 하나의 생활권이 되고 서로 상생할 것입니다. 전주 한옥마을을 찾아오는 1천만 관광객이 BRT를 타고 군산에도 가고 부안 격포에도 가고 진안 마이산에도 쉽게 갈 수 있을 것입니다. 굳이 비싼 도심에 살지 않아도 BRT를 이용해 어디든 편히 오갈 수 있을 것입니다. BRT가 전북의 간선 교통을 담당한다면 14개 시군의 시내버스는 지선 역할을 맡고, 마을버스가 교통의 끝을 이어 주는 역할을 해 주면 될 것입니다."

내가 제안한 '전북 BRT'는 모두 5개 노선으로 남북선 1개, 동서선 3개, 전주외곽순환선 1개 로 구성된다. '남북선(익산-남원)'은 북쪽의 익산에서 전주와 임실을 지나 남원까지 연결하고, '동서1선(완주-부안)'은 북동쪽 완주에서 전주를 지나 정읍과 부안을 이어 준다. '동서2선(무주-군산)'은 무주에서 출발해 진안, 전주, 김제, 익산을 지나 군산까지 연결하고, '동서3선(무주-고창)'은 무주, 장수, 임실, 정읍, 고창을 연결하며, '전주외곽순환선'은 완주, 익산, 김제, 정읍, 임실, 진안을 연결한다. 5개 노선은 모두 기존의 도로들을 활용하니 새로 도로를 건설할 필요는 없다. 다만 정류장이 들어가는 곳들은 부분적으로 도로를 넓힐 필요가 있을 것이다.

10월 28일 전주와 익산에서 열린 강연에서 '전북 BRT' 노선안을 처음 소개했다. 노선은 이후에도 여러 번 수정했고, 노선과 건설비

등을 담은 보고서를 만들어 전라북도청에 공식 제안했다. 2023년 1월부터 〈전북일보〉에 한 달에 한 번 칼럼을 쓸 지면을 할애받았는데, 1월 3일 '전북민국으로 가자!'라는 제목의 첫 번째 칼럼에서 나는 "전북 14개 시군이 하나로 합체하여 서로의 장점을 나누며 상생하는 새로운 판을 짜자."고 제안했다. 3월 6일자 '전북특별자치도, 대중교통 혁신부터!'라는 글에서는 전북특별자치도 출범을 앞두고 가장 먼저 해야 할 일로 전북의 대중교통 혁신을 주문했고, 도지사를 비롯해 시장과 군수들부터 대중교통, 자전거, 보행으로 출퇴근하는 모범을 보여 달라고 권했다. 첫 번째 칼럼이 게재되고 며칠 뒤 전라북도청 교통정책과 과장과 팀장이 연락을 해 왔고, 직접 만나 대화도 나누고 구체적인 의견도 건네드렸다.

지방의 대도시와 중소 도시들을 통합해 덩치를 키우자는 '메가시티Megacity'보다 연결을 강화한 '소도시 연합'이 훨씬 더 나은 해법이다. 작은 도시들을 인위적으로 통합하는 대신, 하나의 도시처럼 연결하고 연대하여 상생하면서 함께 발전할 수 있도록 하는 게 더 좋은 방법이다. 막힘없이 피가 돌아야 우리 몸이 건강할 수 있듯, 도시와 지역을 되살리는 길도 다르지 않다. 피를 돌게 하는 것이다. '탁한 피(자가용 도시)'가 아닌 '맑은 피(대자보 도시)'가 대동맥에서 모세혈관까지 힘차게 흐르기 시작하면 우리 마을과 도시와 지역이 건강하게 되살아날 것이다. 자가용 없이 대중교통만으로도 편히 오갈 수 있게 해 주는 것, 관광도 생활도 대자보(대중교통+자전거+보행)로 가능하게 해 주는 것, 그것이 곧 재생이다. 인구 소멸, 지방 소멸의 위기를 겪고 있는 대한민국이 다시 건강하게 살아나는 길이다.

전라북도는 광역시도 없는 약체였다. 다행히 2024년 1월 18일 '전북특별자치도'로 새롭게 출범했다. 전북이 명실상부한 특별자치도가 되는데 '전북 BRT'가 가장 시급한 과제다. 14개 시군을 자가용보다 빨리 오갈 수 있는 대중교통이 완비된다면 전라북도는 함께 상생할 수 있다. 상상해 보라. 새벽 6시부터 자정까지 15분 이내 간격으로 5개 노선의 '전북 BRT'가 운행된다면 어떤 일들이 벌어질까? 자가용이 없어서 고립되다시피 살던 청년들의 활동 범위가 얼마나 넓어질까? 완주군 고산에 사는 청년이 하루 일을 마치고 부안 격포에 와서 친구들과 만나 저녁 식사에 술도 한잔 하며 즐거운 시간을 보낸 뒤 느지막이 대중교통으로 귀가할 수 있다면 얼마나 좋겠는가?

전북은 대한민국의 축소판이라고 할 만큼 다채로운 지역들을 보유하고 있다. 남한 유일의 고원이 진안에 있고, 우리나라 주요 하천들의 발원지들이 무주, 진안, 장수에 있다. 지평선을 볼 수 있는 김제와 호남평야가 있고, 살아있는 갯벌을 품은 부안과 고창도 있다. 발효 식품의 고장 순창도 있고, 근대 역사를 천천히 즐길 수 있는 군산도 있지 않은가. 익산과 남원, 정읍과 임실, 그리고 전주까지 전북은 다채롭고 풍요로운 고장이다. 특별자치도 출범을 계기

전북 BRT 구상

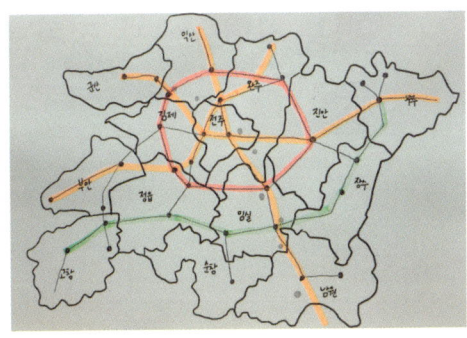
전북 BRT 초기 구상

로 판을 바꾸고 새롭게 나아가는 전북이 되길 바란다.

　인구를 계속 수도권에 뺏기는 상황에서 인근 소도시들끼리 서로 뺏고 뺏기는 '제로섬게임'부터 그만 멈춰야 한다. 서로 연결을 강화하고, 하나의 생활권과 단일경제권을 만들어 함께 상생하는 '윈윈게임'으로 전환해야 한다. '전북 BRT'가 14개 시군을 하나의 전북으로 연결해 준다면, '전북시민'이란 생각으로 도민의 마음을 모아야 한다. 이 좁은 땅에서 당신은 전주시민, 나는 완주군민, 진안군민, 임실군민… 이런 생각을 이제 떨쳐 버리면 좋겠다. 우리는 모두 '전북시민'이란 생각으로 시군에 얽매이지 말고 전북이란 큰 땅을 내 삶터로 여기며 함께 살아가면 좋겠다. '전북민국'의 꿈을 함께 꾸며.

전북 청년들에게 '정치'를 권하다

전주 한달살이를 마무리할 즈음, 2021년 11월 4일 목요일 저녁 7시에 전라북도 여러 지역에서 살고 일하는 청년들을 전주에 초대해 한자리에서 만났다. 나의 전주 한달살이의 '기획사' 역할을 했던 '별의별협동조합' 고은설 대표가 준비한 뜻깊은 프로그램으로 내게도 오랜 감동으로 남은 자리였다. 전북 청년들과 만난 장소는 전

카페 기린토월에서 김지훈 대표(좌)와 김사인 시인(우)과 함께

주 남노송동 '기린토월'이었는데, 기린토월은 예전에 '남노탕'과 '호수옥사우나'로 불렸던 목욕탕 건물이었다. 재생은 이렇게 장르와 기능을 가리지 않고 넘나든다. 철도 역사가 박물관이 되고, 주물 공장 기계실이 디스코텍이 되기도 하며, 목욕탕이 문화 공간으로 바뀌기도 한다.

전북 지역 청년들의 모임 명칭은 '전라북도 청년모정'이다. 그날 모임은 '전라북도 청년모정'과 '별의별협동조합'이 함께 준비한 자리였다. 전라북도 청년모정은 전라북도 14개 시군에서 활동하는 청년들의 느슨한 네트워크 모임으로 2018년 말에 출범했다. 그 이전부터 청년정책포럼단 활동을 통해 만나고 알게 된 청년들 50여 명이 의기투합해서 만든 모임이다. 2019년부터 활동을 본격화하면서 오프라인 공간 연계 활동, 청춘 인문 활동, 청년 정책 발굴과 네트워크 확장 등 활동 범위를 넓혀 갔다. 2019년 3월에는 익산에서 오프라인 모임을 열었고, 6월에는 사이판 강제 징용 현장 등 세계를 여행하며 우리 역사의 현장을 사진에 담아 알리고 있는 천승환 작가(전주대 역사문화콘텐츠학과)를 후원하는 행사도 열었다. 2020년 코로나가 한창일 때는 코로나로 어려움을 겪는 청년들을 돕는 '친구를 아끼자, 밥카스' 행사도 열었다. 서로 모은 회비로 어려운 처지의 청년을 돕는 뜻깊은 활동이었다.

전주에서 한 달을 살면서 전주와 전북 지역에서 활동하는 청년들이 늘 궁금했다. 이런저런 모임이나 만남으로 적잖은 청년들을 알게 되었지만, 이렇게 한자리에 모인 것은 매우 고맙고 기억에 남는 일이었다. 행사 며칠 전, 고 대표가 처음 만들어 페이스북에 올린 포스터 제목은 '로컬 청년과의 취중 진담'이었다. 빨간색 배경에 와인 잔으로 여럿이 건배하는 포스터가 아주 맘에 들어 나도 공유했는데, 고 대표는 다음 날 포스터 디자인을 바꿨다. 포스터가 너무 술자리 분위기여서 조금 차분한 버전으로 바꿨다는데, 제목부터가 '지역살이에 대한 솔직 대담'이었다. '취중 진담'이든 '솔직 대담'이든 청년들과의 자리라면 뭐든 반갑고 기대되었다.

약속 시간보다 한 시간쯤 일찍 행사 장소인 '기린토월'에 갔다. 기린토월은 예전에 목욕탕으로 쓰이던 건물을 잘 고쳐 카페, 갤러리, 사무실, 미디어실 등 다양한 용도로 되살린 재생의 멋진 사례다. 기린토월이란 이름은 전주의 아름다운 풍경으로 손꼽히는 '전주팔경'의 하나인 기린토월에서 따왔다. 전주팔경은 기린봉 위로 달이 떠오르는 풍경인 '기린토월麒麟吐月'을 비롯해, 한벽루의 아름다운 경관을 가리키는 '한벽청연寒碧晴烟', 남고사의 저녁 종소리 '남고모종南固暮鐘', 다가산에서 활을 쏘는 풍경인 '다가사후多佳射帿', 비비정에서 바라본 기러기 떼 '비비낙안飛飛落雁', 덕진연못의 연꽃 '덕진채련德津採蓮', 위봉폭포의 비경 '위봉폭포威鳳瀑布', 마

기린토월에서 청년들과 함께 ⓒ고은설

그네다리로 돌아오는 배들인 '동포귀범東浦歸帆'을 뜻한다.

일찍 도착해서 기린토월을 구석구석 돌아봤다. 2층 갤러리에서는 얼마 전까지 '월간 그리움' 열두 번째 전시회가 열린 모양인지 그 흔적들이 고스란히 남아 있었다. 설명을 읽어 보니 전시회가 열린 한뼘미술관에서는 매월 한 달 동안 1.3평의 작은 미술관에서 화가와 시인, 음악인이 함께 예술 전시 프로그램을 운영하고 있는 것 같았다.

갤러리 안쪽 벽에 적힌 전시회 안내 현수막 아래 여러 병의 와인이 놓여 있었고, 그동안 열린 열한 번의 전시와 공연에 참가했던 예술가들의 이름이 적혀 있었다. 화가와 시인과 음악인이 함께하는 전시와 공연이라니, 멋진 앙상블 아닌가. 역시 전주다웠다. 한쪽 벽엔 2021년 10월 한 달 동안 열렸던 열두 번째 그리움 작품에 참여한 예술인들을 소개하는 글이 있었다. 글마음조각가는 원광대 김정배 교수인 것 같고, 함께한 음악인은 '고니밴드'였나 보다.

1층 한쪽 벽면에는 '우리 동네 문제 사랑방'이란 제목의 게시판이 걸려 있었다. "우리 동네에서 꼭 해결하고 싶은 사회 문제를 적어 주세요!"라고 적힌 글 아래 설명을 보니, 동네에서 발생하는 사회 문제를 수집하고 의제를 발굴하기 위해 '사회혁신 전주'와 기린토월, 나눔공정카페, 리얼커피, 책방토닥토닥 등 10곳의 소상공인들이 함께하는 프로젝트였다. 목욕탕 건물이 과거와 달리 다목적·다기능 공간으로 활용되고 있는 것 같아 대견하게 느껴졌다.

기린토월 1층 카페에는 예전 목욕탕의 흔적들이 꽤 많이 남아 있었다. 세상에 카페는 많고 또 많지만, 목욕탕이던 건물을 되살려 카페로 만든 곳은 드물다. 기린토월은 그래서 아주 드물고 귀한 카페다. 존재감과 자존감을 충분히 느낄 만한 곳이다.

전라북도 청년모정 회원들은 50명이 넘지만 그날 참석한 청년들은 열댓 명 정도였다. 전주, 진안, 익산, 군산, 순창 등 여러 지역 청년들이 참석해 와인도 한잔씩 나눠 마시면서 대화를 이어 갔다. 분위기가 무르익을 무렵 기린토월을 운영하는 '문화통신사' 김지훈 대표가 '광대가'란 노래를 불렀고 다들 무릎장단을 치며 "얼씨구"로 화답했다. 나도 노래를 한 곡 불렀고, 다 함께 '진도아리랑'도 불렀다. "아리아리랑 스리스리랑 아라리가 났네~. 아리랑 음음음~ 아라리가 났네~." 후렴이 끝나면 돌아가며 한 마디씩 선창했고, 선창이 끝나면 후렴을 함께 부르며 몇 순배를 돌았다.

마무리하는 시간에 전북 청년들에게 꼭 하고 싶은 이야기를 하라길래, 나는 "정치를 하세요!"라고 힘주어 권했다. 청년들이 전라북도를 이끌어 가길 바란다고 했다. 정치인들의 결정을 받아들이기만 하면서 힘들게 살지 말고, 여러분이 정치인이 되어 지금보다 더 좋은 결정을 하고 더 좋은 세상을 만들어 달라고 부탁했다. 마지막 건배사 부탁을 받고 "얼씨구, 절씨구! 지화자, 좋다! 청년, 모정!"을 외치며 자리를 마무리했다. 행사가 끝난 뒤에도 청년들은 헤어지기 싫었는지 기린토월 앞에서 덩실덩실 춤추고 떠들다가 헤어졌다. 그 모임 후 나는 영광스럽게도 '전라북도 청년모정'의 인턴 회원으로 초대받았다. 55명이 함께하는 단톡방에도 초대받아 청년모정 회원들과 매일매일 소통하며 지낸다.

로컬에서 청년들은 외롭지 않아야 한다. 친구들과 함께 살고 새로운 친구들도 많이 사귀어 서로에게 든든한 '비빌 언덕'이 되어 주고 촘촘한 그물 같은 '관계망'을 형성해야 한다. 그래야 청년들이 로컬에서 덜 외롭고 더 행복할 수 있다.

"실제로 우리 집에 도둑이 든 적이 있었지. 나더러 귀중품을 다

전라북도 청년모정 청년들과의 만남 ⓒ고은설

내놓으라고 하더만." "그래서요? 할머니, 귀중품 내주셨어요?" "아니, 밥은 먹었냐고 물었지. 안 먹었다길래 밥부터 차려 주었지. 밥을 먹다가 그만 펑펑 울더구먼." 그날 김지훈 대표에게 들은 가슴 먹먹했던 이야기다. 할머니가 집에 들이닥친 도둑을 따뜻한 인정으로 대해 감화시키듯, 어르신들에겐 젊은이에게는 없는 삶에서 우러난 깊은 지혜가 있다. 오래된 동네에 그런 지혜들이 아직 많이 남아 있다. 오래된 동네를 함부로 지우지 말고 조심조심 돌보아 생명이 다할 때까지 지키고 되살려야 할 이유는 아주 많다. 어르신들도, 마을에 오랜 세월 동안 축적된 귀한 기억과 추억들도, 그것들을 통해 지혜를 얻게 될 청년들도 오래된 마을에서 함께 행복하게 살면 좋겠다. 청년들이 오래된 것들의 소중한 가치를 지켜 내며 더 행복하게 살았으면 좋겠다. '전라북도 청년모정'을 뜨겁게 응원한다.

전라북도 청년모정 청년들과의 만남 ⓒ고은설

환영도 송별도 음악회, 역시 예향 전주!

　한 달은 쏜살처럼 빨리 흘렀다. 2021년 10월 5일에 시작한 전주 한달살이는 11월 6일 저녁에 전주역을 출발해 서울 집으로 돌아오면서 마무리되었다. 고향을 찾아온 전주 사람을 따뜻이 맞아 준 이웃들은 떠날 때도 멋진 음악회를 열어 나를 행복하게 해 주었다. 동네잔치 때 성경원 요한 신부님이 오셔서 아름다운 음악회로 환영해 주었는데, 송별 자리도 콘서트였으니 역시 예향 전주는 뭐가 달라도 많이 다르다. 전주를 떠나기 사흘 전인 11월 3일 수요일 오전에는 전주 시정소식지 월간 〈전주다움〉과 인터뷰를 했다. 인터뷰 장소는 인봉집에서 가까운 카페 '향기 품은 뜰'이었는데, 아름다운 카페 안팎을 배경으로 사진도 엄청 찍어 주었고 지역 한달살이 관련 인터뷰도 길게 했다. 전국 여러 지역에서 한달살이를 하고 있는 내게 전주에서의 한 달이 어땠냐는 질문에, 고향에서의 한 달이라 더욱 특별했고 어린이들과의 독서 모임이 특히 기억에 남는다고 답했다. 전주의 아름다운 것들을 지키는 일과 다양한 재생 방법들을 고민했고, 고향을 떠난 지 오래됐는데 이렇게 한 달 동안 머물면서 전주에 대한 애착과 자긍심이 커졌다는 얘기도 덧붙였다. 유튜브에 전주 도서관 순례 이야기를 여러 번 올린 이유에 대해서도 답했고, 개발보다는 재생 방식으로 전주의 오래된 장소와 기억들이 지켜지고 지혜롭게 되살아나길 바란다는 의견도 주었다.

인터뷰 내내 고향에서 보낸 한 달이 영화처럼 되살아났고, 이제 떠날 시간이 다가오고 있음을 새삼 느꼈다. 시정소식지에서 일부러 찾아와 만나고 묻고 내 생각과 느낌과 의견을 시민들에게도 들려주겠다는 그 마음이 따뜻하게 느껴졌다. 전주는 그런 곳이다. 따뜻하다. 사람도, 도시도. 그리고 섬세하다.

별의별협동조합 고은설 대표는 '봉봉음악회 어랍쇼!'를 기획했다. 기타, 트럼펫, 아코디언, 대금, 리코더, 피아노 등 출연진도 어마어마했다. 초대장도 만들었는데, 이번 기회에 동네 밴드를 만들 생각으로 신청서와 밴드 이름의 투표용지까지 동봉했다.

11월 5일 금요일 저녁 7시, 봉봉한가에서 드디어 봉봉음악회 어랍쇼의 막이 올랐다. 첫 무대는 어린이합창단이 부른 '문어의 꿈'이었다. 이 동네에 살고 가수로 활동하면서 어린이합창단원의 아빠이기도 한 가수 찬중 씨가 기타 반주를 했고, 고은설 대표는 피아노 반주를 했다. "밤하늘을 날아가면 나는 오색찬란한 문어가 되는 거야. 아아아 아아 야 아아아 아아~. 깊은 바닷속은 너무 외로워." 일곱 어린이들의 맑은 합창 소리가 봉봉한가에 울려 퍼졌다. 아름다운 목소리였다.

어린이합창단에 트럼펫 연주자가 투입되었다. 이번에 부른 노래는 '똥 밟았네'. "똥 밟았네. 똥 밟았네. 똥 밟았네. 똥, 똥 밟았네. 똥 밟았네. 똥 밟았네. 똥,

전주시정소식지 〈전주다움〉 인터뷰 ⓒ전주시

아침 먹고 땡 집을 나서려는데 화려한 햇살이 나를 감싸네." 아주 재미난 가사의 노래를 어린이들이 불렀고, 초보 트럼페터인 나는 반주와 간주를 담당했다.

다음 순서는 '전라북도 청년모정' 채정연 회장의 리코더 연주였다. 노란 티셔츠에 오렌지색 원피스 의상이 조금 남달랐는데, 리코더 연주 뒤에는 어린이들을 데리고 밖에 나가 '무궁화 꽃이 피었습니다.' 게임을 했다. 갑자기 〈오징어 게임〉으로 장면 급전환! 어린이들은 리코더를 불며 앞장서서 가는 채 회장을 즐겁게 뒤따랐다.

'문화통신사'를 이끄는 김지훈 대표의 대금 연주도 이어졌다. 김 대표는 대금을 제대로 배운 국악인이어서 콘서트의 격을 한층 높여 주었다. 이어서 동네 어르신의 아코디언 연주도 들었고, 고은설 대표의 남편인 최병주 대표의 기타와 나의 트럼펫이 곁들여져 셋이 합주도 했다.

음악회의 마지막 순서는 어린이들이 내게 상을 주는 시간이었

봉봉음악회 어랍쇼! ⓒ고은설

다. 어린이들은 상을 두 개씩이나 주어 나를 감격시켰다. 처음 받은 상은 '기발한 발상'이었는데, "위 '어른이'는 때마다 훌륭한 아이디어를 보여 주어 이 상을 수여함."이라고 적혀 있었다. 두 번째 상은 '고맙상'으로 "상대방을 먼저 위하고 배려심을 보여 주었기에 상을 준다."고 적혀 있었다. 이런 멋진 상을 받게 되다니. 감동이 밀려왔다.

음악회는 그 뒤에도 조금 더 이어졌다. 아이들과 어른들이 함께 부르는 '고향의 봄' 노랫소리가 봉봉한가 문틈으로 새어 나와 전주 원도심 중노송동을 휘휘 돌아 기린봉으로 퍼져 갔다. 전주천을 건

어린이들에게 상을 받다. ⓒ고은설

너 남고산까지 멀리멀리 훨훨 날아가는 느낌이었다.

    전주를 떠나는 날 새벽에는 그동안 오래 미뤄 두었던 곳에 갔다. '전주천 도깨비시장'이었다. 전주 남부시장 가까운 전주천에서는 새벽마다 도깨비시장이 열린다. 싱싱한 농수산물들을 아주 좋은 가격으로 구할 수 있어 사람들로 늘 북적인다. 전주에 온다면 새벽 4시에 시작해 오전 10시까지 열리는 도깨비시장에 꼭 들러 보길 바란다.

    유럽의 도시들에서도 새벽시장이 열리지만 이렇게 매일 여는 경우는 드물다. 전주천 도깨비시장 구경을 갔다가 물을 거슬러 헤엄치는 천연기념물 수달을 만났다. 얼마나 날쌘지 겨우 카메라에 담았다. 전주 도심에서 수달을 만나다니 놀라웠다. 내가 아주 어렸을 때는 전주천의 상류인 한벽당 아래에서 아이들이 목욕하곤 했는데, 그 뒤 하천의 수질이 많이 나빠졌단다. 전주시가 오랜 시간 생태 하천 복원 사업을 지속한 결과 수달이 살 정도로 좋아진 것 같아 다행이다.

    재래시장도 그렇고 새벽시장도 마찬가지다. 시장은 시민들에게 신선한 식재료를 제공하는 기능도 담당하지만, 그 자체로도 도시의 매력이 되고 명소가 될 수 있다. 지역 시민들도 시장에 와서 먹을거리를 장만해 가고, 단기 여행객이나 체류객들도 시장에 와서 그날 그날의 음식을 챙길 수 있어 매우 요긴한 공간이다. 필요도 충족시켜 주면서 시장 특유의 분위기와 풍경이 방문객들에겐 아주 매력적인 인상을 주고 기억에 남게 해 준다. 시장이 죽지 않고 오래오래 살아남아야 도시의 활력도 지속된다. 전주천 도깨비시장은 그런 점에서 전주의 아주 특별한 보물이다.

음악회가 끝난 봉봉한가 뒷마당

토요일 저녁 온 가족의 배웅을 받으며 전주를 떠났다. 별의별협동조합 고은설 대표의 배려로 인봉집에서 편안하게 전주 한달살이를 했다. 하동과 목포에서는 경험하지 못했던 어린이들과의 만남이 있어서 더 행복했고 오래 기억에 남을 것 같다.

"요하, 섬하, 백하야, 사랑해! 최병주♡고은설 대표, 일도 가정도 더 행복하라고 응원할게요. 고향 찾은 한 달 시민을 따뜻이 환대해 주신 전주의 벗님들, 전북 시민들 많이많이 고마웠습니다. 또 올게라~."

고은설 대표 가족과 함께 전주역에서 ⓒ고은설

4. 강릉 한달살이

오! 역시 강릉이다. 살아 보니 알겠다

강릉에 왔다. 일만 했다. 그래도 좋았다

네 번째 한달살이를 한 곳은 강릉이었다. 2021년 봄과 여름에 하동과 목포에서 한 달을 보냈고 가을에는 전주에서, 그리고 겨울에 강릉에 왔다. 해를 넘겨 2022년 1월이었다. 1월 18일부터 2월 14일까지 한 달 조금 못 미친 강릉 한달살이를 했다. 강릉 한달살이는 이전과 많이 달랐다. 아내와 함께했던 게 가장 큰 변화였다. 친정 엄마를 모시느라 길게 집을 비울 수 없었던 아내는 장모님을 요양원에 모신 뒤로 나와 함께 강릉에서 긴 시간을 머물 수 있었다.

한 달 머물 숙소를 찾기 위해 강릉의 지인 몇 분들께 부탁했고 다양한 제안을 받아 고민하다가 강릉 원도심 교동의 지인이 쓰던 아파트를 빌리기로 했다. 가족들이 사는 집인데 마침 그 기간에 비어 있으니 편히 쓰라고 내줘서 말 그대로 편히 한 달을 지냈다.

1월 18일 서울을 떠나 강릉으로 출발했다. 늘 혼자 떠날 때와 달리 이번에는 아내와 함께였고, 막내딸 채운이까지 동행했다. 채운

강릉에 와서 각자 일만 하는 부부

이는 하룻밤을 머물고 돌아갈 요량이었다. 교동 숙소에 짐을 내려놓고 일단 바다부터 보러 갔다. 어느 바다로 갈지 고민하다 채운이에게 물었더니 안목해변을 지목했다. 1박 2일 짧은 일정인데도 채운이는 나름 가고 싶은 곳들을 검색해 두었고, 강릉에서 가장 가고 싶었던 곳은 뜻밖에도 '순두부젤라또' 가게였다.

순두부와 아이스크림. 어울리지 않을 것 같은 둘을 연결해 히트를 친 순두부젤라또. 혁신은 발상의 전환에서, 익숙한 것의 타파에서, 뜻밖의 연결과 융합에서 온다. 젊은 딸과 동행한 덕분에 순두부젤라또로 강릉과 첫인사를 나누며 한달살이를 시작했다. 날씨는 추워도 가족과 함께여서 마음은 따뜻했다.

안목해변의 푸른 바닷가에서 어린이처럼 좋아하며 걷다 뛰다 깔깔대는 아내와 딸을 바라보니 행복했다. 한 달 동안 강릉에 머물면서 강원도에서 더 행복하게 일하며 사는 많은 사람들을 만나자고 다짐했고, 연구년이 끝나가고 있으니 지난 1년간 로컬 한달살이와 연구년을 정리하는 글쓰기에 몰입하자고 마음을 다잡았다.

채운이를 떠나보낸 뒤 우리 부부는 한참 동안 바쁘게 일하며 보냈다. 아침 식사를 가볍게 한 뒤 집을 나와 강릉의 바다가 보이는 카페에 가서 나란히 앉아 각자의 일을 했다. 점심때가 되면 가까운 식당을 찾아 식사한 뒤 잠시 바닷가를 걷다가 오후에는 또 다른 카페에 가서 나란히 앉아 각자의 일을 했다. 일하다가 가끔 "여보, 저기 좀 봐요!" 하면서 바다 풍경을 함께 보며 대화도 나눴지만, 시험을 앞둔 수험생처럼 코앞에 닥친 일들을 처리하느라 서로가 바빴다. 강릉에 올 때 아내도 나도 일을 잔뜩 짊어지고 온 셈이었다. 나는 연구년을 정리하는 글을 써야 하는 것은 물론이고, '나라경제연구소'의 신년 특집 원고와 '균형발전종합정보시스템(NABIS)'의 칼럼 원고를 며칠 안에 써서 보내야 하는 상황이라 마음이 바빴다. 아내는 둘째 아들 정도운 작가의 지난해 사업보고서와 새해 활동을 위한 사업제안서를 몇 개 마무리해야 했고 마감 시간이 촉박했다.

각자의 숙제들에 더해 우리 부부가 함께해야 할 과제가 또 하나 있었다. 코로나 상황이 길어지면서 ME 활동도 많이 위축되고 있어서 비대면으로 ME 모임을 할 수 있도록 자세히 안내하는 영상 매뉴얼을 만들어 보급하기로 했고 그 일을 우리 부부가 맡았다. 오전과 오후에는 바닷가 카페에서 각자 열심히 일한 뒤, 저녁 식사를 하고 집에 와서는 비대면 모임을 쉽게 할 수 있는 영상 매뉴얼을 만드는 일로 분주했다. 그렇게 정신없이 이틀을 보내고 사흘째는 종일 방에 틀어박혀 작업한 결과 1월 21일 금요일에 〈친절한 고 여사의 줌 zoom 회의 매뉴얼〉 영상 4개를 모두 완성해 유튜브에 올렸다. 스마트폰과 노트북으로 줌 회의에 참가하는 법을 비롯해 줌 회의를 여는 법, 줌 무료 계정에 가입하는 법, 줌 회의 설정하기와 회의를 열고 운영하는 데 필요한 방법들을 노트북과 스마트폰으로 각각 구분해 알려 주는 영상이었다. 콘티를 짜고 촬영하고 편집해 친절한 고 여사 시리즈 1~4탄을 완성하고 나니 저녁 7시가 넘었다.

빅 프로젝트를 마무리했으니 그냥 넘어갈 수는 없었다. 축하연을 열었다. 강릉 원도심의 중심지 교동은 아파트 단지 주변에 맛집들이 많았다. 집을 나와 천천히 걸어서 눈에 들어온 식당에 들어가 저녁 겸 반주를 즐겼다. 수육도 맛있고 곁들인 반찬들도 깔끔했다. 강릉 막걸리도 맛이 좋았다. 강릉에 올 때 어깨에 지고 왔던 중요한 미션 하나를 완수한 걸 축하하며 건배했다. 코로나로 중단된 모임들이 다시 시작되는 데, 컴퓨터에 익숙하지 않은 어른들이 유튜브를 보고 쉽게 따라하면서 단절된 관계들이 다시 복원되고 연결되는 데 우리가 만든 영상이 도움이 되길 바라며 건배를 여러 번 했다.

그 다음 날도 우리는 아침 일찍 카페에 갔다. 한참 일하던 아내가 날 보고 웃으며 말했다. "우리 강릉 와서 일만 하네." 그날 아내는 바다가 보이는 카페에서 둘이 나란히 앉아 일하는 모습을 '셀카'로 찍어 페이스북에 글과 함께 올렸다. "여기까지 와서 이러고 있어요. 강릉 한달살이 시작한 남편 따라와서 오늘이 4일째. 쓰던 보고서 마무리해서 제출했고, 지원신청서 두 개 써서 신청했고, 마지막 남은 거 하나 쓰려고 공부 중입니다. 집에서는 도저히 안 되는 집중이 아주 잘되어 나름 보람 있는 시간입니다. 가사에서 잠시 떠나 '업무'를 하니 일이 술술 풀리네요. 오늘의 목표는 지원신청서 완성이었는데, 공부하느라 어려울 수도 있겠지만 내일까지는 완성할 수 있을 거라 기대합니다. 눈을 들면 바다가 보이는 카페 순례, 나란히 앉아 열심히 일하는 바쁜 부부."

그날도 종일 각자 일했다. 아침을 간단히 챙겨 먹고 안인항의 카페 '이스턴'에서, 그리고 오후 늦게는 남항진항에 있는 카페 '아뜨9'으로 옮겨와 나란히 앉아서 각자 일했다. 바다가 보이는 카페라 그런지 몰입이 잘되었다. 나는 그날 밀린 숙제 하나를 끝냈고, 아내는 한창 진행하다 일어섰다. 점심때 들른 안인항의 '늘푸른집'의 대구 곤지탕이 아주 맛있는데, 알고 보니 강릉의 유명한 맛집이었다.

강릉에서 함께 일주일을 보낸 뒤 아내는 잠시 서울로 돌아갔고, 나 혼자 며칠을 보내다 설날 며칠 전 나도 서울로 돌아와 설 명절을 가족과 함께 보낸 뒤 2월 4일 다시 강릉에 왔다. 아내가 없는 기간에도 나의 일상은 크게 다르지 않았다. 사람을 만나거나 방문할 일정이 없는 날은 바닷가 카페에 가서 글도 쓰고 책도 읽고 바다를 멍하니 바라보는 '바멍'도 했다. 영진항 쪽에 카페들이 많아 자주 갔다. 어느 날은 '카르페디엠커피'에서 작업장을 쫙 펼치고 앉아 작업을 개시하려는데 과연 작업이 잘될지 의문이었다. 눈앞에 펼쳐진 풍경이 너무 황홀해서였다. 강릉살이 일주일이 넘어갈 무렵이었다. 첫 주에 많이 춥던 날씨가 주말부터 풀려 봄기운이 느껴졌다. 아침부터 구름이 가득 낀 하늘에선 간간이 가는 비가 내렸다. 비 오는 바다는 더욱 고요했다. 그래도 동해 바다다운 힘이 느껴졌다. 한참 그렇게 바다를 보다가 다시 작업 개시! 작업 환경은 최고!

안인항 바다

강릉에 왔으니 짬짬이 강릉 공부도 했다. 강릉문화도시지원센터 김현경 총괄코디로부터 강릉에 도착하던 날 선물받은 「강릉 도시 탐사」, 「강릉살이 길라잡이」, 계간지 〈시나미〉와 월간 〈강릉플러스〉 같은 책들이 큰 도움이 되었다. 아주 요긴한 정보들이 많았다. 이런 귀한 자료들을 모아 책으로 엮은 지금종 센터장님과 활동가분들 정말이지 수고 많으셨다.

2019년 12월 강원창조경제혁신센터에서 발간한 매거진 〈East〉 여섯 권도 아주 좋은 공부거리였다. 강원도의 로컬 창업 사례들을 생생하게 전해 주는 책이다. 매호마다 음식, 바다, 산과 숲 창업, 체류 공간, 책방, 로컬 음료 등 주제를 정해 소개한다. 책에 소개된 강원도의 창업 사례를 지역별로 확인해 구글맵에 위치를 저장해 두었다. 강릉에도 아주 많았다. 강릉에 와서 다녀온 곳들과 앞으로 방문할 곳을 구분해 표시하고 나니 오전이 훌쩍 갔다. 기회 닿는 대로 한 분 한 분, 한 곳 한 곳 찾아가 보고 싶다. 좋은 잡지를 발간해 주신 강원창조경제혁신센터 한종호 센터장에게 감사를 드린다. 낯선 이들에게 이런 책들은 엄청 도움이 된다.

도시 공부는 책도 책이지만 사람이 직방이다. 1월 22일 토요일, 당시 태백도시재생지원센터에서 일하던 강릉 사람 권상동 센터장이 연락을 주어 사모님과 여동생 권옥선 '협동조합 해봄' 이사장과 함께 만나 점심도 먹고 차도 마시며 강릉 공부를 많이 했다. 사천항의 '진보양푼이물회횟집'에서 먹은 '섭국' 맛이 끝내줬다. 영진항 '커피브라질'의 드립 커피 맛도 좋았고. 강릉 원도심인 '명주동 마을 만들기' 이야기를 흥미롭게 들었다. 명주동 '봉봉방앗간'은 고은설 대표가 열심히 진화시키고 있는 전주 중노송동 '봉봉한가'와 이름도 비슷하니 서로 교류하면 좋겠다는 생각이 들었다. 얘길 들으니 명주동에 얼른 가고 싶어졌다. '발등에 불' 같은 숙제를 끝내는 대로 강릉 사람들을 만나 강릉 공부를 제대로 하고 싶어졌다.

1월 23일 일요일에는 강릉 출신 대지미술가 최옥영 교수(강릉원주대)와 경주 출신 조각가 박신정 부부가 만든 강릉의 명소 '하슬라아트월드'에 아내와 둘이 다녀왔다. 강릉 남쪽, 정동진 조금 못 미친 동해 바다 절경의 언덕 위에 뮤지엄 호텔과 다채로운 박물관과 야외 조각 공원으로 구성된 하슬라아트월드에서 많은 걸 보고 느끼고 배웠다. 이 역시 강릉의 힘이다.

설 명절을 쇠고 강릉에 다시 온 뒤에도 아내는 여전히 일로 바빴다. 2월 10일에는 사회적기업 육성 사업 비대면 심층 면접에 참여하느라 집에 꼭 붙들려 있었다. 강릉에 오자마자 밤새워 했던 일 가운데 하나가 둘째 아들 정도운 작가가 소속된 아르브뤼코리아 사회적협동조합의 제안서 작성이었는데, 다행히 서류 심사를 통과했고 비대면 면접 심사를 강릉에서 하게 되었다.

면접 심사를 받는 아내 곁에서 나는 내 할 일을 했다. 2월 13일 일요일 강릉 청년들과 만날 때 해야 할 강의 준비를 했고, 15일 국회에서 열리는 세대 간 대화 포럼에서 발표할 '일백탈수 지역민국' 발제 준비도 했다. 서울연구원 개원 30주년 기념 특강 '도시의 정석이 서른 살 서연이에게 바란다' 강연 준비도 미루다 시작했다. 나는 방에서 내 일을 하고, 아내는 거실에서 심층 면접을 봤다. 면접을 치르는 비대면 줌 회의 중에 갑자기 '장수 청년 산사공' 소리가 들리길래 다가가 보니, 지난달 만났던 장수 청년들도 이번 심층 면접 대상자로 선정되어 오늘 회의에 참석한 모양이다. 응원!

8시간 가까이 이어진 비대면 심사를 마친 뒤 아내를 강릉 교동의 '강릉참치'에 모셔서 맛난 참치와 술을 대접해 드렸다. 심사받는 날 누구나 긴장하고, 심사를 잘 마친 뒤에는 누군가로부터 수고했다고 대접받아야 하루의 노고가 개운하게 풀리는 법이니까. 느낌 아니까. 참치도 꽤 괜찮은 수준으로 주문했고, 참치와 잘 맞는 일본 술 한 병을 시켜 가볍게 비우고 소주도 각 1병씩 해치웠다.

둘이 마주 앉아 참치 안주에 술을 꽤 거나하게 마시면서 많은 얘길 나눴다. 부부도 실은 깊은 얘길 잘 나누지 않는다. 강릉에 둘이 와서 평소와는 다른 시간, 다른 기회를 갖게 되어 참 좋았다. "여보, 내가 이렇게 아무 생각 없이 지낼 수 있는 게 참 좋아요." "그래? 여기 강릉에 있는 동안만이라도 다른 일들은 좀 내려 두면 어때? 나는 당신이 그동안의 삶을 정리해 책을 쓰는 저자가 되면 좋겠어.” “강릉에 올 때 저도 그 생각을 했어요. 그런데 지금까지는 다른 일이 너무 많았네요.” “그럼 내일부터라도 며칠은 다른 일 다 접고 책 쓰는 일만 몰두해 봐.” “그럴까요? 그럴게요.” “그래, 그거야!”

강릉에 와서 했던 글쓰기 숙제 가운데 하나였던 균형발전종합정보시스템(NABIS) 뉴스레터의 커버스토리가 2월 10일 실렸다. 글의 제목은 '일백탈수로 지역민국을!'이었다. 2021년 연구년 기간에 하동, 목포, 전주, 강릉 네 곳의 한달살이를 포함한 나의 지역 연구의 결론은 '일백탈수 지역민국' 여덟 글자로 요약할 수 있다. 그런 생각과 마음을 담아 쓴 글이다. 한 해를 보내고 새해를 맞는 시점이어서 스스로를 다잡는 글이었고, 환갑을 맞는 임인년이어서 내 마음은 더욱 각별했다.

"일 년에 백만 명씩 탈수도권(일백탈수)해서, 지역마다 우리가 꿈꾸는 나라를 세우는(지역민국) 일을 시작하는 '임인년'이 되길 바랍니다. 2022년 3월에는 대통령선거가 있고, 6월에는 지방선거가 있습니다. 거대 정당이 공천하는 사람이 무조건 뽑히는 '지방자치단체'가 아니라, 그 지역 유권자들이 합당하다고 생각하는 좋은 사람이 시장으로, 군수로, 국회의원으로, 군의원으로 뽑히는 '지역민국'을 만드는 진정한 자치의 원년이 되길 바랍니다. '과반수 51% 혁명'으로 '하동민국', '진안민국', '강릉민국'이 세워지길 바랍니다. 덩치를 키운 '메가시티'보다 연결을 강화한 '소도시 연합'이 더 좋은

다시 찾은 강릉, 속초 그리고 한 달을 편히 지낸 교동 집에서….

길입니다. 전라북도 14개 시군이 하나의 생활권이 되어 상생하는 '전북민국'의 꿈을 꾸며 '전북 BRT 노선(안)'도 제안했습니다. 함께 삽시다!"

강릉 한달살이를 끝낸 직후였던 2월 15일에는 국회도서관에서 '일백탈수 지역민국'을 주제로 발제도 했다. 20대 청년과 50대 중년의 세대 공감을 주제로 열리는 포럼 말미에 발언 기회가 다행히 주어졌다. 나는 세대 갈등을 비롯해 대한민국이 지금 앓고 있는 중병의 근본 원인을 "골고루 키우는 대신 클 놈만 집중적으로 키운다."는 '성장거점개발론'으로 진단하고, 그 결과가 수도권 과반 인구까지 왔으니, 편중과 불균형의 악순환을 끊는 유일한 해법은 '일백탈수 지역민국'이라는 요지의 발제를 했다.

그렇게 강릉에서 바쁜 한 달을 보냈다. 아름다운 동해 바다와 설악산과 강과 호수까지 모두 가진 강릉에 와서 일만 했다. 그래도 좋았다. 왜냐고? 무엇보다 아내와 함께했던 한달살이였으니까. 그 외에도 이유가 많다. 바다가 보이는 카페에서 일에 집중할 수 있었고, 좋은 사람들을 많이 만날 수 있었으니까. 강릉은 물론 강원도까지 공부하고, 대한민국의 넓고 깊은 로컬을 새롭게 보았으니까. 한달살이는 정말 좋은 공부요, 쉼이요, 일깨움이다. 강릉 한달살이 이야기를 기대하시라! 그리고 당신도 해 보시라!

명주상회에서 한달살이 선배를 만나다

"한달살이 이제 며칠 안 남았네요?" 설을 집에서 보내고 다시 강릉에 돌아온 날, 강릉의 심장인 명주동을 천천히 걸은 뒤 '명주상회'에서 인도 차 '짜이'를 마시는데 명주상회를 운영하는 이정임 대표의 묻는 말 가운데 '한달살이'란 말이 귀에 쏙 들어왔다. '나한테 하는 말인가? 한달살이 아직 많이 남았는데?' 사장님 눈길을 따라가 보니 찻집에 막 들어온 손님에게 묻는 말이었다. "예. 이틀 정도 남았어요." 어느 분이 나처럼 한달살이를 먼저 시작해 이제 끝나 가는 모양이다. 강릉 한달살이 선배님을 만났는데 그냥 보낼 수는 없겠다 싶어 인터뷰를 청했더니 흔쾌히 받아 주신다. 자리를 옮겨 마주 앉은 뒤, 먼저 강릉 한달살이를 한 이유부터 물었다.

"서울 홍대 근처에서 액세서리 가게를 운영한 지 18년 정도 되었어요. 열심히 일하고 매년 겨울방학 한두 달은 해외여행을 하곤 했는데 코로나 때문에 국내 한달살이를 계획했고, 전주와 강릉 두 곳을 놓고 고민하다 강릉에서 좋은 집을 찾게 되어 강릉으로 왔습니다."

1년 중 열 달을 열심히 일하고 겨울 두 달은 여행하며 휴식과 재충전도 하고 새로운 액세서리들도 찾아보고 구매한단다. 경기도 부

강릉 원도심에 있는 명주상회

천에서 태어나 주로 서울에서 생활했고 해외여행은 중국, 대만, 일본, 말레이시아, 싱가포르, 미얀마, 인도, 네팔, 캄보디아, 라오스, 미국, 영국, 스페인, 포르투갈, 조지아, 독일, 터키, 호주 등 많았는데 국내는 전주, 부산, 강릉 정도로 많지 않고 몇 해 전에 제주 한달살이를 했단다. 한 달 동안 살 집은 강릉역에서 가까운 비교적 큰 원룸으

로 한 달 45만 원이고 추가 시 하루당 2만5천 원이라고 했다. 서울에 오래 살면서 서울살이에 대한 부정적 생각이 많아졌고 지방 중소 도시의 새로운 매력을 발견하는 중이어서 지방으로 옮겨 갈 생각도 하고 있단다. 강릉에서 한 달을 어떻게 보냈는지도 궁금했다.

"무엇보다 강릉은 걸을 수 있어서 좋았어요. 바다도 있고요. 버스를 타고 바다에 가서 걷기도 하고 카페에서 쉬면서 마음 편안하게 그동안 쌓인 스트레스도 풀고 힐링의 시간도 가졌어요. 바다와 산을 바라보며 자연이 주는 위로를 많이 받은 것 같아요."

강릉에서 주로 어느 곳을 다녔는지 물으니 '안목해변'과 '송정해변' 사이에 있는 소나무 숲이 가장 좋았단다. 소나무 사이로 바다가 보이는 풍경이 좋았고, 다른 곳보다 송정해변이 조용해서 좋았단다. 날씨가 춥지 않은 날은 볕드는 솔숲에 깔개를 깔고 앉아 '물멍' 아니 '바멍'을 즐겼다고 한다. 다른 곳 중엔 주문진 가까운 양양의 '남애항'도 조용해서 좋아하고 자주 갔단다. 강릉의 대중교통은 어땠는지도 물었다.

"주로 네이버 지도로 대중교통 정보를 찾는데 서울과 달리 버스 도착 안내가 갑자기 뜨거나 아예

명주상회에서 맛볼 수 있는 인도 차 짜이

안 뜨는 경우도 많아 조금 불편했어요. 네이버 지도보다 '강릉버스 스마트' 앱이 더 정확한 것 같아 주로 이용했습니다."

강릉은 어떤 도시였는지, 강릉에 대한 인상도 물었다. "강릉은 예의 바른 도시로 느껴졌어요. 강릉 사람들이 대부분 점잖고 친절하게 대해 줬어요. 운전하는 분들은 신호를 잘 지키고 경적 울리는 것도 서울보다 훨씬 적었어요. 그런데 음식은 조금 별로였어요. 제가 회를 좋아하지 않고, 여기서 유명한 장칼국수나 옹심이칼국수도 제 입맛에는 잘 안 맞았어요. 서울보다 다양성도 적었고요."

강릉 한달살이가 이틀 정도 남았는데 짐을 부치고 하루 이틀 더 지내 볼까 고민 중이란다. 더 큰 고민은 가게와 집 문제란다. 서울에서, 그것도 홍대 가까운 곳에 여섯 평짜리 가게를 월세 40만 원이라는 아주 좋은 가격으로 쓰고 있어 웬만하면 그대로 유지하고 싶은데, 1억6천만 원에 살고 있는 원룸의 전세 만기가 한 달 앞으로 다가왔고 올려 달라고 할 게 분명해 고민이란다. 차라리 강릉에 집을 구해 서울 3일, 강릉 4일 오가는 삶을 살아 볼까 생각도 한단다.

강릉 한달살이 선배가 후배에게 경력을 묻길래 하동, 목포, 전주 이야기도 해 주었다. 전주에 관심이 많다며 이것저것 물어 내가 한 달을 보냈던 '인봉집'과 '별의별협동조합' 고은설 대표도 소개해 주었다. 대구 사람이 서울에서 대학원을 마친 뒤 전주에 내려가 서울에서는 상상할 수 없는 가격으로 아파트를 사서 잘 고쳐 행복한 집을 장만한 뒤 취업해 일하는 제자 이지영도 소개해 주었다. 목포에 내려와 창업한 '유후컴퍼니' 청년들과 목포역 앞 원도심 빈 가게들의 월세 정보도 귀띔해 주었다.

내 명함을 건네주면서 도울 게 있으면 언제든 연락하라고 얘기하고 인터뷰를 마쳤다. 강릉 한달살이 후배가 선배를 도울 일이 뭐가 있을지 생각해 보니 필요한 정보와 사람들을 소개하는 일일 것 같다. 로컬로 오고 싶어도 낯선 곳에 홀로 들어가는 것은 쉽지 않다. 그 길을 한발 먼저 걸었던 선배가 친절한 '가이드'이자 따뜻한 '복덕방'이 되어 주고, 새로운 길에 도전한 귀한 손님들에게 든든한 '비빌 언덕'이 되면서 촘촘한 '관계망'까지 엮어 준다면 청년들의 로컬 창업과 취업은 훨씬 더 안전해질 것이다.

명주상회의 진한 짜이 향이 다시 코끝에 느껴진다. 명주상회가 짜이를 맛볼 수 있는 강릉 원도심의 명소라는 건 익히 알고 있었지만, 가만 보니 단순한 카페가 아니었다. 명주동의 사랑방이자 낯선 손님들에게 강릉을 안내하는 안내 센터 같았다. 강릉에 다시 돌아온 날 명주동 골목길을 천천히 걸으면서, 강릉 사람들과 만나 얘길 들으면서, 나보다 먼저 강릉에서 한 달을 보낸 선배를 인터뷰하면서, 강릉을 조금씩 알아 가고 강릉에 젖어 들며 강릉 사람이 되어 감을 느꼈다.

강릉의 심장이 다시 뛰게

2022년 1월 22일 토요일 오후에 아내와 둘이 강릉 원도심을 걸었다. 교동 집 근처 우편집중국에서 206번 시내버스를 타고 용강동 서부시장에서 내렸다. 낯선 도시를 공부하는 가장 좋은 방법은 정처 없이 걸어 보는 것이다. 두리번두리번 천천히 걸으며 강릉을 배워간다. 저 건너편에 성당이 보였다. 드라마 〈미스터 선샤인〉 촬영지로 유명한 '임당동성당'에 들르니 마침 토요 특전미사 시간이었다. 성당에 들어가 미사에 참례했다. 미사를 집전하고 계신 고봉연 요셉 주임신부님의 목소리가 낭랑하니 듣기 좋았다.

'강릉대도호부관아'에서 '중앙성남전통시장'까지 걷다 광덕식당에서 소머리국밥과 내장국밥으로 저녁 식사를 했다. 강릉 음식은 아주 깔끔하고 맛있다. 주말 저녁, 원도심 재래시장에 청년들이 꽤 많았다. 역시 닭강정과 아이스크림호떡이 가장 인기였다.

강릉 임당동성당

 2월 4일 금요일, 설을 쇠고 강릉에 왔다. 강릉에 다시 와서 가장 먼저 한 일은 명주동 원도심 걷기였다. '협동조합 해봄'의 권옥선 이사장이 안내해 주었다. 명주동은 옛 모습을 고스란히 간직하고 있는 곳이다. '강릉대도호부관아'와 '칠사당' 같은 문화재를 비롯해 한옥, 적산 가옥, 양식 단독주택들이 많이 남아 있고, 오래된 상가 건물들과 식당, 다방들이 곳곳에 눈에 띈다. 원도심답게 아주 커다란 규모의 재래시장도 여럿 남아 있다.

 명주동 '봉봉방앗간'에 들어가 보았다. 명주동의 명소로 널리 알려진 곳이다. 영상미디어를 전공한 김남기 대표가 2011년에 오랫동안 비어 있던 방앗간을 매입해 자력으로 고쳐 2층짜리 카페로 만들었다. 원도심의 빈 방앗간이 카페로 되살아나면서 관광 명소가 되는 것은 물론 지역 청년들의 사랑방 역할도 하고 있다. 특히 청년 예술가들이 재능을 살려 일자리를 만들어 내는 창업 인큐베이터 역할도 하고 있다고 들었다.

'작은공연장 단'은 옛 만민교회 건물을 2012년경 강릉시에서 매입해 문화예술 공간으로 되살렸다. '청탑다방'이란 녹슨 간판이 눈에 띄었다. 한국전쟁 직후 문을 연, 강릉에서 가장 오래된 다방이고 강릉의 정치 1번지라고 권 이사장은 소개해 주었다.

강릉 원도심도 2001년 명주동에 있던 시청을 홍제동으로 이전한 뒤 급속히 비어 갔을 것이다. 원도심의 중심은 시청이나 도청 같은 관공서이고, 그 주변에 한국은행이나 KT 같은 공공기관과 KBS나 MBC 같은 언론사들이 자리하고 있다. 강릉은 시청이 옮겨 간 뒤 공공기관과 언론사는 그 자리에 남아 있지만 명주동에 있던 여러 상가와 사무실 등은 타격을 입어 점점 비어 가고 있다. 권옥선 이사장으로부터 오랜 시간 이어져 온 '명주동 마을 만들기'의 역사에 대한 설명

강릉 임당동성당

도 들었다. 2007년 무렵 주민들 스스로 벽화 마을 만들기를 시작했고, 2013년부터는 작은 정원 만들기로 이어졌으며, 이것을 계기로 정원을 만드는 주민 단체도 결성되었다고 한다. 2014년에는 강원도 마을 공동체 지원 사업에 3년 연속 선정되었고, 여러 번 상도 받았다고 한다.

'명주사랑채'에 들렀다. 1층은 '강릉커피축제' 전시관으로 강릉에 있는 수많은 카페들을 지역별로 묶어 소개하고 있었다. 강릉은 커피의 고장이기도 하다. 우리나라 바리스타 1세대로 손꼽히는 박이추 선생은 도쿄에서 교육을 받은 뒤 1988년 서울 혜화동에서 카페를 열었고, 그 뒤 강릉에 터를 잡아 지금껏 '보헤미안박이추커피'를 운영하는 커피 장인으로 활동하고 있다.

강릉에서는 매년 커피 축제가 열린다. 2009년 10월 30일 강릉 안목 해변과 사천해변에서 제1회 강릉커피축제가 열린 뒤 지금까지 해마다 이어져 오고 있다. 커피를 사랑하는 사람들이 강릉을 일부러 찾아오고, 강릉을 즐기는 여러 갈래 가운데 하나가 커피라는 걸 이해하게 되었다. 나도 강릉에 머무는 동안 커피를 자주 그리고 조금 색다르게 즐겼다.

명주사랑채 2층은 '강릉국제영화제(GIFF)' 전시관으로, 2019년을 시작으로 매년 열리는 강릉국제영화제의 역사와 개요를 보여 주고 있다. 강릉의 정체성 가운데 '커피'와 '영화' 둘을 아주 알차게 알리는 곳이 명주사랑채였다.

명주사랑채를 나와 골목길을 계속 걸었다. 명주사랑채 바로 옆에는 '오월커피'란 이름의 카페가 있다. 적산가옥이어서 눈에 띄었다. 다음에 올 땐 꼭 한번 들러 커피를 마셔 보고 싶은 곳이었다. 골목을 걸으면서 보니 명주동의 주택들은 담장을 허문 곳이 많았다. 2013년부터 주민들이 주도해서 작은 정원 만들기를 했다고 들었는데 곳곳에 그 현장들이 눈에 보였다. 예전엔 사람이 살던 주택들이 카페로 변한 곳도 많았다.

골목길에 면한 주차장 뒤쪽에 돌로 쌓은 석축이 보였다. 권 이사장은 여기가 예전 '남문'이 있던 곳이고 성벽의 흔적이 일부 남아 있다고 설명했다. 오랜 역사를 이어 온 도시들의 원도심에는 당연히 과거 성곽 도시의 흔적들이 많건 적건 남아 있다. 강릉에는 성문이나 성벽은 없지만 이렇게라도 옛 성벽의 흔적이 남아 있는 게 조금 짠하게 느껴졌다. 명주동을 둘러본 뒤 내친 김에 가구거리와 중앙성남전통시장도 둘러보고 남대천의 옛 경강선 철길 '월화교'도 건너갔다 왔다. 남대천 건너 월화정을 지나면 강릉 한달살이 숙소로 고려했던 '해뭍제'가 있고, 조금 더 가면 노암터널이 나온다. 월화정 건너편에는 세계유산으로 등재된 강릉단오제가 열리는 '단오공원'이 있다.

봉봉방앗간, 청탑다방, 명주사랑채, 카페 오월

　명주동과 강릉 원도심 곳곳을 걸으면서 많은 생각을 했다. '하슬라', '명주', '강릉'처럼 시대에 따라 이름은 바뀌었어도 강릉의 심장은 역시 명주동이다. 심장이 다시 팔딱팔딱 힘차게 뛸 수 있다면 얼마나 좋을까? 어떻게 해야 할까? 원도심 재생의 가장 확실한 지표는 '그곳에서 밤에 잠자는 사람의 수'일 것이다. 원도심에 거주하는 주민의 수가 늘고, 원도심에서 밤에 잠자는 방문객과 체류객의 수가 늘수록 원도심의 활력도 되살아날 것이다. 어떻게 하면 주민도 늘고 방문하고 체류하는 사람도 늘게 할 수 있을까?

　강릉을 포함한 우리나라 여러 도시들의 원도심은 왜 점점 쇠퇴해 갈까? 마치 노화 현상처럼 어쩔 수 없이 스스로 늙고 병들어 가는 것일까? 아니다. 그렇지 않다. 내 고향 전주 원도심이 비어 가게 된 결정적 계기는 2005년의 도청 이전이었다. 서부 신시가지라는 신도시를 개발하고, 원도심에 있던 도청을 비롯한 온갖 공공기관들이 옮겨 가면서 원도심 쇠퇴는 본격화되었다.

　도청, 검찰청, 법원, 병무청 등 공공기관만 이전하는 게 아니라 이와 연관된 법무사·회계사·변호사 사무실은 물론 공공기관 가까이 있던 맛집들도 줄줄이 신도시로 옮겨 가면서 원도심은 더욱 비어 갔다. 원도심에서 살던 주민들도 신도시에 지은 아파트로 이사하고,

명주동의 새롭게 고쳐지는 집

그곳의 학교와 학원에 아이를 보내려는 젊은 부부들까지 원도심을 떠나는 '연쇄 대이주'의 결과가 '원도심 공동화' 아닌가. 스스로 쇠퇴하는 게 아니라 쇠퇴를 당하고 있는 셈이다.

 그러니 원도심 재생을 꿈꾸고 이루려면 신도시 건설부터 중단해야 한다. 대한민국 인구가 급격히 줄고 있는 지금 수도권에도 비수도권에도 더 이상 신도시를 지어서는 안 된다. 주택 가격 안정을 명분으로 건설하는 수도권 신도시는 비수도권 인구까지 빨아들여 지방 소멸을 가속화할 것이기 때문이다. '혁신 도시', '기업 도시', '도청 이전 신도시' 등 온갖 명분을 내세워 비수도권에 신도시를 건설하는 것 역시 멈춰야 한다. 비수도권 신도시는 시간이 가면 채워져 가장 좋은 도시가 되지만, 그곳에 인구를 뺏긴 원도심과 농산어촌은 더욱 비어 갈 게 뻔하다. 병 주고 약 주는 이런 어처구니없는 일들을 이제 그만해야 한다.

 도시를 물건이나 복잡한 기계로 여긴다면 전문가들만 도시 문제를 이해하고 해법을 찾아낼 것처럼 생각하기 쉽다. 반면에 도시를 생명체로 여긴다면, 내가 사는 도시를 내 몸처럼 바라본다면 내 도시가 지금 건강한지 그렇지 않은지 누구나 쉽게 알 수 있다. 내 몸이 아픈 이유를 스스로 잘 알고 어떻게 하면 내 병을 치유하고 건강을 회복할 수 있는지 또한 내가 잘 아는 것처럼, 우리 도시가 지금 겪고 있는 문제들의 원인도 시민 누구나 쉽게 알고 해법 또한 어렵지 않게 찾을 수 있다. 병을 고치려면 가장 먼저 해야 할 게 있다. 병을 스스로 키우는 일을 중단하는 것이다. 원도심을 되살리려면 원도심을 죽이는 일부터 그만해야 한다. 강릉 원도심 명주동을 걸으며 생명체인 도시를 되살리는 법을 거듭 깨닫고 마음에 담는다.

강릉시장과 지역 언론을 만나다

2022년 2월 5일 토요일, 김한근 강릉시장과 만나 점심 식사를 함께하고 강릉 곳곳을 둘러보며 많은 얘기를 나눴다. 시장이 직접 운전하고 가이드까지 해 주어 고맙고 황송했다. 강릉시장을 만나 함께 답사까지 하게 된 계기가 있었다. 중앙일보가 새해 특집으로 마련한 〈추기자의 속엣팅〉 코너의 첫 주인공으로 뽑혀 인터뷰한 내용이 설날 다음날인 2월 2일자 신문에 크게 소개되었기 때문이다.

〈추기자의 속엣팅〉을 담당하는 추인영 기자를 만난 것도 아주 우연한 계기였다. 2021년 12월 22일 전주에 내려가 '문화통신사' 김지훈 대표와 함께 순창에 가서 강연했고, 23일에는 임실 강연을 마친 뒤 진안군 읍내의 '카페 공간153'에 들렀다가 스치듯 추 기자를 만났다. 전주 한달살이 때 '전라북도 청년모정'에서 활동하는 김현두 대표를 처음 만났고, 김 대표가 운영하는 '카페 공간153'이 무척 궁금하던 차에 김지훈 대표가 안내해 줘 그날 처음 방문해서 꽤 오래 머물렀는데 마침 그 시간에 카페를 찾아온 추 기자와 만나게 된 것이다. 새로운 코너에 소개할 사람을 찾고 있던 추 기자는 서울에 사는 대학교수가 연구년을 맞아 전국을 돌며 한달살이를 한다는 얘기에 관심을 보였고, 약속을 잡아 새해 1월 10일 서울시립대 연구실에서 인터뷰를 했다.

2월 2일자 신문에 〈추기자의 속엣팅〉이 실린 뒤 파장이 꽤 컸다. 설 다음날 아침에 지면뿐만 아니라 D포털 메인에 올라온 기사를 봤다며 지인들이 문자를 보내 주었고, 댓글도 아주 뜨거웠다. 간간이 '악플'도 있었지만 대부분 공감과 지지의 댓글이었다. 일 년에 백

중앙일보 〈추기자의 속엣팅〉 1호 ⓒ중앙일보

만 명씩 수도권을 벗어나자는 '일백탈수'에 대한 반응이 조금은 바뀐 것 같아 힘이 났다. 안동의 어느 대학교수 한 분은 직접 전화까지 해서 공감하고 적극 지지한다는 얘길 해 주었고, 강릉시와 포항시는 시장께서 기사를 보고 만나고 싶다는 연락을 전해 왔다.

기사의 끝부분에 2022년 1월 18일부터 강원도 강릉에서 한달살이를 시작했다는 내용이 있어서였는지 2월 3일 강릉시청에서 다시 연락이 왔고, 주중은 여러 일정으로 바쁠 테니 2월 5일 토요일에 만나기로 약속했다. 지역 한달살이 중에 단체장을 만난 경우가 많았다. 하동 한달살이 끝 무렵에 윤상기 군수와 면담했고, 전주 한달살이를 시작할 무렵에도 김승수 전주시장을 만났다. 목포에서는 시장을 만날 기회가 없었는데, 강릉에 오자마자 시장을 만나게 되어 반갑고 기대도 컸다.

   김한근 강릉시장은 함께 점심 식사를 한 뒤에 난개발로 인해 강릉다움을 잃어 가는 여러 곳으로 나를 안내해 주었고 직접 현장을 보면서 많은 대화를 나눴다. 2018년 제23회 평창 동계올림픽을 전후해서 강릉과 강원도 여러 지역에 개발 압력이 커졌고, 불쑥불쑥 세워지는 고층 건물들로 자칫 강릉다움이 무너질까 봐 노심초사하면서 적극 대응하고 있다고 말하는 김 시장 얼굴에 정말이지 걱정이 가득해 보였다.

   대관령에서 흘러 내려오는 아름다운 산의 능선들이 건물들로 잠식되거나 가려지지 않게 하고, 강릉의 명소인 '경포호' 주변이 상업화되거나 난개발되지 않도록 2018년 시장 취임 이후 지난 4년 동안 김 시장은 경관상 중요 지역을 적극적으로 매입한 뒤 공유지화했고, 경관 관리를 위해 많은 노력을 하고 있다고 설명해 주었다. 강릉의 매력이 난개발로 잠식되지 않도록 경관 관리를 부탁드렸고, 국내외 도시들의 경관 관리를 위한 각종 법제도 활용 사례들도 소개해 드렸다.

강릉에 오랜만에 와서 가장 놀랐던 것은 경포호 가까운 자리에서 병풍처럼 바다를 가리고 들어선 '스카이베이 호텔 경포'였다. 경포호와 동해 바다 사이에 들어선 '라카이 샌드파인'과 '스카이베이 호텔 경포'는 아주 대조적이다. 하나는 주변과 어울리도록 건물의 크기와 형태와 색채까지 다소곳이 맞춘 반면, 다른 하나는 자기만 최고라고 뽐내듯 거만하게 서 있다. 경포대에 함께 올라 시장이 걱정하는 지역들을 살펴보았고, 공감대를 형성하기 위해 시민들이 직접 강릉에서 최고와 최악의 경관을 선정하면 어떻겠느냐는 의견도 드렸다.

강릉다움을 잃어 가는 강릉 도시 경관

교통 올림픽으로도 불리는 '2026 ITS 세계총회' 유치 후보 도시로 강릉이 선정되어 대만 타이베이와 경쟁 중이라는 얘기도 들었다. 총회 유치를 계기로 강릉이 자가용 도시에서 벗어나 대중교통과 자전거와 보행으로 관광도 생활도 너끈히 할 수 있는 '대자보 도시'로 거듭나면 좋겠다는 의견을 드렸고, 자동차에 빠져 있는 시민의 마음을 돌리기 위해 '차 없는 거리'를 매주 정기적으로 시행하고 그 효과를 시민들과 공유하면서 강릉이 대자보 도시로 혁신되기를 바란다는 희망도 전해 드렸다.

며칠 전에는 강릉 한달살이를 마무리하는 서울 시민을 우연히 만나 강릉 공부를 했는데, 이날은 강릉시정을 이끄는 시장을 만나 함께 강릉의 현장을 돌면서 강릉 공부를 조금 더 깊게 했다. 그렇게 오후를 함께 보내고 헤어진 뒤 저녁 늦은 시간에 다시 만나 술잔을 주고받으며 밤늦게까지 강릉 이야기를 더 나눴다.

강릉은 보석 같은 도시다. 다른 도시에 없는 매력을 가진 멋진 도시다. 처음 만나 길지 않은 시간 동안 이야기를 나눴지만 김한근 강릉시장은 매우 열정적인 사람이고, 특히 강릉다움을 지키려는 의지가 강한 분으로 느껴졌다. 강릉의 보물들이 난개발로 망가지지 않게, 대중교통으로 시내도 인근 도시도 능히 다닐 수 있게, 새로운 개발보다 재생 방식으로 지혜롭게 되살려서, 그리고 시민들과 함께 눈높이와 보조를 맞춰 가면서 시정을 잘 이끌어 달라고 부탁드리고 헤어졌다.

　보수 정당 출신의 시장인데 시정 철학과 그동안 해 온 일들은 매우 진보적이어서 많이 놀랐다. 아쉽게도 2022년 지방선거 때는 공천을 받지 못해 무소속으로 출마했고 낙선했다. 강릉을 아주 많이 아끼고 사랑하는 사람이니 언제든 강릉에 필요한 역할을 다시 할 것으로 기대한다. 바쁘게 오가며 많은 얘기를 나누느라 둘이 함께 인증 샷 찍는 걸 깜빡한 게 못내 아쉬웠다.

　강릉 한달살이 소식이 지역 언론에도 전해졌는지 2월 6일에는 〈강원일보〉에서 나의 강릉 한달살이와 '일백탈수' 운동을 소개해 줘 고마웠다. 강원일보 고달순 기자는 〈언중언〉 코너에 일백탈수라는 제목의 글을 게재했다.

　"서울시립대 도시공학과 정석 교수의 지방 한달살이가 화제다. 지난해부터 틈틈이 지방 한달살이를 해 온 그는 하동, 목포, 전주를 거쳐 지난달 18일부터 강릉에 머물고 있다. 정 교수는 수도권 집중과 지방 소멸의 현실을 극복하기 위해 '1년에 100만 명 탈수도권'을 통해 각 지방이 독립된 국가가 되는 '로컬 리퍼블릭'을 이루자는 '일백탈수 지역민국' 운동에 남은 인생을 걸었다고 한다. 그는 자신의 SNS를 통해 지난 5일 김한근 강릉시장과 만나 강릉 구석구석을 둘러보며 나눈 이야기를 소개하기도 했다. 김 시장은 '난개발로 인해 강릉다움을 잃어 가는 것을 막고 대관령에서 흘러 내려오는 산의 능선과 경포호를 지키기 위해 지난 4년 동안 경관상 중요 지역을 적극 매입해 공유지화했고, 경관 관리를 위해 노력하고 있다.'고 설명했고, 정 교수는 국내외 도시 사례를 소개하면서 '강릉의 매력이 난개발로 잠식되지 않도록 경관 관리를 잘해 달라.'는 조언을 했다고 한다."

2월 8일에는 MBC 강원영동 라디오에 출연했다. 저녁 6시 반 〈라디오 동서남북〉 프로그램에서 생방송 전화 인터뷰로 강릉 한달살이와 '일백탈수 지역민국' 운동에 대해 얘기를 나눴다.

진행자인 민기원 아나운서는 나를 "지난해부터 국내 여러 지방에서 한달살이를 실천하고 있고, 현재 강릉에 머물고 있으며 수도권 집중 현상과 지역 소멸 위기를 극복하기 위한 방안을 고민하고 실천하는 도시재생 분야의 손꼽히는 학자"라고 소개한 뒤 열세 개의 질문을 했다. 주어진 질문들에 대해 나는 이렇게 답했다.

Q1. 강릉 한달살이 얼마나 되셨나요?
지난 1월 18일 화요일에 왔습니다. 3주 전이네요. 중간에 설을 서울에서 보내고 왔으니 한 달을 다 채우진 못할 것 같습니다.

Q2. 그동안 어느 지역에서 한달살이를 하셨죠?

경남 하동군 악양면, 전남 목포시 원도심, 전북 전주시 원도심 한달 살이를 마치고 강릉에 왔습니다.

Q3. 이번에 강릉을 선택한 특별한 이유가 있나요?
한달살이를 하는 이유는 '로컬에서 더 행복하게 일하며 사는 사람들'을 만나고 그분들의 살아가는 이야기를 제 유튜브를 통해 소개하는 것입니다. 우리나라 로컬 중에 '강원도'를 뺄 수 없지요. 실제로 많은 청년들과 중장년들이 강원도를 찾아오고 있고요. 강원도의 몇몇 도시를 고민하다 가장 대표 도시인 강릉을 택했습니다. MBC 강릉방송국의 장모 국장님께서 집을 빌려 주셔서 아주 편안하게 잘 지내고 있습니다.

Q4. 교수님은 북촌 한옥마을, 인사동이나 암사동 서원마을 등 서울의 도시재생 사업에 깊이 관여하셨는데요. 지금처럼 한달살이를 하시는 이유가 도시재생과 관련된 건가요?
대한민국은 오랜 '개발시대'를 살아왔고, 지금은 '재생시대'입니다. 도시재생뿐만 아니라 마을과 지역과 국토까지 건강하게 오래오래 지속 가능하도록 살려야 합니다. 2019년 출간했던 제 책 「천천히 재생」에서 저는 대한민국을 행복하지 않은 선진국으로 불렀습니다. 국민소득 3만 불의 선진국임에는 틀림없는데 국민들의 행복지수는 매우 낮지요. 서울과 수도권은 사람이 너무 많이 몰려 문제인데, 지방과 중소 도시와 농산어촌은 사람이 없어 소멸이 눈앞의 현실로 다가오고 있지요. 우리 국토를 어떻게 건강히 되살릴 수 있을지를 현장에서 살아 보면서 답을 찾기 위해 지역 한달살이를 시작했습니다.

Q5. '일백탈수 지역민국' 운동! 청취자 분들 중엔 이게 무슨 말인가 의아하게 생각하실 수도 있는데요. '일백탈수 지역민국' 운동에 교수님께서 남은 인생을 거셨다는 이야기가 있던데요. '일백탈수 지역민국' 운동에 대해 설명 부탁드릴게요.

'일백탈수'는 "일 년에 백만 명씩 수도권을 벗어나자."는 뜻이고, '지역민국'은 수도권을 떠난 분들이 그냥 흩어지지 말고 자신이 원하는 "지역에 함께 모여서 우리가 꿈꾸는 작은 나라를 만들자."는 뜻입니다. 대한민국의 주인이 국민이듯, 우리나라의 수많은 지역들도 그곳 주민들이 주인인 '민국'이 되어야겠지요. 지금은 지방자치 '단체'라고 부르지만요. '하동민국', '강릉민국', '진안민국' 이런 작은 나라들을 우리 손으로 만들어 보자는 겁니다. 경상도는 어느 당 사람들이 시장, 군수, 국회의원, 지방의원 다 하고, 전라도는 또 어느 당 사람들이 다 하는 게 아니라, 그곳 주민들이 원하는 사람들이 뽑히는 말 그대로 민국을 만들어 보자는 뜻입니다. 생각을 공유하는 유권자가 51%만 된다면 가능한 일일 겁니다.

Q6. 아직 채 한 달이 되진 않았지만요. 강릉에 머물면서 어떤 생각들을 하셨는지 궁금합니다. 강릉은 어떤 도시인가요?

강릉에 살고 계시는 분들은 어떻게 생각하실지 모르겠지만 저에게는, 그리고 어쩌면 많은 다른 지역 분들에게 강릉은 그리운 곳, 가고 싶은 곳, 마음 설레게 하는 곳일 겁니다. 뭐라고 할까요. 동경의 도시? 애틋한 도시? 친구에게, 애인에게 "강릉 갈까? 강릉 어때?" 이렇게 묻는다면 뭔가 설레지 않나요? 지난 주말 강릉독립예술극장 신영에서 〈미싱타는 여자들〉이란 영화를 봤는데요. 이 영화에도 강릉이 나옵니다. 평화시장 10대 소녀 노동자들이 밤 기차를 타고 강릉에 왔던 기억을 되새기며 강릉 해변을 걷는 장면이 나오지요. 강릉은 그런 도시입니다. 오고픈 도시입니다.

Q7. 지난주 토요일이었죠? 김한근 강릉시장과 함께 강릉 구석구석을 둘러보셨다고요? 어디를 가 보셨죠?

시장님이 운전해 주시는 차로 교동에서 출발해 강릉 시내를 한 바퀴 돌았습니다. 특히 경포대 언덕 위에서 강릉 시내를 두루 살펴보면서 많은 얘기를 나눴습니다.

Q8. 어떤 이야기들을 나누셨나요?

시장님은 '강릉다움'이 점점 망가지고 있다는 걱정을 많이 하셨습니다. 경포호 주변의 난개발, 바닷가의 고층 개발, 대관령에서 바다까지 내려오는 산의 능선 주변의 고층 개발 등의 문제를 많이 말씀하셨고 현장에서 저도 눈으로 확인했지요. 산과 언덕과 호수를 잘 지키기 위해 강릉시가 사유지를 매입해 공유지화하고 있다는 얘길 듣고 잘하셨다고 말씀드렸지요. '2026 ITS 세계총회' 후보 도시가 되었다는 말씀도 해 주셔서 단순히 자율 주행이나 지능형 교통 체계만 보지 말고 강릉이 대중교통과 자전거와 보행으로 관광도 생활도 가능한 '대자보 도시'가 될 수 있도록 대중교통을 근본적으로 개혁해 달라는 부탁도 드렸습니다. 경관을 관리하는 일이나, 교통을 혁신하는 일 모두 시민과 눈높이를 맞추고 공감대를 형성해야 하니 너무 앞서가지 마시고 시민과 눈높이와 보조를 맞추라는 말씀도 드렸지요.

Q9, 교수님이 보시는 강릉의 최고 경관, 그리고 이건 좀 아쉽다 싶은 경관은 어떤 게 있을까요?

강릉이나 서울이나 다르지 않아요. 최고의 경관은 건물이 아닌 자연입니다. 산과 언덕, 바다와 호수 그 자체가 최고의 경관이지요. '민낯'이 고운 타고난 자연 미인에 비유할 수 있을 겁니다. 건물들로 만든 '스카이라인'보다 자연 지형이 만든 '바디 라인'이 훨씬 더 아름답지요. 문제는 아름다운 경관을 망치는 고층 건물, 덩치 큰 건물, 녹지와 호수를 두더지처럼 야금야금 파먹는 잠식 경관입니다. 경포호와 바다 사이에 지은 두 건물이 아주 대조적이지요. 하나는 건물의 크기나 높이, 심지어 색채까지 주변에 어울리도록 자신을 다소곳이 낮춘 반면, 다른 하나는 내가 최고라는 듯 뻐기고 서 있는 모양이지요. 사천항에도 아주 덩치 큰 고층 건물이 올라가고 있더군요. 예전에 강릉시청이 막 지어졌을 때도 사실은 실망이 컸습니다. 시청 건물을 사람으로 비유한다면 어떤 모습의 시청이 가장 바람직할지 한번 생각해 보면 좋겠습니다.

Q10. 강릉이란 도시에서 우린 어떻게 살아야 하는 걸까요?

도시를 물건이나 기계가 아닌 생명체로 봤으면 좋겠어요. 한 걸음 더 나아가 인격체로, 사람이라고 생각하면 더 좋고요. 강릉을 나를 낳아 주고 키워 주신 부모님처럼, 또 내가 돌봐야 할 내 자녀라고 생각한다면, 그렇게 생각하는 시민들이 많다면 도시가 망가지도록 내버려두지 않겠지요. 시민들은 살기 좋은 도시를 바라지만, 자본과 권력은 팔기 좋은 도시를 만든 다음 이익과 실속을 챙기고 떠나 버립니다. 한 번 망가진 도시는 금방 고칠 수 없어요. 50년 혹은 100년 동안 흉한 모습을 봐야 합니다. 관광객들도 더는 오지 않을 겁니다. "있을 때 잘해." 그 말이 명언입니다.

Q11. 강릉 원도심 가 보셨죠? 그리고 새롭게 개발되고 변화되는 곳들도 보셨을 거 같은데요. 난개발이 아닌 도시 개발, 이게 말처럼 쉽지 않은데요. 어떤 생각으로 시민들이나 강릉시가 접근해야 할까요?

어느 도시든 그 도시의 가장 중요한 곳은 '원도심'입니다. 도시의 근원이고, 도시의 역사를 고스란히 간직한 곳입니다. 원도심 지역을 몇 번 걸었습니다. 임당동성당에서 강릉대도호부관아를 지나 중앙성남전통시장을 걸어 봤고, 명주동 일대를 골목골목 걷기도 했지요. 고려 시대 유적까지 남아 있는 강릉대도호부관아와 칠사당 일대는 매우 중요한 곳입니다. 근대 시기 강릉의 가장 중심지였을 테니까요. 정치 1번지로 불렸다는 청탑다방도 다시 문을 열면 좋겠어요. 명주상회, 명주도가, 봉봉방앗간, 작은공연장 단, 명주사랑채 등 흥미로운 장소들이 많아 좋았습니다. 가까이 걸어가면 남대천과 다리 건너 단오공원도 있고, 조선 시대와 근대의 흔적들이 남아 있으며, 서부시장과 중앙성남전통시장 같은 곳도 있어서 천천히 걸으면서 강릉을 느끼기 아주 좋은 곳입니다. 개발보다 재생 방식으로 강릉 원도심을 잘 살렸으면 좋겠습니다.

Q12. 지역에 와서 살아 보고 싶고, 만족하는 한달살이를 경험하고 싶은 분들에게 조언해 주신다면?

저는 수도권과 대도시에 있는 분들께 지역 한달살이를 강력히 추천합니다. 한달살이가 어렵다면 일주일살이부터 해 보시라고요. 한달살이는 여행과 다릅니다. 여기저기 많이 보러 다니는 것보다 한곳에 머물면서 그곳에 스며들어 보고 그곳 사람이 되어 보는 것이지요. 제 경우 하동에서는 지리산과 섬진강, 남해 바다에 고요히 스며들었지요. 목포에서는 아주 역동적인 도시의 매력에 푹 빠졌습니다. 전주에서는 따뜻함에 녹아들었고요. 강릉은 아직 시간이 남아 있지만, 몸도 마음도 깨끗해지는 시원함을 느낍니다.

Q13. 끝으로, 앞으로의 계획을 듣고 '심층 인터뷰' 마무리하겠습니다.
그동안 유튜브에 올린 160편의 영상을 글로 풀어 책으로 출간할 예정입니다. '일백탈수 지역민국' 운동이 더 널리 확산될 수 있도록 SNS와 유튜브도 열심히 하겠습니다. 고맙습니다.

 김한근 강릉시장과 하루를 보내고, 라디오와 신문 등 지역 언론에서도 나의 강릉 한달살이를 따숩게 소개해 주니 강릉에 오길 잘했다는 생각이 들었고 강릉 사람이 조금은 되어 가는 느낌도 들었다. 강릉, 참 좋은 도시다. 여행을 와서도 물론 잘 알 수 있겠지만 한 달쯤 살아 본다면 더 잘 알게 될 것이다. 지역 한달살이, 강력 추천!

'강릉다움'이 무너지지 않게 하려면?

도시마다 '정체성'이 있다. 정체성이란 말이 어렵다면 '개성'이라 해도 좋고, 도시들이 저마다 갖고 있는 '도시다움'이나 '도시스러움'이라 표현해도 좋겠다. '서울다움'이 있고, '전주다움'이 있으며, '부산스러움'도 있다. 무엇이라 부르든 그 도시만의 특별한 매력을 시민들이 잘 알고, 그것이 망가지거나 무너지지 않도록 지키고 오래 보전해야 한다.

서울의 정체성은 무엇일까? 보물과 같은 '한강'도 있지만 서울의 가장 큰 정체성은 '산'이다. 조선왕조 한양 도성의 경계가 되었던 백악산(북악산), 낙산, 목멱산(남산), 인왕산의 '내사산內四山'과 서울 바깥쪽 지금의 경계를 이루는 삼각산, 아차산, 관악산, 덕양산의 '외사산外四山'이 서울 안팎을 에워싸고 있으니 서울은 무엇보다 먼저 '산의 도시'다. 이탈리아 베네치아가 물의 도시 '수도水都'라면 서울은 산의 도시 '산도山都'라 불러도 좋을 것이다.

순천만 생태습지   순천만 국제정원박람회장 어씽길

   도시 경쟁력도 그 원천은 정체성에서 나온다. '2023순천만국제정원박람회'를 성공적으로 개최한 순천시는 일찍이 도시의 경쟁력을 '생태 수도'와 '정원 도시'에 두고 일관된 도시 정책을 펼쳐 오고 있다. 순천만 같은 생태 자원의 보고를 모든 도시가 다 가지고 있는 게 아니다. 다른 도시에 없는 우리 도시에만 있는 기막힌 보물을 알아보고 그 정체성으로 도시 경쟁력을 키우고 있는 순천시의 남다른 행보를 지켜보며 응원한다. 순천시처럼 다른 도시들도 자기만의 정체성을 발견하고 그것을 경쟁력의 원천으로 활용하길 바란다.

   내 고향 전주도 강한 정체성을 지닌 도시다. 만약 전주시가 그런 정체성을 살리는 쪽으로 가지 않고 다른 도시들을 따라 하기만 한다면 어찌 되겠는가? 관광객을 늘리겠다며, 라스베이거스 같은 도시를 배우자며 흉내 낸다면 어찌 되겠는가? 어느 도시에나 있는 초고층 주상복합 건물들이 전주 여기저기에 불쑥불쑥 솟는다면 전주다움은 유지되겠는가? 아닐 것이다. 그래서 걱정이다.

  강릉 한달살이를 하면서 강릉을 조금씩 배워 가고 강릉만의 정체성이 무엇인지 열심히 찾아봤다. 강릉을 잘 아는 학자들을 만나면 강릉의 역사와 문화에 대해서도 묻고 배웠다. 평생 강릉에 살며 강릉의 역사에 해박한 어느 선배 교수는 강릉을 '반골'의 도시, '기개'가 있는 도시라고 설명해 주었다. 계유정난으로 수양대군이 왕위를 찬탈한 뒤, 많은 충신들이 대관령을 넘어 강릉에 와서 살며 두문불출했고, 지역의 인재를 발굴하기 위해 지방에서 열린 과거 시험에도 응하지 않았다고 했다. 강릉의 독특한 '계 문화'도 이와 관련이 있고, 마을 단위로 오랜 시간 이어져 온 합동 세배 '도배례'도 이런 강릉 특유의 문화이고 정체성이라고 강조했다.

  무형의 정신으로, 문화예술로 이어져 온 정체성도 지키고 계승해야 하는 것처럼 눈에 보이는 도시의 경관과 형태도 잘 보전해야 한다. 강릉다움을 한눈에 보여 주는 게 바로 강릉의 도시 경관이다. 멀리 대관령부터 동해 바다까지 흘러 내려오는 산과 언덕과 강의 모습이 훼손되지 않도록 세심하게 보호해야 한다. 특히 고층 건물이나 시설물들이 아무 곳에서나 불쑥불쑥 솟아 강릉 특유의 경관이 망가지지 않도록 엄격하게 규제해야 한다. 경포호 주변에도, 동해 바다를 따라 이어지는 해변에도 강릉의 아름다운 풍경들이 망가지지 않도록 치밀하게 관리해야 한다.

도시경관 관리를 책임지고 있는 게 바로 '도시계획'이다. 도시 전역을 주거지역, 상업지역, 공업지역, 녹지지역 등 '용도지역'으로 구분하고 각 용도지역별로 허용되는 용도와 용적률, 건폐율 같은 개발밀도의 상한을 정하며, 더욱 상세한 경관 관리가 필요한 곳은 별도의 '지구단위계획'을 세워 건물의 높이와 폭과 형태, 색채까지 자세히 관리하는 일을 도시계획이 맡고 있다.

지금이야 많이 달라졌지만, 내가 서울연구원에서 일하던 1990년대 중후반에 서울시청의 여러 보직 가운데 가장 빛나는 자리는 '도시계획국장'이었다. 주택국이 개발하는 부서라면 도시계획국은 개발을 규제하는 부서였다. 개발의 압력으로부터 도시가 망가지지 않도록 규제하는 일은 매우 힘든 일이다. 그 일의 총책임을 맡는 자리가 도시계획국장이었다. 단국대학교가 이전한 뒤 학교 부지에 고층 아파트를 짓기 위해 서울시장까지 나서서 남산의 고도규제를 풀라고 했지만, 당시 도시계획국장을 비롯한 도시계획국 공무원들은 시장의 지시를 따르지 않고 남산 일대의 도시계획 규제를 지켜 냈다. 서울시 공무원들이 무척 존경스러웠고, 이런 사람들과 함께 일한다는 게 자랑스러웠던 순간이다.

2022년 1월에 강릉에 도착했을 때부터 한 달 동안 살면서 강릉의 여러 지역을 둘러볼 때마다 늘 걱정이 밀려왔다. 이러다가 망가질지 모른다는 염려가 커져만 갔다. 이미 조짐은 여러 곳에서 시작되었고 점점 늘어 가는 추세였다. 특히 바닷가 쪽이 더 걱정이었다. 예전에 참하던 강릉 바다 풍경이 곳곳에서 너무나 괴이해졌다. 느닷없이 괴물이 등장한 것처럼 보이는 곳도 있었고, 경관을 혼자 독차지하겠다는 듯 탐욕스럽게 솟아 있는 건물들도 많았다. 모두가 함께 향유해야 할 경관을 독점하는 행위는 남의 지갑을 훔치거나 돈을 뺏는 일과 크게 다를 바 없는 못된 짓이다. 도시계획의 이름으로 마땅히 제어하고 규제해야 한다.

　유럽과 미국에서 도시계획이란 이름으로 처음 토지주의 사익을 규제할 때 바로 소송에 휘말렸지만, 결국 지자체나 정부가 이겼다. 자본주의 도시에서 개개인의 이익을 존중하는 것도 당연히 중요하지만, 토지주의 사익 추구 행위로 인해 더 많은 시민들이 피해를 보게 된다면, 그래서 사익 때문에 공익이 침해를 받는다면 사익은 규제할 수 있고 규제함이 마땅하다는 결론이었다. 결국 도시계획은 '경찰권'과 같다는 판결이 내려진 것이고 도시계획 규제를 합법적인 것으로 인정한 셈이다. 경찰관이 무장하고 시민의 안녕을 지켜 내는 것처럼 도시계획도 '규제'로 무장해서 '공익'을 지키는 것이다. '사적 욕망에 대한 공적 제어', 이것이 바로 도시계획 본연의 임무다.

　강릉다움을 망가뜨리고 있는 가장 눈에 거슬리는 건물이 '스카이베이 호텔 경포'였다. 싱가포르의 '마리나 베이 샌즈 호텔'을 카피하듯, 옥상에 인피니티 풀(infinity pool)을 넣어 강릉의 상징인 경포호 바로 앞에 들어선 이 건물을 어찌 봐야 할까. 건물 높이도 낮추고 건물도 여럿으로 쪼갠 뒤 색깔도 가까이 있는 소나무와 톤을 맞춰서 있는 듯 없는 듯 다소곳하게 서 있는 바로 옆의 '라카이 샌드파인'과 너무도 다른 모습이다.

1994년 초, 서울연구원에 와서 처음 맡았던 연구 과제가 '한강연접지역 경관 관리 연구'였다. 1990년대 중반부터 한강 경관은 이미 망가지기 시작했다. 이촌동 대림아파트, 광장동 한강현대아파트, 자양동 현대아파트 등등 당시 400%까지 완화된 일반주거지역 용적률을 꾹꾹 눌러 채워 용적률 399%에 가까운 아파트들이 여기저기 들어섰다. 높이 20~30층(60~70미터)에 건물 폭은 100미터를 넘는 병풍 같은 아파트가 한강변 곳곳에 쑥쑥 올라왔다.

주변 건물의 높이와 크기에 비해 월등히 큰 덩치로 들어선 '위압경관(깡패 경관)', 배후의 조망을 차단한 채 홀로 조망을 독점하는 '차폐경관(담벼락 경관)', 구릉지의 지형과 녹지를 야금야금 갉아먹는 '잠식경관(두더지 경관)', 그리고 어디나 똑같은 '획일경관'까지 네 가지로 문제 경관을 유형화한 뒤, 이를 제어하기 위한 '입면적, 차폐도, 시각회랑' 규제안을 만들었고, 경관상 주요 지역에는 각 지점별로 차별화된 '고도규제안'까지 추가한 '한강 경관 관리 방안'을 서울시에 제안했던 게 나의 첫 연구 과제였다.

1994년 말 연구 결과물을 서울시에 보냈지만 정책 연구 결과는 캐비닛에 한참 묵혀 있다가, 2년 뒤 변영진 주택국장이 온 뒤 '서울시 공동주택 심의기준'으로 변신해 경관 관리 수단으로 작동하기 시작했다. 서울시의 앞장선 노력 덕에 그 뒤 경관법도 제정되었고, 경관지구 제도도 만들어졌지만 서울이든 전국 어느 지역이든 경관을 제대로 지키고 관리한 도시는 거의 없다는 게 내 생각이다. 대한민국의 도시경관 관리는 무력했다. 그래서 부끄럽다.

　도시경관을 지키는 것이 곧 도시 정체성을 지키는 것이다. 그런데도 도시경관은, 그 도시의 가장 중요한 매력이자 보물인 풍경들은, 전국 어디서나 차별 없이 골고루 무너져 가고 있다. 강릉도 예외는 아니다. 경포 바다와 호수 앞에도, 사천항에도, 주문진에서도 목격된다. 양양과 속초는 말할 것도 없다. 강릉 일대 도시경관의 붕괴는 아마도 올림픽 때문일 것이다.

　대한민국 기득권의 하나가 '토건세력'이다. 늘 그럴듯한 명분을 만들어 불도저를 앞세우고 들이닥친다. 누가 막을 수 있을까? 바른 시정 철학과 열정을 겸비한 담대한 '단체장'과, 치밀하고 실효성 있는 '도시계획', 그리고 도시의 정체성을 지켜내는 데 기꺼이 함께하는 '시민들'만이 막아 낼 수 있다. '강릉다움'은 무너지지 않고 유지될 수 있을까?

전국에서 주민 회의를 가장 잘하는 마을

2022년 2월 7일 오후 강릉시 연곡면 삼산4리 '솔내마을'의 김창기 위원장(법민 스님)과 만나 오대산국립공원에 자리한 솔내마을의 흥미진진한 이야기를 들었다. 전국에서 '주민 회의'를 가장 잘하는 마을, 주민들이 '자력 재생'하는 마을, 의견이 달라도 모두 승자가 되는 마을, 소득 문제는 이미 해결했고 문화와 복지를 단단히 다져 가고 있는 솔내마을 이야기를 듣고 많이 놀랐고 많이 배웠다. '마을 만들기'를 오래 연구했고 국내외 많은 사례들을 보았는데, 마을이 나아가야 할 건강하고 바른길을 주민 주도로 따박따박 걸어가는 마을이 있다는 걸 이제야 알게 되어 한편으론 부끄럽고 또 한편으론 무척 반가웠다.

이날 방문도 '협동조합 해봄'의 권옥선 이사장이 안내해 주었다. 사천항에서 '섭국'으로 점심을 든든히 먹고 권 이사장의 차를 타고 20여 분 걸려 솔내마을에 도착했다. '솔내마을'이란 이름을 가진 연유가 궁금했는데 오대산 연곡천이 흐르고 가까이에 소나무가 울창한 동네여서 '솔내마을'이란 이름을 갖게 되었다고 한다. 2007년부터 마을 만들기 사업이 시작되었고, 김창기 위원장은 2008년에 마을 이장을 맡아 오랫동안 주민들과 함께 마을 만들기를 이끌어 왔다. 2009년 마을 만들기 전국네트워크 대화 모임이 솔내마을에서 열렸고, 2011년부터는 강릉시 휴양 체험 마을로 선정되어 많은 방문객들이 솔내마을을 찾아와 힐링을 즐기고 간다.

솔내마을 농업회사법인 건물 앞 게시판을 보니 솔내마을이 어떤 곳인지 짐작하게 해 준다. 협동조합도 만들었고 '솔애올난타공연단'도 있나 보다. 백두대간 주민소득지원사업으로 '솔애올산채선별체험장'도 운영하는데 산마늘, 개두릅, 곰취, 곤드레, 장뇌삼, 표

강릉시 연곡면 솔내마을

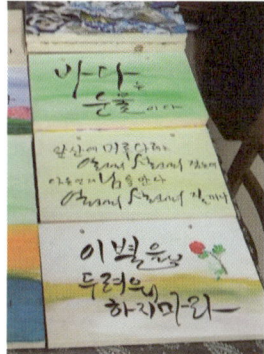

솔내마을 주민들의 예술 활동들과 농산물 판매품

고버섯, 옥수수, 감자, 산마늘 장아찌, 곰취 장아찌, 곤드레 장아찌 등 이 마을에서 채취하고 판매하는 다채로운 농산물을 사진으로 보여 주고 있다.

    건물 안으로 들어가니 한쪽 벽엔 난타용 북들이 가득했고, 작업장에는 그림 그리는 재료들이 보였다. 나무 판에 예쁜 그림도 그리

김창기 위원장과 인터뷰

고 글씨들도 써서 영진항 해변에 게시한다고 김창기 위원장은 설명했다. 가만 생각해 보니 영진해변에서 가드펜스에 이런 작은 나무 그림들이 걸려 있는 걸 본 기억이 났다. 다른 방에는 이 마을에서 생산하고 가공해서 파는 상품들이 전시되어 있었다. 솔내마을에 오면서 권 이사장에게 '갯방풍' 이야기를 들었는데 갯방풍으로 만든 식초, 담금주에 막걸리까지 판매하는 모양이다. 갯방풍 막걸리는 어떤 맛일까 궁금해졌다.

김창기 위원장과 인터뷰를 시작했다. 솔내마을 소개부터 부탁했다. 김 위원장은 오대산의 소나무 숲과 내가 흐르는 마을이라 설명한 뒤, 한마디로 요약한다면 '숲속 치유 마을'이라고 했다. 치유 마을을 만든다는 명분으로 나무 데크를 비롯한 여러 시설을 설치하는 인위적인 곳이 아닌, 자연 그대로의 치유 마을을 만들고 있다고 강조했다.

2008년부터 마을 이장을 맡게 되었는데, 이장으로서 가장 중요하게 생각했던 게 주민들의 '소득'을 안정적으로 늘리는 일이었다고 했다. 그 당시에는 연간 소득이 1천만 원도 안 되는 주민들이 많아 걱정이 컸단다. 마을의 소득을 늘리는 일에 치중한 결과 2021년에는 가구당 평균 소득을 5천만 원 정도로 끌어올렸고, 이제는 먹고사는 문제를 어느 정도 해결했으니 '문화와 복지'에 치중해서 '주민이 행복한 마을'을 만드는 일을 최우선에 두고 있다고 했다.

소득원이 궁금해 물었더니 사계절 내내 다양한 분야에서 마을 소득이 생겨난다고 답했다. 봄이 오고 4월이 되면 산마늘, 곰취, 개두릅 같은 산채를 채취하기 시작하고, 여름철에는 피서객들이 한 달 평균 2~3만 명 정도 솔내마을을 찾아와 민박, 펜션, 식당 영업으로 농업 외 소득도 크다고 했다. 가을에는 송이버섯과 표고버섯 같은 임산물로 소득을 올리고, 겨울에도 주민들의 소득원이 있다고 해서 궁금해졌다. 6번 국도와 59번 국도, 두 개의 큰 도로가 솔내마을을 지나가는데 겨울에 눈이 많이 내리면 주민들이 제설 작업에 참여하여 500만 원 안팎의 소득을 올린다고 해서 궁금증이 풀렸다. 솔내마을 주민 구성은 원주민과 이주민이 반반 정도이고 마을 소득이 높다고 알려지면서 이주민이 늘고 있다고 했다. 주민들의 공동체 활동도 매우 활발한데, 주민들이 함께 참여하는 문화 활동을 통해 마을에서 생길 수 있는 갈등을 줄이거나 해소하고 있다고 했다.

김 위원장은 솔내마을의 강점에 대해 '주민 회의'를 잘하는 마을이라고 강조했다. 강릉시의원 한 분이 이 마을 주민 회의에 참석해서 지켜보고 이렇게 회의를 잘하는 마을은 처음 봤다고 했다는 말도 곁들이며 전국에서 주민 회의를 가장 잘하는 마을이 바로 솔내마을이라고 강조했다. 어떻게 그런 마을이 되었는지 비결이 궁금했다. 김 위원장으로부터 자세한 설명을 들었다.

2009년에 마을 만들기 사업을 하면서 한 해 동안 총 216회의 주민 회의를 했단다. 이렇게 자주 회의하면서 주민들의 의식이 높아졌고 회의의 효율도 올라갔다고 한다. 회의 때 주민들은 하고 싶은 말을 다 하는 대신, 남의 말에 토를 달지 않는다고 한다. "당신 말이 틀렸습니다."라고 하면 듣는 사람은 화가 나고 갑자기 회의가 '토론 배틀'로 바뀌면서 수렁에 빠지곤 하는데, 솔내마을 주민들은 참으로 지혜롭다.

사람들은 누구나 자신의 생각이 있고, 그 생각을 표현하고 싶어 한다. 그러나 편하게 말할 수 있는 여건이 만들어지지 않으면 입을 닫곤 한다. 하고 싶은 이야기를 못하게 해도 갑갑해 하고 화를 내게 된다. 솔내마을은 "누구나 무슨 얘기든 다 하세요. 대신 남의 말에 토를 달지는 마세요."라고 회의의 규칙을 정해 자유로운 소통을 보장해 준 뒤, 최종적으로는 '주민 투표'로 결정한다. 투표 결과에 모두 승복하고 존중한다고 하니 대단한 민주주의 마을 아닌가.

마을에 갈등이 없는 또 하나의 비결이 있는데, 마을 이장의 권한이 거의 없는 것이라고 김 위원장은 강조했다. 이장은 여러 모임에 참여하고 회의를 주재해도 독단적으로 결정할 수 없단다. 마을에 주요한 일이 발생하면 '추진위원회'를 만들고 추진위원장이 위원들 의견을 모아 결정한다고 하니, 마을 안에서도 분권이 제대로 실현되고 있는 솔내마을이다.

마을의 소통과 갈등 해소를 위해 여러 개의 '주민 모임'을 만든 것도 솔내마을의 독특한 실험이었다. 마을 일에 적극 참여하고 활동하는 주민이 22명 정도인 솔내마을에 김창기 이장은 웰빙요리연구반, 산채작목반, 개두릅작목반, 산마늘작목반, 곰취작목반, 노인회, 부녀회, 개발위원회, 환경보존봉사대, 마을발전위원회 등 11개 소모임을 만들었다. 모임이 많아지니 주민 한 사람이 평균 5개 정도의 소모임에 참여했고, 이장 본인은 부녀회만 빼고 10개 모임에 가입했다며 웃는다. 소모임을 만든 이유를 김 위원장은 이렇게 설명해 주었다.

"마을에서 주민들이 어떤 일을 할 때 시작 단계에서 가장 중요한 건 주민들이 스스로 그 일에 대해 파악하고, 또 서로 대화하면서 마음을 모으는 것입니다. 그렇게 하려면 가장 필요한 게 주민들이 말을 많이 하면서 각자의 생각을 충분히 표현하고 서로 이해하는 것이지요. 주민들이 마을 회의나 주민 모임에 참여하지 않으려고 하는 이유 중 하나는 불편한 사람이 있어섭니다. 그런데 주민 모임을 작게 여러 개로 쪼개면 불편한 사람을 만날 확률이 낮아지죠. 솔내마을에 여러 소모임을 만든 이유가 여기에 있습니다. 불편한 사람이 없으니 자기 생각을 편하게 다 이야기할 수 있지요. 때로는 누군가가 말을 옮겨 다툼이 일어나기도 하지만, 이것도 하나의 필요한 과정입니다. 피할 게 아니라 거쳐야 할 과정입니다. 마을의 갈등은 깨야지, 깨지 않고 곪으면 응어리로 남아 두고두고 더 힘들어집니다."

솔내마을은 주민들의 자존감도 높고 정부나 지자체의 지원에 의존하기보다 자력으로 마을에 필요한 일들을 해내고 있다. 이와 관련된 재미있는 일화를 김 위원장에게 들었다. 몇 해 전에 마을의 상수도 관정을 교체해야 할 일이 생겼고, 당시 마을 이장은 강릉시를 찾아가 공사비 6천만 원을 지원받기로 했다. 마을 이장이 시 예산을 따냈으니 칭찬받을 일일 텐데, 노인회장은 마을 기금이 1억 원 이상 있는데 굳이 시에 손을 벌릴 필요가 있냐며 자체적으로 해결하자는 입장이었다.

누구나 자신의 의견을 자유롭게 표현하되, 토를 달지 않고, 최종 결정은 투표로 하는 관례대로 상수도 관정 공사비 문제를 놓고 주민 회의를 열어 양쪽 의견을 들은 뒤 투표한 결과 노인회장의 의견이 다수여서 마을 기금으로 해결하기로 결정했단다. 다른 마을 같았으면 '노인회장 승리, 이장 패배'의 결과였을지 모르나 솔내마을에서는 모두가 승자였다. 이장도 노인회장도 모두 마을을 위해 열심히 일했고, 주민 다수의 의견이 '자력'을 선택한 것이다. "마을에 돈이 없으면 정부나 지자체 예산에 의지해야겠지만, 마을 기금이 있는데 굳이 손 벌릴 필요 있겠냐."는 노인회장 의견에 더 많은 주민들이 공감하고 지지한 결과였다. 과정도 멋지고 결정도 훌륭하지 않는가? 솔내마을이 이런 마을이다.

오대산과 소금강에 자리한 솔내마을은 환경과 생명을 소중히 여기는 생태 마을이다. 농산품이나 가공품을 주문받아 택배로 보낼 때 아이스팩 대신 차를 끓인 물을 얼려 담아 보낸다. 오대산 먹이사슬의 가장 밑바닥을 형성하는 개구리 개체수를 늘리기 위한 주민들의 노력도 감동이다. 주민들은 마을 아래쪽에 습지를 만들었다. 습지에서 부화한 개구리는 산으로 갔다가 회귀본능으로 다시 습지에 와서 산란하는데, 마을 한가운데를 가로지르는 '6번 국도' 때문에 로드킬Roadkill 당하는 개구리가 많았다고 한다. 주민들은 로드킬을 막기 위해 개구리가 올라오는 쪽 국도 주변에 그물을 쳤고 개구리들이 모이면 도로 저쪽으로 넘겨줬다고 한다. 숲을 가꾸고, 건강한 숲에 깃들어 살아가는 생명들의 삶이 지속 가능하도록 해 준 주민들이 존경스럽다.

인터뷰를 마무리하면서 솔내마을과 주민들이 갖고 있는 앞으로의 꿈이 무엇인지 물었다. 김 위원장은 '주민 복지'라고 답했다. 외부에 의존하지 않고도 주민들이 서로 돌보는 '마을 양로원'이나 '실버타운'을 꿈꾼다고 했고, 마을의 오래된 주택을 리모델링해서 '마을 스테이'로 운영해 소득원으로 활용하는 꿈 이야기도 했다. '마을 호텔'이야말로 중소 도시 원도심 재생과 농산어촌 재생의 묘약이라고 주장하는 내 생각과 같아 반가웠다.

인터뷰 말미에 김 위원장이 들려준 '야쿠시마' 이야기도 오래 마음을 울렸다. 주민들과 함께 일본 가고시마현의 거북이 산란지인 '야쿠시마'를 방문했던 적이 있고, 돌아올 무렵 그곳 주민들께 감사의 표시로 기념품이라도 살까 했는데 구멍 난 조개로 만든 목걸이뿐이어서 그냥 돌아왔단다. 도움만 받고 갚지도 못하고 떠나는 길인데도 가게 주인은 솔내마을 주민 일행이 보이지 않을 때까지 손을 흔들고 서 있었다고 한다. 작은 것 하나에도 감사하고 소중히 여기는 마음을 그때 배웠다고 한다. 그런 마음으로 마을도 생명도 소중히 지키고 키우겠다고 했다.

김창기 위원장은, 아니 법민 스님은 '유머'도 많은 분이다. 인터뷰 내내 많이 웃었다. 2022년 2월 7일이 마침 제20대 대통령선거를 한 달쯤 앞둔 때여서 대선 주자들의 TV 토론이 있었는데, 김창기 위원장은 대선 주자들에게 솔내마을로 오라고 했다. 오기만 하면 전국에서 회의를 가장 잘하는 솔내마을의 토론하는 법과 회의하는 법을 아주 '헐하게' 가르쳐 주겠다고 해서 껄껄 웃었다. 지금도 SNS를 통해 법민 스님과 솔내마을 이야기를 지켜보고 있다. 요즘 속상한 일이 종종 있는 것 같아 조금 걱정도 되지만, 스님과 마을을 나는 믿는다. 새해에는 응원차 솔내마을에 한번 다녀오고 싶다.

김창기 위원장과 인터뷰를 마치며….

인터뷰를 마치며 떠오르는 사람이 있었다. '재생의 달인'으로 내 책과 유튜브에 소개했던 일본 하쿠이시 괴짜 공무원 '다카노 조셴'이다. 다카노 조셴도 김 위원장처럼 스님이었다. 스님이어서 두 분다 지혜로울까? 주민 회의 전국 최고 마을, 의존보다 자력을 택하는 자존감 높은 주민들, 개구리의 생명을 끔찍이 아끼는 생태 마을, 솔

숲이 울창하고 내가 흐르는 산림 치유 마을, 강릉 솔내마을이 궁금한 분들은 오서서 대관령 너머 최고 미남 법민 스님을 꼭 한번 만나 보시길 바란다.

미싱타는 여자들과 성장거점개발론

강릉 한달살이를 막 시작할 무렵 아주 특별한 영화가 개봉되었다. 이혁래·김정영 감독이 만들고 이숙희, 신순애, 임미경이 주연으로 출연한 영화 〈미싱타는 여자들〉이다. 1970년대 청계천 평화시장에서 미싱을 타던 10대 소녀들의 삶을 고스란히 담아 낸 아프고 쓰린 영화다. 주연 배우 신순애 선생은 ME 활동을 함께했던 선배이고, 「열세 살 여공의 삶」이란 책의 저자이기도 하다.

강릉에 오고 며칠 지났을 때 영화의 주인공인 신순애 선생에게서 연락이 왔다. 영화 개봉 소식은 알고 있었는데, 두 감독과 세 주연배우들이 무대 인사를 하는 날 함께 보면 좋겠다며 초대권을 보내 주셨다. 설 연휴가 시작되기 전에 서울로 가서 1월 26일 저녁 압구정CGV에서 영화를 보고 영화를 만든 분들과도 인사를 나눴다.

영화 상영 뒤에는 정여울 작가가 진행하고 두 감독과 세 주연배우가 함께했던 시네마톡까지 이어져 감동이었다. 그때 고생하면서 살아온 청춘이 지금의 청춘들에게 해 주고 싶은 말이 무어냐는 질문에 제일 언니인 이숙희 선생은 "함께 가라."고 하셨다. 혼자선 할 수 없는 일들도 함께하면 할 수 있다며. 맞는 말씀이었다. 이런 날은 멋진 영화 끝나고 주연배우들과의 만남 뒤에 진한 뒤풀이를 오래오래 해야 마땅한데 코로나가 극성인 때여서 꾹 참고 집으로 돌아왔다.

그날 이혁래, 김정영 두 감독과 인사를 나누고 페이스북 친구가 되었는데, 며칠 뒤 이혁래 감독이 올린 〈미싱타는 여자들〉 전국 상영관들을 유심히 보니 강릉에서도 상영한다는 정보가 있었다. 서울에서 한 번 봤지만, 한달살이 중에 강릉에서 한 번 더 영화를 보고 싶었다.

2월 5일 토요일 오후 강릉독립예술극장 '신영'에서 영화 〈미싱타는 여자들〉을 봤다. 강릉 원도심에 여전히 살아 있는 신영 극장은 아주 매력적인 극장이었다. 전국 여러 도시들에서 오래된 극장들이 문을 닫고, 최근 원주 아카데미극장의 사례에서 보는 것처럼 시민들이 눈물겹도록 보전 노력을 하고 있음에도 불구하고 주차장을 짓겠다며 무참히 철거해 버리는 일들이 버젓이 자행되고 있는 지금, 강릉독립예술극장 신영의 존재는 더욱 돋보인다. 영화가 시작하기 전에 극장 이곳저곳을 유심히 살펴보았다. 오랜 역사들을 잘 남기고 잘 보여 주고 있어서 좋았다.

〈미싱타는 여자들〉 주연배우들과 함께

　ME 주말의 발표 팀으로 처음 만날 무렵 신순애 선생은 성공회대학교에서 쓴 석사 학위 논문을 바탕으로 해서 「열세 살 여공의 삶」을 출간했고, 동서울 ME 발표 팀 모두에게 책을 선물해 주었다. 발표 팀으로 확정된 뒤 처음 만나는 날, 선물받았던 책을 다 읽었고 이런 분과 한 팀이 된 게 무척 기뻤다. 신부님 한 분과 세 부부로 구성된 ME 주말 발표 팀은 여러 번 준비 모임을 가진 뒤 2014년 9월 동서울 166차 ME 주말을 잘 마쳤고, 그 뒤로는 신부님과 세 부부가 친남매처럼 가족처럼 지내고 있다.

　전북 남원의 가난한 집안에서 태어나 서울로 와서 열세 살에 청계천 평화시장에서 '시다'로 노동자의 삶을 시작했던 여공 신순애. 그와 함께 청계피복노동조합에서 힘든 시절을 보낸 이숙희, 임미경 씨와 여러 동료들의 생생한 목소리를 담은 영화를 강릉에서 다시

보면서 많은 생각을 했다. 여러 생각들의 끝은 〈성장거점개발론〉에 모아졌다.

1960년대부터 박정희 정권이 주도했던 대한민국의 경제 발전 전략이자 국가 발전 전략은 〈성장거점개발론〉으로 요약된다. 국토를 골고루 밑바탕에서부터 차근차근 발전시키는 대신, 성장의 거점을 집중적으로 개발하자는 게 바로 성장거점개발 전략이다. 모두 다 키울 수 없으니 '클 놈을 집중적으로 키우자'는 생각에 바탕을 두고 '대기업'과 '대도시'를 집중적으로 키웠다.

대기업을 육성해 국가 경제 발전의 견인차 역할을 맡게 하고, 대도시들을 키워 국가 발전의 주축으로 삼자는 생각이었을 것이다. 국가의 강력한 지원을 받으며 현대, 삼성, 럭키, 금성 같은 대기업

강릉독립예술극장 신영

동서울 166차 ME 주말 참가자

이 등장했고, 서울과 부산이 놀라운 속도로 커졌다. 두 대도시를 연결하는 경부고속도로가 건설되었고 국가 재정은 '경부축'에 집중 투자되었다. 경부축에서 벗어난 지역들이 '왜 우리 지역은 소외시키느냐?'며 따지면 '기다려라! 아랫목이 따뜻해지면 윗목도 따뜻해질 것이다!'라며 이른바 '낙수 효과' 논리로 다독였다.

국가 주도 아래 집중적으로 육성된 대기업은 중소기업과 자영업자를 이끌고 함께 키워 상생했는가? 대도시는 인근의 중소 도시와 농산어촌을 돌보고 키워 상생했는가? 아니지 않은가? 대기업은 대기업만 대를 이어 잘 나가고 중소기업과 자영업자들은 낙수 효과는커녕 내내 힘들게 살아가고 있지 않은가? 대도시는 중소 도시와 농산어촌과 상생은커녕 블랙홀처럼 모든 것을 빼앗아 가고 있지 않은가?

성장거점개발론은 당시 국가의 전략일 뿐만 아니라 그 시대 대한민국 국민들의 가정에서도 똑같이 적용된 전략이었다. 대여섯, 많은 경우엔 여덟아홉씩 낳은 자녀들을 모두 공부시킬 수 있는 가정은 드물었다. 결국 클 놈을 집중적으로 키우고 나머지는 그를 위해 희생해야 했다. 대개는 맏아들이 성장거점이었다. 맏아들을 대학까지 보내고 '고시 패스' 하도록 온 가족이 똘똘 뭉쳐 밀어주었다. 누나는 공장에서 일하며 남동생 뒷바라지를 했고, 여동생은 식모살이를 하면서 오빠를 위해 헌신했다.

〈미싱타는 여자들〉의 주인공 임미경 씨는 나와 동갑이다. 초등학교를 졸업했는데 여자는 공부를 시키면 안 된다며 중학교에 보내주지 않아 평화시장에 왔다고 한다. 집안이 그토록 어려운 형편이 아니었는데도 그땐 그렇게 여성들이 성장거점에서 소외되던 시대였다. 1975년 내가 중학생이 되었을 때 미경 씨는 평화시장 노동자가 되었고, 1977년 9월 9일 이른바 '9.9 사건'으로 감옥에서 고초를 겪을 때 나는 고입 준비에만 몰두하던 중3이었다. 영화를 보는 내내 많이 미안했다.

성장거점개발론은 전 세계 공통의 보편적인 국가 발전 전략이 아니다. 독일과 한국이 대조적이다. 우리보다 국토 면적은 3배, 인구는 1.6배 많은 독일에서 100만 명이 넘게 사는 도시가 몇 개나 있을까? 딱 네 곳뿐이다. 베를린이 360만 명, 함부르크가 180만 명, 뮌헨이 150만 명, 쾰른이 110만 명이다. 대도시처럼 여겨지는 프랑크푸르트도 인구는 75만 명에 불과하다. 독일은 몇몇 도시를 집중적으로 육성하는 대신 여러 중소 도시들이 저마다 짱짱하게 버틸 수 있도록 했다면, 우리는 빨리빨리 서둘러 총량 성과를 높이기 위해 성장거점을 집중적으로 키우는 전략을 채택했다.

대한민국의 성장거점 전략은 한편으로는 충분한 성과를 거두었다. 1950년대 중반 100달러도 안 되었던 국민소득은 1970년대 간절한 국가 소망이던 '수출 100억 달러, 1인당 국민소득 1천 달러'의 꿈을 1980년대 초에 마침내 이루었다. 1995년에는 1만 달러, 2010년대 들어서 2만 달러, 그리고 지금 3만 달러 시대를 살고 있다. 1950년대 중반 157만 명이던 서울 인구는 1970년에 500만 명을 넘었고, 1990년에는 1천만 명 시대를 열었다. 백만 도시가 천만 도시로 성장한 데 걸린 시간이 35년이니 가히 '폭발하듯 성장(explosive growth)' 했다는 말이 과장이 아니다.

그러나 대가도 컸다. 성장거점 전략을 취했던 결과가 지금 우리가 목격하고 있는 대한민국의 현실이다. 자영업자와 중소기업은 죽을 지경인데 대기업은 끄떡없고, 중소 도시와 농산어촌은 소멸 직전인데 국토의 11.8%를 차지하는 수도권의 인구는 2019년에 과반을 넘긴 뒤 계속 늘고 있다. 비수도권 인구는 점점 줄어 지방 소멸이 눈앞의 현실로 빠르게 다가오고 있다. '뜀틀'과 '마중물' 역할을 하라며 밀어주고 키워 준 대도시가 '블랙홀'처럼 모든 것을 앗아 가고 있는데, 여전히 '메가시티'를 부르짖는다. 대도시를 넘어 거대도시를 만들자고 한다. 격차와 불균형은 더욱 심해지고, 악순환의 고리를 끊지 못한 채 문제는 더욱 깊어지고 있다.

영화의 끝부분은 마음이 짠해져 눈물이 나온다. "잘 살았어. 고생했어. 예뻐." 10대 시절 자신의 사진을 어루만지며 얘기해 주는 주인공들. 공부하고 싶어서 노동 교실에 갔을 뿐인데 왜 그런 고초를 겪어야 했을까.

영화 〈미싱타는 여자들〉은 지금의 대한민국이 겪고 있는 문제들의 근원을 잘 보여 준다. 문제의 근원이 보이면 답도 찾을 수 있다. 〈성장거점개발론〉을 폐기하라. 대신 '리비히의 법칙'으로 알려진 '최소량의 법칙'에 주목하자. 생명이 살아가고 존속하는 데 필요한 여러 요소들 가운데 가장 결핍되고 미약한 요소를 충족시켜 줘야 한다.

개발 시대에 마을과 도시와 국토를 물건처럼 여기고 뚝딱뚝딱 만들던 생각에서 벗어나 마을과 도시와 국토를 생명체로 보고 가장 약한 곳을 돌봐야 한다. 희생 제물이 더는 없게 죽어 가는 것들부터 살려야 한다. 골고루 오래오래 지속 가능하게.

영화 〈미싱타는 여자들〉을 두 번 봤다. 한 번은 서울 강남구 압구정동의 멀티플렉스에서 보고, 또 한 번은 강릉의 독립예술극장에서 봤다. 같은 영화도 보는 곳에 따라 느낌이 다른 것일까. 강릉의 작은 독립예술극장에서의 감흥이 더욱 컸다. 영화에서 여공들이 함께 강릉에 놀러 오는 대목도 나온다. 바닷가에서 맘껏 뛰노는 젊은 날의 여공들. 그리고 오랜 세월이 지난 뒤 중년이 되어 다시 찾아온 강릉 바다. 강릉에 머무는 동안 영화에 나온 강릉 바다를 나도 꼭 가 보고 싶었다.

〈미싱타는 여자들〉을 촬영한 강릉 바다로 추정되는 곳

등대도 마을도 함께 살리고,
동네 가게와 로컬도 살리고!

　　2022년 2월 7일 월요일 오전에 협동조합 해봄의 권옥선 이사장의 안내로 주문진 '등대마을'을 돌아보았다. 2015년에 국가균형발전위원회가 주관하는 '새뜰마을'에 선정되어 4년간 70억 원의 예산을 들여 지붕 개량과 소방도로 개설, 공원 조성 등 많은 변화가 있었고, 2022년 초에는 해양수산부의 어촌 분야 '일반농산어촌개발사업' 지원을 준비하고 있었다. 4월까지 예비 계획을 세울 예정인데, 등대마을의 열악한 주택 개보수를 위주로 하고 마을 스테이 운영 등 일자리 창출 사업들도 다채롭게 포함할 예정이라고 권 이사장이 설명해 주었다. 사업에 선정되면 5년 동안 최대 150억 원의 예산 지원을 받게 된다.

　　강릉을 출발해 북쪽으로 주문진항을 조금 지나 차를 세운 뒤 언덕 위에 있는 주문진등대에 올랐다. 강원도에서는 1918년에 최초로 세워진 '주문진등대'는 아주 아름다웠다. 등대에서 내려다보는 바다는 바람이 세지 않아서인지 잔잔한 물결이 작은 파도를 만들어 바닷가로 가만가만 밀고 있었다. 아침 햇살을 받아 먼바다는 반짝반짝 빛이 났고, 등대에서 가까이 있는 언덕 위 등대마을에서 시작해 강릉 경포해변까지 이어지는 바닷가 풍경과 그 뒤로 배경을 이루는 웅장한 대관령까지 미치 한 폭의 그림 같았다.

언덕 위에 서 있는 등대는 하얀 옷을 곱게 차려입은 사람처럼 단아해 보였다. 등대를 둘러본 뒤 마을로 발길을 돌렸다. 새뜰마을 사업으로 마을에 많은 변화가 있었지만, 집들은 여전히 불편해 보였다. 연탄을 때는 집도 많고, 집 안에 화장실이 없어 공동 화장실을 사용하는 집들도 많다고 했다.

언덕을 걸어 내려오니 '주문진 성황당'이 보였다. 매년 3월과 9월 성대한 풍어제를 지내는 곳으로, 자정에 시작된 제사가 모두 끝

주문진등대

새뜰마을 사업을 시행한 주문진 등대마을

주문진등대에서 내려다본 등대마을과 강릉

나면 소고기를 구워 주민들과 함께 나눠 먹는다고 한다. 새뜰마을 사업으로 언덕 위에 새로 조성한 '등대꼬댕이공원'에도 가 봤다. 한여름 햇볕이나 비바람을 막아 줄 지붕도 없고, 편히 앉아 쉴 의자도 없이 덩그러니 조경 공사만 해 놓은 것 같아 아쉬웠다.

오전 내내 아름다운 바닷가 언덕 위의 주문진 등대마을을 걸으며 많은 생각을 했다. 등대마을뿐만 아니라 서울 '장수마을', 목포 서산동 '보리마당' 등 많은 아름다운 언덕 마을들을 어떻게 되살릴 수 있을까? 이곳에 사는 주민들의 삶을 더욱 편안하게 해 드리고, 언덕 마을 특유의 아름다운 풍경과 오래 이어 온 역사를 지키면서 자본에 휩쓸리지 않고 주민의 힘으로 일자리도 만들고 소득도 늘리는 길은 어디에 있을까?

'등대도 살리고 마을도 살리는' 방법은 과연 있을까? 나는 있다고 믿는다. 무엇보다 등대로 상징되는 '관광'과 마을로 상징되는 '주민 삶'의 균형을 잘 이뤄야 하고, 그보다 더 중요한 것은 우선순위가 뒤바뀌지 않게 하는 것이다. 북촌과 인사동의 연구 책임자로서 두 지역의 보전과 재생을 위한 계획을 세우고 계획이 실행되어 온 지난 20여 년을 지켜보면서 보람도 느끼지만 아쉬움과 회한도 컸다. 인사동이야 상업 지역이지만, 북촌은 사람들이 살고 있는 주거지여서 "주민의 삶이 첫째고, 관광은 그 다음이며, 지나친 관광으로 인해 주민의 삶이 침해받지 않아야 한다."는 원칙을 세웠지만 지켜지지 않았다.

서울 북촌마을과 장수마을, 전주 한옥마을, 부산의 감천문화마을 등 유명해진 마을들이 모두 함께 겪고 있는 문제다. 주문진 등대마을도 같은 운명일 것이다. 등대도 살리고 마을도 살리기 위해 가장 먼저 생각해야 할 것은 주민들이 이곳에서 불편하지 않게, 지금보다 더 쾌적한 집과 마을에서 더 행복하게 살게 해 드리는 것이다. 정부와 지자체가 등대마을처럼 관광지로 널리 알려진 오래된 마을을 되살리기 위한 지원 사업을 할 때 가장 먼저 해야 할 일이 '집 고치기'라고 나는 생각한다. 집 고치기는 마을의 집을 하나하나 고치는 방법도 있고, '마을 호텔'과 연계해서 고치는 방법도 있다.

농림축산식품부나 해양수산부 또는 한국농어촌공사 주도로 '농산어촌 마을 호텔 지원 사업'을 시행하면 좋겠다. 농산어촌 가운데 마을 호텔을 만들려는 주민들의 의지와 열정이 큰 곳을 대상지로 뽑은 뒤, 오래된 건물과 시설들을 무상으로 고쳐 주되 고친 공간의 절반 정도는 마을 호텔에 필요한 시설로 정해서 20년 정도 마을에서 사용하는 조건으로 하면 어떨까?

예전처럼 너른 집에 어르신 한두 분만 살거나 오래 비어 있던 농가 건물과 시설을 정부가 고쳐 주고, 특히 오래되고 낡아 사는 데 불편한 집들을 무상으로 고쳐 준다면 지역 주민들에게는 물론이고 부재지주에게도 좋은 일이 될 것이다. 소유권은 그대로 둔 채 20년 정도 마을에서 쓸 수 있게 내준 건물과 시설을 활용해 '마을 호텔'을 만들어 운영한다면, 마을에 일자리도 만들어지고 수익도 낼 수 있으니 마을에도 좋은 일이 될 것이다.

마을 호텔이 늘어나면 오래된 '동네 가게'도 함께 살아날 것이다. 프랜차이즈 식당과 카페들이 골목 상권까지 점령한 지금 마을에서 오랜 역사를 이어 온 동네 식당, 동네 술집, 동네 카페들도 힘겹게 명맥을 유지하고 있다. 강릉의 카페 거리로 유명한 영진해변 입구 쪽에 자리한 '세자매식당'도 그런 곳 중 하나다. 2022년 2월 11일 영진해변 카페에서 열심히 일한 뒤 아내와 함께 세자매식당에서 점심 식사를 했다.

네 살 터울의 자매 셋이 주문진에서 건어물 가게를 하다 8년 전

식당을 열었고, 2년 전 이곳 영진항으로 옮겨 왔다고 한다. 주요 메뉴는 곰치국, 생대구탕, 생선조림이고 생선구이와 물회, 회덮밥, 회무침에 짜글이찌개까지 해군과 육군을 두루 접할 수 있다. 메뉴에 가격이 대부분 적혀 있는데 곰치국만 시가로 되어 있다. 곰치가 많이 잡히는 날은 조금 내려가고 덜 잡히는 날은 올라간다는데 그날 시세는 18,000원으로 적혀 있었다.

무얼 먹을까 고민하다 간밤에 마신 술도 있고 해서 해장도 할 겸 생대구탕 小(35,000원)를 시켰다. 밑반찬으로 미역, 창난젓, 마늘김치, 멸치고추조림, 김치가 나왔다. "창난젓 많이 먹으면 정신창난 오는 것 아녀?" 마님께 고급진 개그를 던졌더니 "그런 유치창난한 개그 좀 그만하세용!"으로 대각 받는다. 초장에 찍어 먹는 미역의 식감이 아주 좋았다.

세 자매 중 큰언니가 주방을 보고 둘째와 셋째는 주중에 돌아가며, 주말에는 다 함께 일한다고 한다. 오늘은 셋째가 일하는 날인데 옆 테이블에 미역 반찬을 추가로 갖다 주면서 할머니들이 어제 바다에서 따 온 거라고 설명해 준 뒤, 우리 반찬도 빈 걸 보고 다시 채워 줬다. 식당 앞 바다에서 어제 따 온 미역이란 말을 들어서일까. 사각사각 씹히는 맛이 아주 신선했다.

생대구탕의 국물 맛도 시원하고, 큼직큼직하게 자른 대구살도 퍽퍽하지 않아 좋았다. 대구 고니까지 푸짐해 해장이 충분히 되는 느낌이었다. 옆 테이블 손님이 곰치국 시킨 걸 보고 생대구탕이야

평소에도 먹을 수 있으니 여기선 곰치국 시킬 걸 하는 후회도 살짝 밀려왔다. 앞 테이블 손님은 생선조림을 시켰다. 생선조림도 생대구탕과 값이 똑같았다. 테이블마다 손님들이 거의 차는 걸로 봐서 동네 맛집이 틀림없었다.

며칠 전 주문진에 다녀올 때 건어물 가게들마다 간판에 이천, 수원, 진천, 청주 같은 지명을 적어 놓은 걸 보고 궁금했던 차에 주문진에서 건어물 가게를 했다는 말을 듣고 연유를 물었다. 별거 아니란다. 단체 관광객들이 관광버스를 타고 올 때 기왕이면 같은 지역 가게를 이용해 달라는 뜻에서 지명을 병기했는데 꼭 그 지역 출신이 아닌 경우도 많단다. 이분들도 건어물 가게에 수원이라 적었는데 수원하곤 아무 연고도 인연도 없다고 했다.

건어물 가게에서 식당으로 업종을 바꾼 뒤 많이 힘들어졌다고 했다. 제일 힘든 게 세금이란다. 건어물은 면세인데 식당은 버는 족족 세금을 내야 해서 남는 게 별로란다. 건어물은 가만히 손님을 기다렸다 팔면 그만인데, 식당은 준비하랴 손님 받으랴 설거지까지 몸 쓸 일도 훨씬 더 많단다.

영진해변의 세자매식당에서 점심을 먹고 나오는데, 서울시립대학교 근처 맛집인 '봉황부대찌개'가 생각났다. 여기는 세 자매인데, 거기는 네 자매다. 부대찌개가 아주 정갈해서 제자들과 자주 가고, 손님을 모시고 종종 들르기도 했는데 식당에서 늘 밝게 웃는 그분들이 친자매인 줄은 한참 뒤에야 알았다. 친자매들이 함께 식당을 운영한다는 얘길 들으면 왠지 믿음직한 느낌이 든다. 자매가 우애하는 모습이 긍정적 기운이 되어 손님의 입맛까지 좋게 해 주는 모양이다.

밥을 든든히 먹고 배도 꺼뜨릴 겸 바닷가를 걸었다. 바위 위에서 할머니 한 분이 엎드려 뭔가를 따고 계셨다. 미역일까 섭일까. 영진해변 앞바다엔 '섭바위'도 있다. 자연산 홍합을 이곳에서는 '섭'이라고 부른다. 영진해변 남쪽 사천항에는 섭국 잘하는 '진보양푼이 물회횟집'이 있다. 빨갛고 걸쭉한 국물에 섭이 듬뿍 들어간 섭국은 아주 특별한 맛이다. 강릉에 처음 왔을 때 권상동 대표 가족들과 만나 처음 섭국 맛을 보았고, 그 뒤에도 몇 번 갔는데 섭이 떨어졌거나 일찍 영업을 마쳐 더는 맛보지 못했다. 세자매식당 때문이었을까. 요즘 아주 열심히 본방사수 중인 유튜브 채널 〈먹두리〉가 생각났다. 비닐하우스에서 3형제가 솥뚜껑에 라면 15봉지를 끓여 먹는 영상을 우연히 보고 깜짝 놀랐다. 조회수가 무려 400만 회, 댓글이 7천개가 넘었다. 그날 거의 밤을 새며 동영상들을 감상했다.

내 고향 전주 사투리여서 더 친근하게 느껴졌던 3형제는 전라북도 임실군 어느 마을에 함께 살면서 며칠에 한 번 꼴로 맛난 음식을 준비해 나란히 앉아 먹는 먹방을 유튜브에 올린다. 쩝쩝 소리를 내며 대식가 3형제가 엄청 맛나게 아주 많이 먹는다. 배운 집 자손들이어서인지 요리를 마친 뒤 큰형이 음식을 담을 때 둘째 셋째는 가만히 기다린다. 음식을 다 담고 큰형이 식사를 시작할 때 함께 먹는다. 형이 아우를 챙기고, 아우는 형의 그릇에 김치를 올려 준다. 아재 개그를 연발하는 큰형과 딴청을 피우는 아우들을 침을 흘리며 지켜보다 보면 15분이 금방 간다. 시작한 지 8개월 만에 구독자수가 17만 명을 넘겼고, 영상이 올라오자마자 당일 조회수가 10만에서 20만대로 올라간다.

3형제 먹방은 왜 인기가 있을까? 로컬에 대한, 특히 시골에서 형제가 우애하며 살아가는 '로컬 라이프'에 대한 그리움을 자극하는 게 아닐까 하는 생각을 한다. 예전에는 너무도 평범하고 어디서나 볼 수 있던 일상이 지금은 너무 귀해져 몹시도 그리운 마음에 멍하니 3형제 먹방에 빠져드는 게 아닐까. 댓글 중에 교민들의 댓글이 더 절절한 걸 보면서, 부모님들만 살고 계시는 고향이 곧 사람이 없는 마을로 소멸될 형국인데도 그리움만은 아직 사라지지 않고 사람들 마음에 남아 있음을 느낀다.

점심 식사 뒤에 영진 바다가 내려다보이는 '카르페디엠커피' 3층에서 숙제 모드로 전환했다. 카페에 재즈가 달달하게 흐른다. 잔잔한 바다 물결이 오전보다 훨씬 더 가깝게 다가왔다. 고개를 내밀었던 바위들도 거의 다 물에 잠겼다. 유튜브 채널〈먹두리〉에 빠져드는 사람들의 그 마음으로 소멸 직전의 우리 고향들을 살려 낼 수는 없을까? 먹두리 3형제가 로컬을 살려 내고 로컬로 사람들을 불러오는 주역이 될 수는 없을까? 나는 애가 타서 자꾸만 묻는데, 대답 없는 파도는 무심히 왔다 갔다를 반복하며 딴청만 부린다.

강릉에서 만난 친구들

　로컬에서 한달살이를 하다 보면 옛 친구를 만나 오랫동안 풀지 못한 회포를 푸는 선물 같은 시간이 찾아온다. 서로 알고는 있어도 속내까지 나누지 못한 지인들과도 로컬에서 자주 만나며 더욱 가까운 관계로 나아간다. 로컬 한달살이는 종합 선물 세트처럼 많은 것을 준다. 선물 가운데 최고는 역시 사람이다.
　강릉에 와서 며칠 지내다가 아주 가까운 친구가 강릉에 있다는 걸 불현듯 깨달았다. 대학 4년을 함께 보냈고, 대학원 때도 종종 보았던 서울대 도시공학과 동기 심대영 교수를 만나러 2022년 1월 25일 화요일 점심 무렵 내곡동에 위치한 가톨릭관동대학교에 찾아갔다. 교통을 전공한 심 교수는 박사 학위를 받고 관동대학교 교통공학과 교수가 된 뒤 지금까지 강릉 사람으로 살고 있다. 관동대학교는 원래 명지학원이 운영해 오다가 재정난으로 어려움을 겪어 2014년 천주교 인천교구가 학교를 인수했고 교명도 '가톨릭관동대학교'

가톨릭관동대학교 심대영 교수와 함께

로 바뀌었으며, 심 교수는 공과대학 건축학부로 소속이 바뀌었다.

   서울에서 동기들 모임이나 애경사 때 가끔 본 적은 있어도 둘이 오랜 시간을 함께 보낸 건 처음이었다. 강릉 사람이 안내하는 '이주환전통한우'에 가서 점심으로 갈비탕도 먹고, 한옥으로 된 예쁜 카페 '나인'에서 차도 마셨다. 점심 식사를 했던 강릉시 성산면 위촌리는 설날에 온 마을 주민들이 함께 모여 마을의 어르신께 세배를 드리는 '도배례'를 450여 년간 이어 온 예의 바른 마을이어서 '도배마을' 또는 '도배례마을'로 불린다.

   강릉 한 달 시민이 되어 강릉에 살면서 강릉에 자꾸 마음이 기우는 걸 느낀다. 강릉(약 21만 명)은 원주(약 36만 명)와 춘천(약 29만 명)에 비해 인구나 힘으로는 조금 달릴지 모르지만 문화와 역사로는 단연 강원도의 으뜸이 아닐까, 그런 생각을 종종 했다. 일본의 교토와 중국의 남경, 그리고 우리나라 전주에서 느끼는 독특한 도시의 품격을 강릉에서도 발견했다. 그날 저녁에도 아주 반가운 사람을 만났다. MBC 강원영동 강릉방송국의 황지웅 PD와 서문시장 로컬 맛집 '태원식당'에서 가브리살 구이를 안주 삼아 소주를 2병씩 마셨다. 황 PD를 처음 만난 것은 2019년이다. 태백시 장성동의 오래된 아파트를 재건축하게 되었을 때 주민들이 자신들이 오래 살았던 아파트를 철거하기 전에 '아파트 장례식'을 치르는 과정을 영상으로 기록한 사람이다. 학교 연구실로 찾아와 인터뷰도 했고, 나중에 황 PD가 만든 방송 영상을 깊은 감동에 젖어 보고 또 보던 기억이 난다.

태원식당에서 황지웅 PD와 함께

내가 살았던 동네를 재건축하게 되었을 때 '경축! 우리 아파트 안전 진단 불합격!'이란 현수막을 내거는 참으로 이상한 풍토의 대한민국에서 이렇게 예를 갖추어 아파트 장례를 치르고 보낸 주민들의 애틋한 마음은 이 시대의 귀감이 아닐까. 당시 MBC 삼척방송국에서 근무하면서 이런 훌륭한 작품을 만들었던 황 PD는 그 뒤 강릉방송국으로 옮겼고, 내가 강릉 한달살이를 시작한 지 일주일쯤 되었을 무렵 연락해서 반갑게 만났다.

2월 8일 화요일 저녁에는 서울에서 ME 활동을 함께했던 김장오 벨라도와 성정숙 막시마 부부를 오랜만에 만났다. 막시마 자매의 건강 회복을 위해 전혀 연고가 없는 강릉에 와서 7년째 잘 살고 있는 두 사람을 오랜만에 만나게 되니 반갑고 기뻤다. 마침 내가 살던 교동에서 멀지 않은 유천지구 선수촌아파트여서 종종 오가며 살갑게 지내고 싶었는데, 이튿날 아침 두 사람은 제주도로 일주일 동안 여행을 떠날 예정이었다. 제주 여행에서 돌아올 무렵엔 내가 강릉 한달살이를 마치고 서울로 가야 하니 딱 그날밖에 시간이 없었다. 설 연휴에 서울에 갔다가 나 혼자 먼저 강릉에 왔고 아내는 2월 9일에 강릉으로 올 예정이어서 그날 부부가 함께 만나지 못한 게 많이 아쉬웠다.

벨라도와 막시마 부부가 댁으로 초대해 주어 오후 5시경 이른 저녁을 함께했다. 6시 반부터는 MBC 강원영동의 〈라디오 동서남북〉 생방송 인터뷰가 있어 서두르듯 저녁 식사를 했고, 그 댁에서 전화 인터뷰를 했다. 부부는 다음 날 제주로 떠난다며 음식과 과일까지 몽땅 싸서 내게 주었다. 둘째 아들 정도운 작가 그림을 넣어 만든 소화기 하나를 선물로 주고 두세 배로 답례품을 받아 와 고마운 마음도 들고 미안한 마음도 들었다.

사람들 가운데 인상이 참 좋은 사람이 있다. 한눈에 참 좋은 사람이라는 느낌을 주는 이들이 있는데 벨라도와 막시마 부부가 그런 사람들이다. 서울에서 처음 만났는데 꼭 고향 사람 같았고, 뭐라고 표현하기 어려운 동질감, 동지 의식, 오랜 친구 같은 느낌을 주는 부부였다. 그런 부부가 건강 때문에 서울을 떠나 강릉에 간 뒤로는 자주 보지도 못하고 연락도 뜸했는데 이렇게 만나니 참 좋았다.

강릉에서 살아온 7년이 어땠는지 물으니 강릉이 참 좋다고 했다. 집 앞에 산이 있고, 산에 꽤 긴 산책로가 있어서 매일 걷는다고도 했다. 멀리 대관령이 보이는 동네에 살면서, 틈만 나면 부부가 함께 대관령 숲속을 찾는다며 방긋 웃었다. 막시마 자매는 숲치유사 자격증도 따서, 자신도 숲에서 건강을 회복할 뿐만 아니라 더 많은 사람들이 숲에서 치유할 수 있도록 도우며 살고 있다.

지역 한달살이의 가장 큰 선물과 복은 역시 사람이다. 하마터면 만나지 못할 뻔했던 귀한 친구를 이렇게 보게 되어 다행이었다. 코로나 때문에 잊을 뻔한 걸 다시 깨달았다. 사랑하는 사람들은 만날 수 있을 때 만나야 한다. 대면이든 비대면이든 만나야 한다. 마음만으로 만나지 말고 마주 보고 하고픈 말들 주고받아야 한다. 시간이 늘 기다려 주지 않는다. 여차하면, 깜빡하면 놓친다. 후회하지 말고 있을 때 잘해야 한다. 그날 집으로 돌아와 '혼술'을 했다. 혼술을 하지 않을 수가 없었다. 손수 담근 돌배주에다 오징어볶음에 새우, 마늘, 피망을 올리브유에 볶아 빵 위에 올려 먹는 맛난 요리까지 푸짐하게 싸 준 두 사람의 정성이 너무 묵직해서 보따리를 풀어 놓고 혼술을 하며 행복한 저녁을 보냈다. 돌배주 맛이 특히 좋았다.

강릉에 오기 전부터 자주 연락하고, 강릉에 온 뒤에도 자주 만난 찐 강릉 사람이 또 한 명 있다. 당시 태백도시재생지원센터를 이끌고 있던 권상동 센터장이다. 강릉에는 권성동만 있는 게 아니고 권상동도 있다. 2000년대 초부터 강릉 지역 마을 만들기뿐만 아니라 마을 만들기 전국네트워크 활동을 오래 주도해 온 강릉 사람이다. 강릉에 오자마자 만나고 싶었지만 주중에는 태백에서 근무해야 해서 주말인 1월 22일 토요일 권 센터장을 만나 점심 식사도 하고 차도 마시면서 강릉 공부를 깊이 했다. 권 센터장 부부만 만난 것이 아니다. 오빠와 함께 강릉은 물론 강원도 마을 만들기 활동을 오래 해 온 권옥선 협동조합 해봄 이사장도 함께 만났다. 태백에서 일하는 권 센터장을 대신해 권옥선 이사장이 나의 강릉 한달살이를 가까이에서 가장 많이 도와주었다. 누군가를 만날 때도, 어느 지역을 방문할 때도 늘 가이드처럼 안내해 준 덕에 강릉 공부를 많이 할 수 있었다. 권상동·권옥선 남매에게 큰 빚을 진 셈이다. 언제 다 갚을꼬.

권상동 센터장은 21대째 강릉에서 살아온 뼛속 깊이까지 강릉 사람이다. 1968년생, 87학번으로 대학에 입학해 전자공학을 전공했고, 고등학교 때부터 운동권이었다고 들었다. 제대하고 대학을 졸업한 뒤에는 컴퓨터통신회사에서 일했고 30대 초반에 큰 교통사고를 당해 1년 이상 고생한 경험도 있다. 1990년대 말 김진선 강원도지사가 '새 농어촌 건설 운동'을 시작하면서 강원발전연구원(현 강원연구원)에서는 일본의 농업 정책과 사례 연구를 본격화했는데, 인터넷 컴퓨터 회사에 근무하면서 일본어에도 밝았던 권 센터장은

좌로부터 권상동, 정석, 권옥선, 권상동 센터장 사모님

일본 정보들을 검색하면서 일본과 우리나라의 마을 만들기에 관심을 갖게 되었다.

　권상동 센터장은 이후 경제정의실천시민연합(경실련) 강릉지부에서 활동가로 일했고, 2004년부터는 마을 만들기 팀장으로 활동했다. 2008년에 강릉시 마을만들기 지원센터가 발족했을 때 초대 사무국장을 맡았고, 2012년 사단법인 '우리마을'을 만들어 2015년까지 강릉시 마을 만들기 활동을 주도했다. 2007년에 '마을 만들기 전국네트워크'가 만들어질 때도 참여했고, 2008년 진안에서 열린 '마을만들기 전국대회' 이후 전국대회가 한동안 중단되었을 때 부활시키기 위해 애를 썼다. 그 결과 2010년 8월에 강릉에서 '마을 만들기 전국네트워크' 활동이 재개되었고, 2011년부터 시작된 지역 모임을 지금까지 이어 오는 데 있어 가장 중요한 역할을 지속하고 있다.

강릉 청년들을 연결하다

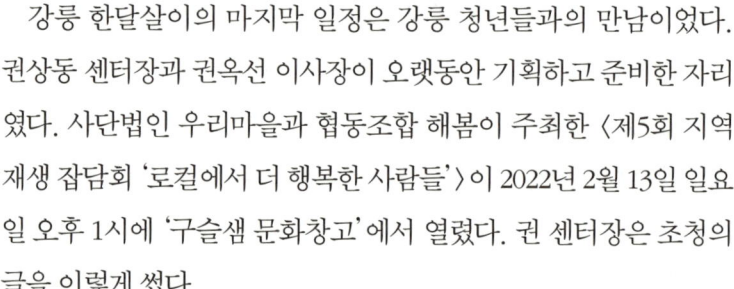

강릉 한달살이의 마지막 일정은 강릉 청년들과의 만남이었다. 권상동 센터장과 권옥선 이사장이 오랫동안 기획하고 준비한 자리였다. 사단법인 우리마을과 협동조합 해봄이 주최한 〈제5회 지역 재생 잡담회 '로컬에서 더 행복한 사람들'〉이 2022년 2월 13일 일요일 오후 1시에 '구슬샘 문화창고'에서 열렸다. 권 센터장은 초청의 글을 이렇게 썼다.

"지역에 사는 즐거움과 어려움에 대하여 이야기합니다. 지역에 뿌리내리기 위해 애쓰고 있는 모든 사람들과 만나고 싶습니다. 제5회 지역 재생 잡담회는 '로컬에서 더 행복한 사람들'이라는 주제로 서울시립대 정석 교수님과 함께합니다. 첫 번째 이야기는 참가자들의 지역과 도시와 지역에 사는 사람들에 대한 이야기를 듣고, 두 번째 이야기는 로컬에서 한달살이를 시작하신 정석 교수님이 지역에서 느낀 이야기를 듣습니다. 세 번째 이야기는 지역에서 지금까지 살고 있는 혹은 도시에서 살다 지역에 정착하는 과정에 있는 청년과 강릉 사람들에게 대한 이야기를 함께 나누며 로컬에서 사는 즐거움과 어려움에 대해 토론하는 토크콘서트 형식의 강연입니다."

코로나 상황이라 많은 사람을 초대할 수 없어서 사전에 참가 신청을 받았고, 유튜브 생중계를 병행해 현장에 올 수 없는 사람들과도 실시간으로 공유할 계획이었다. 인원 제약 때문에 강릉의 젊은 청년들에게 자리를 양보한 선배들이 많았고, 아쉽게도 유튜브 라이브는 현장 상황으로 접어야 했다. 권 센터장은 그날 행사의 전 과정을 카메라에 담았고 나중에 3시간짜리 영상으로 편집해 유튜브에 올렸다.

행사 전날인 토요일 저녁, 우리 부부와 권상동·권옥선 남매와 행사 진행을 맡아 멀리 과천에서 강릉까지 온 송준규 선생, 강릉에서 시민운동을 오래 해 온 김중남 선생이 '강릉브루어리'에서 함께 모였다. '버드나무 브루어리'와 함께 강릉의 대표적 수제 맥주 브랜드인 '강릉브루어리'에 오래 전부터 와 보고 싶었지만 여의치 않아 이날 처음 방문했다.

강릉뿐만 아니라 강원도에는 수제 맥주와 수제 막걸리 브랜드가 꽤 많다. 강릉에는 수제 막걸리 '명주도가'가 있고, 정선에는 아리비어를 생산하는 '아리랑브루어리'가 있고, 춘천에는 말표 맥주와 소양강 에일 등을 생산하는 '스퀴즈브루어리(현 스퀴즈맥주)'와 '감자아일랜드'가 있다. 속초에는 '몽트비어'와 '크래프트루트'가 있고 고성에는 '문베어브루어리'가 있다. 강원도는 가히 맥주 천국이다.

강릉브루어리 김상현 대표에게서 간단한 설명을 듣고 맥주 맛을 보았다. 김 대표는 수제 맥주를 만들기 시작한 1세대로 맥주뿐만 아니라 오래 전에 술도가에서 막걸리 공부와 제빵 공부도 했고, 농업기술센터의 양조 교육도 받은 정통파다. 수제 맥주와 수제 막걸리를 동시에 만드는 매우 드문 경우다. 맥주 자체의 균을 배양해서 독특한 향이 있는 맥주를 만들고 있다. 배 효모를 배양해서 맛을 낸 '배꽃향기'와 곶감 효모로 맛을 낸 '호랑이곶감' 등 메뉴가 다양하다. 자신의 이니셜을 넣은 '마스터SH 블랙아이피에이'는 2021년 초 BTS 멤버들이 윈터 패키지 촬영 중에 이곳에 들러 맛을 보고 "지금까지 마신 맥주는 흑맥주가 아니었다."고 외칠 만큼 푹 빠지게 해서 강릉브루어리를 유명하게 했다.

종류별로 맛보니 저마다 개성 넘치는 맛이 있었다. 강릉의 독특한 수제 맥주를 마시며 내일 행사 준비를 위한 구체적 대화도 나눴다. 행사 진행을 맡은 송준규 선생은 과천 신도시 아파트 키즈로 도시인류학을 전공했고 서울연구원에서도 근무한 적이 있다. 박사 학위 과정을 밟는 중이고 원주의 협동조합을 연구하고 있다고 했다. 우리 부부의 강릉 한달살이를 가장 많이 도와준 권옥선·권상동 남매와 멀리서 와 준 송 선생과 강릉시장에 도전할 준비를 하고 있던 김중남 선생과 함께 즐거운 시간을 보내고 집으로 왔다.

저녁 늦은 시간 잠자리를 펼 무렵 권 센터장으로부터 전화가 왔다. 조금 전까지 함께 시간을 보낸 권옥선 이사장이 며칠 감기 기운이 있어서 혹시나 싶어 검사했는데 코로나 확진이라고 했다. 함께 저녁 시간을 보낸 사람들도 혹시 모르니 자가진단을 해야 할 것 같다며 키트를 전달해 주겠다고 했다. 집 앞까지 온 권 센터장에게서 키트를 받으며 당장 내일 행사를 어떻게 해야 할지 의견을 나눴다. 내 의견을 묻길래 나와 권 센터장까지 확진이면 취소해야겠지만 그렇지 않다면 해야 하지 않겠냐고 답했다. 2월 13일 일요일 아침 코로나 자가진단 키트로 검사를 했다. 다행히 나도 아내도 모두 음성

강릉브루어리에서 즐거운 시간

이었다. 다른 사람들의 검사 결과가 궁금했는데 이미 확진 판정을 받은 권옥선 이사장을 제외한 모두가 음성이었다. 어렵게 준비한 청년들과의 만남이 혹시나 무산될까 걱정했는데 다행이었다. 가슴을 쓸어내렸다.

점심 무렵 아내와 함께 집을 나섰다. 행사 장소인 '구슬샘 문화창고'는 예전에 소금과 쌀을 보관하던 창고 건물을 잘 고쳐 문화 공간으로 되살린 재생의 좋은 사례로 강릉시 옥천동 동부시장 가까이에 있다. 재래시장에는 늘 맛집이 있는 법이어서 시장을 한 바퀴 돌아보고 소머리국밥과 돼지머리국밥이 먹음직스러워 보이는 '돼지식당'을 선택했다. 재래시장 인심은 역시 달랐다. 돼지 머리고기부터 큼직큼직 썰어 맛깔났다. 내가 맛있게 먹는다며 반찬을 자꾸 가져오셨고 귀한 찰밥까지 주셨다. 사장님 성함을 여쭈니 전주 이 씨라고 답하셨다. 이 자리에서 43년째라고 하길래 오래오래 건강하시라고 인사를 드렸다.

구슬샘 문화창고에는 여러 지역에서 꽤 많은 청년들이 와 있었다. 오후 1시에 송준규 선생 진행으로 행사를 시작했고, 참가자들이 돌아가면서 자기소개 하는 시간부터 가졌다. 강릉 토박이 청년들이 오래 활동을 이어 오고 있는 '세손가락'에서 가장 많은 다섯 청년들이 왔고, 태백의 '남쪽모서리사업단'과 주식회사 '널티', 카페 '차호'에서 활동하는 청년들도 여럿이 함께 왔다. 강원도 철원

참가자들이 서로를 소개하는 시간 ⓒ권상동

에서 태어나 서울에서 대학을 마치고 활동 중이던 '오롯컴퍼니'의 이종건 대표도 강릉은 처음이라며 참석했고, 강원창조경제혁신센터의 로컬 창업 지원 사업으로 강릉에 와서 창업한 '더루트컴퍼니'의 김지우 대표와 '더웨이브컴퍼니'의 최지백 대표도 함께했다. MBC 강원영동의 황지웅 PD, 동해시도시재생지원센터 석서영 선생, 〈시사n라이프〉의 윤준식 편집장 외에도 학생, 음악가, 공예가, 미디어 전문가, 마을 활동가, 강릉에 온 지 1년 된 시민이라고 자신을 소개한 많은 청년들이 함께했다.

참가자들의 소개가 끝난 뒤 내가 한 시간 반 정도 '로컬에서 더 행복한 사람들'이란 주제로 강연을 했다. 그리고 다시 한 시간 정도

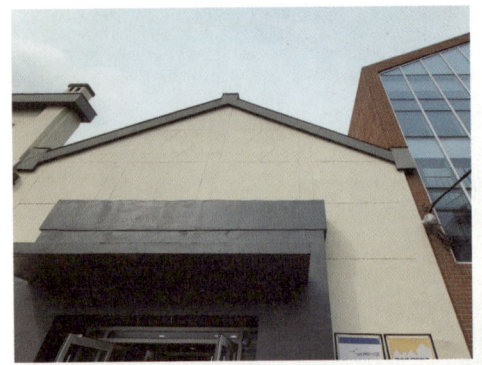

구슬샘 문화창고에서 '로컬에서 더 행복한 사람들' 강연 ⓒ권상동

대화를 이어 갔다. 강연에서 나는 대한민국이 지금처럼 편중과 불균형으로 지방 소멸을 앞두게 된 원인이 개발 시대부터 이미 시작되었고, 핵심은 〈성장거점개발론〉이었음을 지적한 뒤, 이 문제를 해결하는 유일한 해법은 수도권에서 비수도권으로의 자발적 인구 이동밖에 없다는 판단 아래 2021년 연구년에 지역 한달살이를 시작했다고 설명했다. 그리고 하동, 목포, 전주, 강릉에서 더 행복하게

일하며 사는 많은 사람들과 그들의 삶을 소개했다.

강연 뒤 청년들은 다양한 질문을 했다. 낯선 도시에 갔을 때 가장 먼저 무엇을 보는지, 로컬의 가장 큰 문제인 대중교통의 해법은 무엇인지, 로컬에 정작 필요한 일자리와 대중교통과 문화예술 기반 시설을 확충하는 데 별 관심이 없는 단체장이나 행정을 어떻게 움직이도록 촉구할지, 대중교통을 우선하는 정책이 걷는 데 불편을 겪어 자가용을 타야만 하는 교통 약자들을 힘들게 하지는 않을지, 관광객이나 이주 청년들에 대한 지원 정책이 강릉에서 오래 살아온 토박이 청년이나 어르신들에게 불편과 불이익 또는 소외감을 주는 문제는 어떻게 해결할 수 있을지, 로컬에서 청년들이 각자도생하면 안 될 것 같아 단체를 만들어 활동하고 있지만 여전히 행정 관계에 어려움을 겪고 있는데 행정과 어떻게 소통하고 상대해야 할지, 로컬 한달살이 중에 무엇이 불편했고 서울보다 더 행복하게 해 준 게 무엇인지 등을 묻길래 하나하나 자세히 답해 드렸다.

이 행사를 기획하고 기록하느라 고생한 권상동 센터장에게도 마이크를 건넸다. 권 센터장은 모래알처럼 따로따로인 강릉과 인근 지역 청년들을 연결하고자 이 자리를 만들었는데 오늘 참가한 청년들이 서로 연결된 느낌을 갖게 되었는지부터 물었다. 강릉 한달살이 중인 정석 교수가 강릉 청년들이 단단히 연결되는 매개 역할을 오늘 했고, 이것을 시작으로 강릉 청년들 개개인이 서로 연결되고 지역과 지역도 더 강하게 연결되길 희망한다고 했다. 오늘 뒤풀이도 준비했으나 코로나 상황이라 아쉽지만 생략하기로 했다는 말도 덧붙였다. 정 교수는 언제든 강릉이나 다른 지역에서 초대하면 오기로 했으니 이런 기회를 또 만들겠다고 했다.

내게도 마무리 인사를 하라고 해서 선물로 가져온 「도시의 발견」과 「천천히 재생」 두 권의 책을 누구에게 선물하면 좋을지 의논부터 했다. 결국 가장 많은 인원이 참가한 강릉 토박이 '세손가락' 팀과, 가장 멀리서 온 '태백' 팀에게 한 권씩 사인해서 선물했다. 청년들이 인스타그램이나 페이스북 같은 SNS로도 꼭 연결해 매일매일 일상을 서로 나누며 함께 살라고 부탁했다. 로컬에서 살아가는 여러분들이 행복해야, 행복한 여러분을 보고 부러워하고 또 오고 싶어 할 테니 부디 로컬에서 행복하게 살라는 얘기로 마무리했다. 단체 사진을 함께 찍으며 일요일 오후 3시간 이상 이어져 온 강릉 지역 청년들을 '연결하는' 시간을 모두 마쳤다.

강릉에서 나고 자라 강릉을 지키고 있는 청년들도, 강릉이 좋아 강릉에 와서 열심히 살고 있는 청년들도, 태백을 비롯한 인근 지역 청년들도, 강릉 이주를 꿈꾸는 청년들도, 언제든 서로 연락해서 반갑게 만나 필요한 걸 나누고 힘든 일을 얘기하고 위로받는 그런 든든한 비빌 언덕 같은 '강릉 청년 네트워크'가 만들어지면 좋겠다고

강릉 지역 청년들과의 만남 ⓒ권상동

생각했다. 강릉 한달살이를 그렇게 마무리했다. 강릉, 참 좋은 지역이다. 좋은 사람들, 강릉 사람들을 만날 수 있어서 행복했다. 책을 쓴다고, 또 설 연휴까지 끼어 말은 한달살이지만 많이 미흡했던 강릉 한달살이여서 강릉한테 미안했다. 다시 또 오겠다고 다짐했다. 2월 14일, 강릉을 떠나 서울 집으로 왔다. 서울은 미세먼지가 심한 날이었다. 하동, 목포, 전주, 강릉으로 이어진 지역 한달살이 여정을 이렇게 마무리했다. 강릉은 아내와 함께여서 더욱 푸근했다. 지역 한달살이에서 가장 중요한 게 머물 집인데, 좋은 집을 빌려준

MBC 강원영동 강릉방송국 장진원 국장 부부께 감사드린다. 덕분에 내 집처럼 아주 편안히 보냈다.

나처럼 지역에 머물며 살아 보는 것을 강력히 추천한다. 한달살이가 가능하면 한 달을, 여의치 않으면 일주일이라도, 보름이라도 살아 보길 권한다. 지역에 머물며 지역에 스며들고, 그 지역 사람이 되어 보는 것은 아주 놀라운 경험이다. 대한민국의 지역들이 얼마나 넓고 깊고 맛깔나는지 알게 될 것이다. 행복한 삶을 향한 길이 외통수가 아니라 아주 다양한 길들이 있음을 발견하게 될 것이다. 해 보면 안다.

맺음말

로컬에서 찾은 대한민국 치유의 길

하동, 목포, 전주, 강릉이라는 네 곳의 '로컬'에서 한 달을 살아 보려고 찾아온 나에게 로컬은 아주 귀한 선물로 보답해 주었다. 일일이 열거하기 어려울 만큼 푸짐하고 다채로운 선물을 많이 받았는데 그중 둘만 꼽으라면, 하나는 로컬에서 내가 더 행복하게 살아 본 생생한 체험이고, 또 하나는 소멸 위기의 로컬에서 '대한민국 치유의 길'을 발견한 것이다.

역시 현장에 답이 있었다. 서울과 수도권이 아닌 로컬에 답이 있었다. 네 지역에서 한 달씩 살아 보고 전국 53개 지역을 일 년 동안 구석구석 오가면서 대한민국이 지금 앓고 있는 중병의 생생한 실상도 목격했고, 그 원인과 해법도 어렵지 않게 찾아낼 수 있었다.

왜 사람들은 로컬을 떠나 서울로 수도권으로 가는가? 로컬보다 서울이, 수도권이 희망과 기회의 장소라고 믿기 때문일 것이다. 그런 꿈과 기대를 품고 청년과 신혼부부들이 서울을 비롯한 수도권에 오면 행복할까? 그렇지 않다. 경쟁은 더욱 심하고, 집을 구하는 것부터 일상을 영위하기까지 이전에 살던 곳보다 훨씬 더 무거운 짐을 이고 진 채 살아야 한다. 신혼부부들도 서울과 수도권에 오면 아이 낳고 키우는 게 더욱 버겁게 느껴져 포기하는 경우가 많다. 출생률이 높은 로컬은 아이 낳을 사람들을 자꾸 떠나보내 아이가 태어나기 힘들어지고, 아이 낳을 사람들이 몰려오는 수도권은 경쟁이 더욱 심해져 아이를 낳지 않으니 이런 악순환이 또 어디 있겠는가.

넉 달 동안 로컬에서 한 달씩 살고 일 년 내내 전국의 로컬을 오가며 직접적인 현장 연구를 통해 내가 발견한 대한민국 치유의 길은 '로컬로의 자발적 이주'로 요약할 수 있다. 서울과 수도권으로 집중되는 인구 이동의 방향을 바꿔, 서울과 수도권에서 로컬로 옮겨 가는 새로운 인구 이동의 흐름을 만드는 것이다. 오라 가라 한다고 오고 가지는 않을 것이니 자발적 이주를 선택하도록 정부와 지방자치단체들이 죽을 각오로 할 수 있는 모든 노력을 다해야 한다. 로컬로의 이주가 더 유리하고 행복한 선택이라는 믿음을 주고, 실질적인 효과를 체감할 수 있도록 하여 로컬에서 행복하게 일하며 사는 사람들이 점점 늘어난다면, 로컬로의 자발적 이주는 이례적이고 예외적인 현상이 아닌 '대세'가 되고 '트렌드'가 될 것이다.

로컬로의 자발적 이주를 나는 '일백탈수 지역민국'이라 부른다. "일 년에 백만 명씩 수도권을 벗어나서 지역에 우리가 꿈꾸는 나라, 우리가 주인인 나라인 지역민국을 세우자."는 뜻이다. 일 년에 백만 명씩 향후 10년간 1천만 명 정도가 수도권을 떠나 로컬로 옮겨 온다면 대한민국은 지금보다 훨씬 더 건강하고 행복해질 것이다. 서울과 수도권의 인구가 줄면 경쟁도 덜해지고, 부동산 가격도 내려갈 것이다. 환경 문제와 교통 문제도 지금보다 훨씬 더 줄어들 것이다. 스트레스가 줄면 사람들의 행복지수가 올라갈 테고, 낮아지던 출생률도 조금이나마 오를지 모른다. 사람을 빼앗겨 소멸 위기를 겪던 로컬은 인구가 늘면서 피가 돌 듯 생기가 돌 듯 활력을 되찾게 될 것이다.

자발적 이주는 몇 단계를 거쳐야 한다. 여행하듯 가벼운 마음으로 로컬에 와서 탐색하고, 머물 집을 찾아 짧게는 일주일에서 길게는 일 년 이상 로컬에서 살아 보는 단계를 거친 뒤에야 실질적인 이주가 이루어질 것이다. 그러므로 '정주인구' 또는 '상주인구'를 늘리는 것에 목표를 둘 게 아니라 '관계인구'와 '생활인구'를 늘리는 데 중점을 두어야 한다.

자연환경도 좋고 의료 시설과 문화 시설이 잘 갖춰진 몇몇 로컬에서는 수도권에서 사람들이, 특히 은퇴한 중장년들이 스스로 와서 머물러 보고 또 이주해 오고 있다. 그러나 이런 몇몇 지역을 제외하면 일주일이나 한 달을 머물기에 아주 열악한 곳들이 많다. 그러니 준비해야 한다. 정부와 지방자치단체가 함께 '로컬로의 초대'를 위한 준비부터 해야 한다. 할 일은 많은데 가장 중요한 다섯 가지를 꼽자면 '일자리, 살자리, 교통망, 관계망, 돌봄 행정'이다. 로컬을 더욱 건강하고 행복한 곳으로 만들기 위한 필수 요건들이니 '행복한 로컬을 만드는 5대 영양소'라고 불러도 좋겠다.

　로컬로의 자발적 이주가 대세가 되고 트렌드가 되려면, 서울과 수도권에 살던 인재들이 로컬에 와서 편히 머물고 살도록 준비해야 할 일이 하나 더 있는데, 이를 '로컬의 혁신'이라 불러도 좋겠다.

　우선은 관점부터 바꿔야 한다. 지방의 '인구'를 유지하거나 늘리겠다는 관점에서 '인재'로 시각을 바꿔야 한다. 인구는 어쩔 수 없이 줄고 있다. 인구에 집착하지 말고 이미 지역에 와 있는 인재를 예우하고 바깥의 인재를 초대해야 한다. 또 하나의 관점 전환은 '개별'에서 '연결'로의 전환이다. 수도권에 에너지를 뺏긴 로컬의 소도시들이 '각자도생'하면서 인접 지역들끼리 벌이는 '제로섬게임'을 그만두고, '연결'하고 '연대'하고 '연합'해야 한다. 행정구역 통합을 전제하는 '메가시티' 구상을 나는 반대한다. 그보다 더 좋은 해법이 '소도시 연합'이기 때문이다. 소도시들이 편리한 대중교통으로 연결되면 행정구역은 달라도 하나의 생활권이 되고 단일경제권이 되어 상생하며 함께 발전하는 '윈윈 전략'으로 국면을 바꿀 수 있다. 엄청난 비용이 들고 인구 쏠림 현상이 심화될 게 뻔한 '메가시티'보다 '소도시 연합'이 저비용 고효율의 해법이 될 것이다.

　로컬에서 발견한 대한민국 치유의 길을 '행복한 로컬을 만드는 5대 영양소'와 '메가시티보다 소도시 연합', '일백탈수 지역민국' 세 가지 해법으로 요약하면서 긴 이야기를 마치고자 한다.

하나, 행복한 로컬을 만드는 '5대 영양소'

로컬로 인재를 초대하려면 인재들이 와서 불편 없이 행복하게 일하며 살 수 있도록 여건부터 갖춰야 한다. 행복한 로컬을 만들기 위한 다섯 가지 선행 조건, '5대 영양소'의 첫째는 일자리다.

로컬에 '일자리'를 만드는 방법은 아주 많다. 과거 개발 시대에는 대기업 유치, 공장 신설을 일자리 창출의 해법으로 여겼지만 지금과 같은 재생 시대에는 일자리에 대한 생각부터 바꿔야 한다. 혁신적인 일자리를 창의적으로 만들어야 한다. 젊은 세대들의 일자리에 대한 개념과 선호도가 급격히 바뀌는 것도 고려해야 한다. 취업 일변도에서 창업과 프리랜서를 키우는 쪽으로 일자리의 스펙트럼을 크게 넓혀야 한다. '워케이션' 트렌드도 고려하고, 환경이 빼어난 지역의 빈집을 활용해 수도권이나 대도시에 본사를 둔 기업의 '위성 사무실'을 로컬로 유치하는 것도 좋은 방법이 될 것이다.

이미 취업을 경험하고 나름의 전문성을 지닌 청년들의 로컬창업과, 은퇴한 중장년들의 열정을 교육훈련으로 지원해 창업으로 이어지도록 적극 도와야 한다.

일자리 다음으로 중요한 게 '살자리'이다. 로컬에 빈집이 많아도 청년과 중장년들이 와서 살 집은 찾기도 구하기도 어렵다. 살자리에는 주민이 거주하기 위한 '주택'뿐만 아니라 일주일에서 일 년 이상 머물 수 있는 '스테이'도 포함된다. 중소 도시 원도심과 농산어촌마다 방치되어 있는 빈집들을 주택과 스테이로 되살리는 데 지방자치단체가 가능한 모든 방법을 동원하고 정부는 적극 지원해야 한다. 빈집 주인에게 10년간 무상으로 임대한 뒤 자비로 고쳐 10년간 스테이로 운영한 후에 그대로 돌려주는 제주 '다자요' 모델과, 비어 있는 농가를 지방자치단체가 무상으로 임대하되 임대 기간과 개보수 비용을 연계하여 장기 임대를 유도하고 고친 집들을 마을 호텔로 운영하고 있는 전남 강진군도 좋은 사례다. 지방자치단체들이 이런 방식으로 살자리를 제공하면서 인재들을 초대한다면 오지 않

지리산 순환 BRT 구상 ⓒ서울시립대커뮤니티와도시설계연구실

겠는가? 나 같으면 가겠다.

로컬로 인재를 초대하기 위해 시급히 준비해야 할 게 '교통망'이다. 불편한 대중교통은 로컬의 가장 취약한 점이라고 해도 과언이 아니다. 자가용이 없으면 거의 고립된다. '시내 대중교통'뿐만 아니라 지역과 지역을 연결하는 '지역 간 대중교통'은 더욱 취약하다. 하동 한달살이를 하면서 몸으로 겪은 불편 때문에 하동군수를 만나 지역과 지역을 연결하는 '구례-하동 BRT'와 화개, 악양의 지역 내 '순환 미니버스'를 제안했고, 이것을 확대해 '지리산 BRT'를 구상했다. 남원, 구례, 하동, 산청, 함양을 최단거리로 연결해주는 '지리산 BRT'가 운행된다면 이들 5개 지역은 하나의 생활권이 되어 상생할 수 있고, '소도시 연합'의 좋은 모델이 될 것이다.

전주 한달살이 때 겪은 어처구니없는 불편 덕분에 '전북 BRT' 계획안을 만든 것도 같은 맥락이다. 자가용이 탁한 피라면 대중교통은 맑은 피와 같다. 자가용보다 빠르고, 비용은 훨씬 덜 드는 대중교통으로 대한민국 로컬을 구석구석 연결해 준다면 피가 돌 듯, 기가 통하듯 로컬이 살아날 것이다. 대중교통과 자전거와 보행으로 생활도 관광도 너끈히 가능한 '대자보 도시'를 만들어야 로컬도 살 만한 곳이 될 것이다.

지역과 지역이 연결되어야 함께 살아나듯 로컬의 인재들도 서로 연결되어야 외롭지 않게, 즐겁고 행복하게 로컬에서 살아갈 수 있

전북 BRT 구상 ⓒ서울시립대커뮤니티와도시설계연구실

다. '관계망'이 중요한 이유가 여기에 있다. 하동과 목포, 전주와 강릉에서 만난 청년들에게서 관계망의 필요성을 절절히 느꼈다. 유능한 인재가 로컬에 내려와 창업해서 성공해도 마음이 맞는 친구와 의지할 어른이 없다면 행복을 보장할 수 없다. '전라북도 청년모정'처럼 지역과 지역을 연결하는 청년 네트워크가 필요하다. 죽기 살기로 일해야 하는 청년들과 달리 로컬에 와서 조금은 여유 있게 살아가는 중장년들이 청년들의 '비빌 언덕'이 되어 준다면 로컬의 관계망은 더욱 단단해지고 돈독해질 것이다.

마지막 영양소는 행정의 혁신이다. 개발 시대의 관행적 행정을 버리고 재생 시대의 섬세한 행정으로 과감하게 변화해야 한다. 재원을 받아 와 용역을 맡기는 소극적 행정이 아니라 생명을 돌보듯 생애 주기 내내 세심하게 살피고 돕는 적극적 '돌봄 행정'으로 혁신해야 한다. 공급자 중심이 아닌 수요자 맞춤형 행정으로 전환해야 한다. 「천천히 재생」에서 소개한 바 있고, 2023년 여름에 직접 답사를 다녀왔던 일본 시마네현 오난정의 '일본 제일 육아 도시' 정책이 좋은 예다. 인구가 1만 명에도 못 미치는 소도시 오난정은 지난 10년 동안 시정의 중심을 '출산과 육아 지원'에 두었고, 수요자 중심의 돌봄 행정으로 전환해서 노력해 온 결과 매년 평균 60명의 신생아가 태어나는 놀라운 성과를 거두었다. 지역 내 공립병원에서 소아과와 산부인과의 의료 서비스가 24시간 가능하고, 아픈 아이들을 따로 받아 주는 어린이집이 있을 만큼 섬세하게 육아를 지원한다. 우리도 마음먹으면 할 수 있다.

둘, '메가시티'보다 '소도시 연합'으로!

우리나라 인구 문제의 핵심은 '감소'보다 '쏠림'에 있다. 인구 감소는 어쩔 수 없는 현상이다. 문제는 줄어드는 인구가 몇몇 곳으로 쏠리는 데 있다. 인구가 쏠린 곳은 경쟁 과열, 부동산 가격 상승, 주택 문제, 교통 문제, 환경 문제가 심화되어 살기 힘들어지고, 인구를 뺏긴 곳은 사람과 에너지를 잃어 소멸 위기를 눈앞에 두고 있다. 뺏는 쪽과 뺏기는 쪽 모두의 문제를 심화시키는 이 악순환의 고리를 끊으려면 인구 쏠림 현상부터 막는 게 무엇보다 시급하다.

인구는 어디로 쏠리고 있는가? 인구를 빨아들이는 세 개의 블랙홀이 있으니 '수도권'과 '대도시' 그리고 '신도시'다. 크게 보면 대한민국 인구가 비수도권에서 수도권으로 몰리는 것이 첫 번째 쏠림 현상이고, 대도시가 인근 지역의 인구를 빨아들이는 것이 두 번째 쏠림 현상이다. 어쩌면 지금 가장 주목해야 할 게 세 번째인데 다름 아닌 '신도시'로의 인구 쏠림 현상이다. 수도권 신도시는 인구 쏠림 현상을 이중으로 발생시키는 최악의 주범이고, 비수도권의 신도시 역시 수도권에 인구를 뺏긴 채 골병을 앓고 있는 지방 중소 도시 원도심과 인근 농산어촌에 치명상을 주는 '블랙홀 폭탄'과 다르지 않다. 잊지 말자. 대한민국 인구는 줄고 있다. 그것도 아주 빠른 속도로. 이런 상황에서 인구 쏠림 현상은 문제를 더욱 악화시킨다. 그러니 막아야 한다.

수도권으로의 인구 쏠림 현상을 막으려면 '수도권 신도시' 건설부터 중단해야 한다. 인구가 급격히 줄고 있는데 왜 신도시를 짓는가? 신도시를 건설하고, 도시철도를 연결하고, GTX를 뚫고, 멀쩡한 고속도로와 철도를 지하화하고, 대심도 지하고속도로를 건설한다면 수도권 인구는 더욱더 늘 것이고, 수도권에 인구를 뺏긴 비수도권의 중소 도시와 농산어촌의 소멸은 더욱 앞당겨질 것이다. 수도권 신도시 건설을 중단하고, 관련된 기반 시설에 대한 투자를 멈추어야 한다. 국가 재정 투자의 중점을 비수도권으로 옮겨야 한다.

인구 쏠림 현상의 가장 크고 센 블랙홀이 수도권이라면, 인구를 뺏어 가는 또 다른 블랙홀이 있으니 '대도시'와 '신도시'다. 지방의 대도시들보다 더욱 게걸스럽게 인구를 빨아들이는 게 바로 신도시다. 비수도권의 중소 도시와 농산어촌이 왜 점점 소멸되어 가는가? 자연스러운 노화나 쇠퇴 현상이 아니다. 수도권에 뺏기고, 인근 대도시와 신도시에 다시 인구를 뺏기는 이중 삼중의 외부 타격에 의해 노화와 쇠퇴를 강요당하는 꼴이다. 국토 균형 발전에 가장 열정적이었던 노무현정부의 뼈아픈 패착은 '동시다발 지방 신도시' 건설이었다.

임기 말이던 2006~2008년에 혁신도시 10곳, 기업도시 7곳, 행정중심복합도시 세종시에 더해 도청 이전 신도시까지 20개가 넘는 신도시 건설이 시작되었다. 혁신도시로 옮겨 간 공공기관 근무자들은 기반 시설이 채 갖춰지기 전의 혁신도시에서 한동안 불편을 겪어야 했다. 시간이 지나 도시의 면모를 두루 갖춘 지금의 혁신도시와 신도시들은 눈부시게 찬란한 멋진 도시가 되었지만, 신도시에 인구를 뺏긴 인근의 원도심과 농산어촌은 신도시 때문에 더욱더 비어 가고 있다.

가정해 보자. 공공기관 이전을 명분으로 전국 여러 곳에 신도시를 짓는 대신, 텅텅 비어 있던 지방 중소 도시 원도심에 공공기관들을 이전했으면 어땠을까? 이미 기반 시설이 갖춰진 원도심에서 공공기관 근무자들은 불편 없이 일하며 살 수 있었을 것이다. 게다가 공공기관이 들어오면서 전에 없던 활력을 얻은 원도심의 재생도 절로 이뤄졌을 것이다. 동시다발적 신도시 개발로 풀린 엄청난 보상가로 인해 부동산 시장이 뜨겁게 달궈지는 일도 막을 수 있었을 것이다. 새로 일을 벌여 부작용을 키우는 '개발'보다 빈 곳을 채우고 고치고 되살리는 '재생'이 훨씬 더 좋은 해법인데 노무현정부는 개발을 선택했다. 왜 그랬을까? 노무현 대통령은 이런 부작용을 알았을까? 궁금하다.

2024년에 열릴 국회의원 선거를 앞두고 '서울 메가시티' 이야기가 튀어나오자 '비수도권 메가시티' 논의가 다시 뜨거워졌다. 부산, 울산, 경남을 통합하자는 '부울경 메가시티(동남권)'를 비롯한 메가시티 구상은 대한민국의 인구 쏠림 현상을 해결할 좋은 방법일까? 취지는 좋으나 그 방법에는 문제가 많다. 비수도권의 대도시와 인근 중소 도시를 메가시티로 통합하면 지역 내 인구가 골고루 분산될까? 아니다. 메가시티의 핵인 대도시로의 인구 쏠림 현상이 더욱 가속될 것이다. 쏠림의 문제를 쏠림으로 풀 수는 없다.

비수도권 메가시티 주장의 근거는 거대한 덩치의 수도권과 맞대응하기 위해서는 비수도권도 권역별로 통합해 규모를 키워야 한다는 논리다. 행정구역 통합은 쉽지 않은 일이고 비용도 엄청나게 들 것이다. 통합만이 유일한 해법이라면 어려움을 감수하고라도 해야 한다. 그런데 통합보다 더 좋은 대안이 있다면 그것부터 하는 것이 옳다. 인위적 통합으로 덩치를 키우는 '메가시티'보다 현재의 행정구역을 그대로 둔 채, 인근 소도시들의 연결을 강화하고 상생 협력을 위해 연대하는 '소도시 연합'이 더 좋은 대안이다.

대한민국의 행정구역 체계 개편은 언젠가는 풀어야 할 숙제다. 깊이 그리고 오래 연구해서 한 번에 잘 풀어야 한다. 성급한 통합은 온갖 문제와 부작용을 초래할 것이다. 그러하니 통합에 앞서 지금 우리가 할 수 있는 시급한 일부터 하자. '연결'과 '연대' 그리고 '연합'이다.

악순환의 고리를 끊자. 끝없는 경쟁과 각자도생을 멈추자. 가까운 이웃끼리 뺏고 뺏기는 약육강식의 제로섬게임을 그만두자. 저마다 곱고 매력이 많은 작은 도시들이 서로 연결하고 연대해서 서로에게 이익이 되는 상생 협력의 윈윈 게임을 시작하자. 그렇게 서로 연결하고 연대한다면, 그리고 연합한다면 그것이 바로 메가시티, 네트워크시티의 첫 단계일 것이다. 인위적 통합에 앞서 지금 이 상태에서 할 수 있는 일부터 시작하자. 돈이 덜 드는 방식으로, 기득권이 가로채지 않고 그곳에 돈이 스며드는 방식으로.

셋, '일백탈수'로 '지역민국'을!

하동, 목포, 전주 한달살이를 마치고 강릉 한달살이를 시작하기 직전인 2021년 말, 환갑을 맞는 뜻깊은 임인년 새해를 앞둔 시점에 나는 꿈을 꾸었다. 2022년 새해부터 시작해 언젠가 내 삶을 마칠 때까지 여생 동안 내 가슴에 품고 죽을힘을 다해 이루고 싶은 꿈을 꾸었다. 그 꿈이 바로 대한민국 치유의 길, '일백탈수 지역민국'이다. 〈일백탈수〉가 대한민국이 앓고 있는 중증 질환 치유의 '시작'이라면, 치유의 '완결'은 〈지역민국〉이 될 것이다.

'일 년에 백만 명씩 탈수도권' 하는 인구 대이동을 간절히 꿈꾼다. 2019년 출간했던 「천천히 재생」 5장에서 나는 대한민국을 '행복하지 않은 선진국'으로, 많이 아픈 나라라고 불렀다. 국민들에게 고통을 주는 집값 문제, 어쩌면 미친 것만 같은 교육 문제, 갈수록 심해지는 양극화 문제, 청년들이 연애도 결혼도 출산도 원치 않아 지구상에서 인구 제로에 가장 먼저 도달해 가장 먼저 사라지는 나라가 될 것이라는 예측이 나올 만큼 심각해진 저출산 문제 등등 우리가 앓고 있는 수많은 문제들의 근본 원인을 나는 '수도권 과반 인구'로 진단했다.

국토의 11.8%밖에 안 되는 수도권에 1970년대에는 전체 국민의 3분의 1 정도가 살았는데, 2019년을 기점으로 수도권 인구는 전체 인구의 절반을 넘겼다. 전체 인구는 감소하고 있는데도 수도권 인구는 점점 늘어 온갖 도시 문제가 심화되고 있는 반면, 비수도권 지역은 인구를 빼앗겨 지방 소멸이 눈앞의 현실로 다가오고 있다.

어떻게 이 문제를 풀어야 할까? 답은 하나뿐이다. 수도권에서 비수도권으로 인구가 옮겨 가는 것 말고는 답이 없다. 사람을 필요로 하는 비수도권 지역, 특히 대도시가 아닌 중소 도시로, 신도시에 사람을 빼앗긴 원도심으로, 도시가 아닌 농산어촌으로 사람을 초대하기 위한 모든 노력을 다해야 한다.

하동, 목포, 전주에서 한달살이를 하면서 로컬에서 더 행복하게 일하며 사는 많은 사람들을 만났다. 실패하거나 경쟁에서 밀려 지역으로 온 게 아니라 더 행복하게 살기 위해 지역으로 온 사람들을 많이 만났다. 수도권을 빠져나가는 인구 이동, 로컬로의 이주는 이미 시작되었다. 특히 지혜로운 청년들의 수도권 이탈 및 로컬 창업의 사례가 빠른 속도로 늘고 있다. 지역의 작은 회사에 취업해 더 행복하게 일하는 청년들도 많이 만났다.

청년들의 수도권 이탈에 더해 나는 내 또래 베이비붐 세대들의 탈수도권과 로컬 이주도 크게 기대하고 있다. 이미 정년을 맞았거나 은퇴한 사람들 또는 정년을 몇 년 앞두고 있는 베이비부머들의 상당수는 서울이나 수도권이 아닌 지역 출신들이다. 평생 열심히 공부하고 일하느라 고생했던 베이비부머들이 앞으로 남은 더 소중한 삶을 로컬에서 더 행복하게 일하며 살아 보자고 강력히 호소한다. 한 번에 옮겨 오는 것은 쉽지 않으니 내가 했던 것처럼 지역 한 달살이를 먼저 시작해 보라고 권한다. 어렵다면 일주일이나 보름 정도 살아 보는 것도 좋다. 고향이든 어디든 맘에 드는 곳에 가서 한 달을 지내 본다면 로컬의 희망과 새로운 가치를 발견하게 될 것이다.

학부모들의 로컬 유학도 기대한다. 초중고 자녀들을 서울과 수도권이나 대도시가 아닌 로컬에서 더 잘 키울 수 있다는 희망과 믿음이 확산된다면 학부모들과 자녀들의 로컬 이주도 더 많아질 것이다.

'일백탈수'로 시작된 대한민국 치유 여정은 '지역민국'에서 완결될 것이다. 하동 한달살이를 하던 어느 날 이런 생각을 했다. "지리산과 섬진강과 남해 바다를 모두 가진 천혜의 땅 하동은 참 멋진 곳이구나. 이렇게 멋진 곳에서 살고 있는 사람들, 여기서 나고 자란 이들, 그리고 하동이 좋아 이곳에 와서 사는 이주민들도 다들 훌륭하지 않은가. 경상도 지역이지만 전라도와 어깨를 맞대고 있어 전라도와 경상도 구분조차 없는 곳, 서로 다른 문화가 얽히고설켜 더 멋진 문화를 향유하는 곳, 이런 곳에 우리가 꿈꾸는 나라를 만들 수는 없을까? 경상도라고 해서 특정 정당에서 보낸 사람이 무조건 군수로, 국회의원으로, 군의원으로 뽑히지 않고, 여기 하동에 사는 사람들이 바라는 인물이 딱딱 뽑히는 나라, 정치로 스트레스 받지 않고, 기득권의 횡포가 먹히지 않는, 말 그대로 모두가 주인인 나라,

하동공화국 또는 '하동민국'을 만들 수는 없을까?" 그런 꿈을 꾸었던 적이 있다.

2021년 12월에 전라북도 진안군 읍내에 있는 '카페 공간153'에 들렀다가 카페 주인장 김현두 대표한테 아주 흥미로운 이야기를 들었다. 지난번 군수 선거 때 놀라운 일이 벌어졌단다. 진안은 전라도 지역이어서 군수든, 국회의원이든 한쪽 당 후보가 무조건 뽑혀 왔는데, 지난번 선거 때는 그 당이 아닌 단일화 후보가 선전해 2% 차이로 아쉽게 낙선했다고 했다.

하동군 인구는 현재 4만 명 조금 넘고, 진안군 인구는 2만5천 명 정도다. 두 곳 모두 자연환경이 좋아 귀농·귀촌 인구가 많다. 모두가 함께 사는 나라, 우리가 꿈꾸는 대로 정치도 경제도 교육도 문화도 이뤄지는 나라를 바라는 사람들이 수도권을 떠나 여기저기 흩어지지 말고, 하동에 오고 진안에 와서 '하동민국', '진안민국'을 만들 수는 없을까? 하동과 진안에 1천 명, 5천 명, 아니 1만 명이 그런 꿈을 품고 이주해 온다면, 그래서 같은 꿈을 꾸는 사람들이 유권자의 과반수를 넉넉히 넘기게 된다면 '지역민국'은 꿈이 아닌 현실이 될 것이다.

'일백탈수로 지역민국을!' 이것이 2022년을 맞으며 가슴에 품었던 나의 꿈이다. 지역민국은 '하동민국', '진안민국'처럼 기초자치단체에서 세워질 수도 있고, 꿈을 조금 더 크게 꾼다면 광역자치단체에서도 가능할 것이다. 내 고향 전주에서 한달살이를 하면서 가장 아쉬웠던 게 전라북도의 안타까운 현실이었다. 광역시도 없는 전라북도에 전주, 군산, 익산 등 14개 시군이 있는데 전주에서 군산과 익산을 편리하게 오갈 수 있는 대중교통이 없는 이유를 물으니, 전주에 인구를 뺏길까 봐 대중교통 연결을 원치 않는다고 들었다. 다른 곳에 비해 상대적 약체인 전라북도가 하나로 뭉쳐도 버거울 판인데 서로 인구 경쟁을 하며 단절과 고립을 택하고 있다니 참으로 안타까웠다.

전주에서 나는 '전북민국'의 꿈을 꾸었다. 전라북도 14개 시군이 하나의 도시처럼 똘똘 뭉치고, 서로 연대하고, 소통하며, 서로의 장점을 나누면서 상생하도록 혁신한다면 가능한 꿈이다. 그 시작이 '전북 BRT'일 것이다. 14개 시군을 남북으로 동서로 가장 빠르게 연결하는 도로 위에 버스전용차로를 설치하고 이른 새벽부터 밤늦게까지 촘촘한 배차 간격으로 오가는 간선급행버스(BRT)를 운행한다면 14개 시군은 마치 하나의 도시, 하나의 생활권처럼 상생할 수 있을 것이다. "나는 전주 시민, 이 사람은 진안 군민, 당신은 완주 군민!" 이런 생각을 버리고 "우리는 모두 전북 시민!" 이런 생각을 갖고 살아간다면 전북민국은 좀 더 일찍 다가올 수 있다.

전라북도는 대한민국의 축소판이다. 남한 유일의 고원지대인 진안이 있고, 지평선의 땅 김제도 있다. 천혜의 갯벌 부안과 고창이 있고, 발효 식품의 원조 순창도 있다. 우리나라의 큰 강들은 대부분 무주, 진안, 장수에서 발원하고, 전주와 군산과 익산 같은 매력적인 도시들까지 보유하고 있지 않은가. 전라북도는 2024년 1월 18일 '전북특별자치도'로 새롭게 출범했다. 이름처럼 특별하고 명실공히 스스로 우뚝 서는 '전북민국'으로 거듭나길 바란다. '전북 BRT'가 운행을 시작하여 전북을 하나의 생활권으로 묶어 준다면, 수도권 이탈과 로컬 이주를 꿈꾸는 사람들을 전북으로 초대할 명분이 더욱 단단해질 것이다. 이렇게 초대하면 어떨까? "전북으로 오세요. 전북 14개 시군 어디를 선택하든지 나머지 열세 곳을 덤으로 갖게 될 것입니다. 전북은 하나입니다. 전북으로 오세요!"

"일백탈수로 지역민국을!" 일 년에 백만 명씩 수도권을 벗어나서, 내가 원하는 지역에 '하동민국', '진안민국', '지리산민국', '강릉민국', '경북민국' 같은 우리가 원하는 지역민국을 만들어 보자. 건강한 국토, 행복한 국민, 지속 가능한 나라 대한민국을 '일백탈수 지역민국'으로 다시 세워 보자.

부록

나의 연구년 로컬 체류 및 방문 일지

　2021년 3월 1일부터 2022년 2월 28일까지 1년간의 연구년 동안 나는 경상남도 '하동', 전라남도 '목포', 전라북도 '전주', 강원도 '강릉'에서 한달살이를 했고, 경남 지역 5개 도시(부산, 남해, 창원, 울산, 마산), 경북 지역 6개 도시(대구, 경주, 상주, 문경, 영천, 칠곡), 충청 지역 9개 도시(대전, 세종, 천안, 공주, 아산, 괴산, 옥천, 진천, 청주), 전라 지역 18개 도시(광주, 순천, 여수, 나주, 신안, 장흥, 함평, 광양, 구례, 무안, 군산, 익산, 완주, 진안, 임실, 정읍, 순창, 장수), 강원 지역 5개 도시(춘천, 속초, 동해, 화천, 횡성), 경기 지역 8개 도시(인천, 부천, 안산, 화성, 군포, 광명, 양평, 강화)와 제주까지 53개 지역을 방문하고 체류하였다.

　1년 365일 가운데 서울에서 224일(61%)을 살았고, 나머지는 하동(37일), 목포(26일), 전주(28일), 강릉(17일), 기타 지역(33일)에서 밤을 보냈다. 연구년 1년 동안 나의 로컬 체류 및 방문 일지를 구글 타임라인에 기록된 정보와 함께 지도에 표기했다.

　　부록1. 연구년 기간중 월별 체류 및 방문지역
　　부록2. 하동, 목포, 전주, 강릉 한달살이 기간중 체류 및 방문지역
　　부록3. 연구년 기간 중 체류 및 방문지역 전체

부록1. 연구년 기간중 월별 체류 및 방문지역

2021년 3월

2021년 4월

3월 12일(금) 서울-부산-서울
3월 27일(토) 서울-하동
3월 27일(토)~4월 3일(토) 하동 8일 체류
3월 28일(일) 하동-구례-하동
3월 29일(월) 하동-청학동-남해-하동
3월 31일(수) 하동-진안-임실-하동

4월 1일(목) 하동-광양-하동
4월 3일(토) 하동-서울
4월 7일(수) 서울-하동
4월 7일(수)~4월 15일(목) 하동 9일 체류
4월 11일(일) 하동-구례-하동
4월 13일(화) 하동-광주-하동
4월 15일(목) 하동-여수-제주
4월 15일(목)~4월 19일(월) 제주 5일 체류
4월 18일(일) 제주-추자도-제주
4월 19일(월) 제주-서울
4월 21일(수) 서울-양평-인천-서울
4월 24일(토) 서울-횡성
4월 24일(토)~4월 25일(일) 횡성 2일 체류
4월 25일(일) 횡성-서울

2021년 5월  2021년 6월

5월 12일(수) 서울-부천-서울
5월 17일(월) 서울-대전-서울
5월 20일(목) 서울-광명-서울
5월 22일(토) 서울-옥천
5월 22일(토)~5월 23일(일) 옥천 2일 체류
5월 23일(일) 옥천-서울
5월 25일(화) 서울-화천
5월 25일(화)~5월 26일(수) 화천 2일 체류
5월 26일(수) 화천-서울

6월 2일(수) 서울-진천-청주
6월 2일(수)~6월 3일(목) 진천 2일 체류
6월 3일(목) 진천-서울
6월 5일(토) 서울-강화
6월 5일(토)~6월 6일(일) 강화 2일 체류
6월 6일(일) 강화-서울
6월 9일(수) 서울-상주-문경
6월 9일(수)~6월 10일(목) 상주, 문경, 영천
2일 체류
6월 10일(목) 문경-영천-서울
6월 12일(토) 서울-공주-서울
6월 16일(수) 서울-청주-서울
6월 26일(토) 서울-여수
6월 26일(토)~6월 27일(일) 여수 2일 체류
6월 29일(화) 서울-춘천-서울

2021년 7월   2021년 8월

7월 1일(목) 서울-제주
7월 1일(목)~7월 3일(토) 제주 3일 체류
7월 3일(토) 제주-서울
7월 4일(일) 서울-대구-서울
7월 9일(금) 서울-목포
7월 9일(토)~7월 12일(월) 목포 3일 체류
7월 12일(월) 목포-광주-서울
7월 13일(화) 서울-하동
7월 13일(화)~7월 31일(토) 하동 19일 체류
7월 15일(목) 하동-창원-하동
7월 17일(금) 하동-구례-하동
7월 18일(토)~7월 19일(일) 장흥 2일 체류
7월 19일(일) 장흥-하동
7월 21일(수) 하동-서울
7월 23일(금) 서울-하동
7월 27일(화) 하동-남해-하동
7월 31일(토) 하동-서울

8월 5일(목) 서울-인천-서울
8월 11일(수) 서울-광주-서울
8월 12일(목) 서울-아산-서울
8월 13일(금) 서울-속초
8월 13일(금)~8월 15일(일) 속초 3일 체류
8월 15일(일) 속초-서울
8월 19일(목) 서울-군포-서울
8월 22일(일) 서울-목포
8월 22일(일)~9월 19일(일) 목포 29일 체류
8월 25일(수) 목포-나주-광주
8월 25일(수)~8월 26일(목) 광주 2일 체류
8월 26일(목) 광주-목포
8월 27일(금) 목포-신안
8월 27일(금)~8월 28일(토) 신안 2일 체류
8월 28일(토) 신안-목포
8월 29일(일) 목포-서울
8월 30일(월) 서울-동해
8월 30일(월)~8월 31일(화) 동해 2일 체류
8월 31일(화) 동해-서울

2021년 9월 ### 2021년 10월

9월 1일(수) 서울-목포
9월 3일(금) 목포-순천-목포
9월 4일(토) 목포-함평
9월 4일(토)~9월 5일(일) 함평 2일 체류
9월 5일(일) 함평-광주
9월 5일(일)~9월 6일(월) 광주 2일 체류
9월 6일(월) 광주-목포
9월 9일(목) 목포-부산
9월 9일(목) ~9월 10일(금) 부산 2일 체류
9월 10일(금) 부산-경주-목포
9월 14일(화) 목포-신안(압해도, 암태도, 자은도)-목포
9월 17일(금) 목포-무안-신안(임자도)-목포
9월 19일(일) 목포-서울
9월 25일(토) 서울-정읍-서울
9월 28일(화) 서울- 칠곡(왜관)
9월 28일(화)~9월 29일(수) 칠곡 2일 체류
9월 30일(목) 칠곡-대구-제주
9월 30일(목)~10월 1일(금) 제주 2일 체류

10월 1일(금) 제주-서울-아산
10월 1일(금)~10월 3일(일) 아산 3일 체류
10월 5일(화) 서울-전주
10월 5일(화)~11월 6일(토) 전주 33일 체류
10월 7일(목) 전주-안산-전주
10월 9일(토) 전주-세종-서울
10월 12일(화) 서울-전주
10월 15일(금) 전주-서울
10월 18일(월) 서울-부산-울산-서울
10월 19일(화) 서울-전주
10월 21일(목) 전주-군산-전주
10월 22일(금) 전주-완주-진안-전주-서울
10월 27일(수) 서울-인천-서울
10월 28일(목) 서울-전주-익산-전주
10월 29일(금) 전주-구이-전주
10월 31일(일) 전주-하동
10월 31일(일)~11월 2일(화) 하동 3일 체류

2021년 11월   2021년 12월

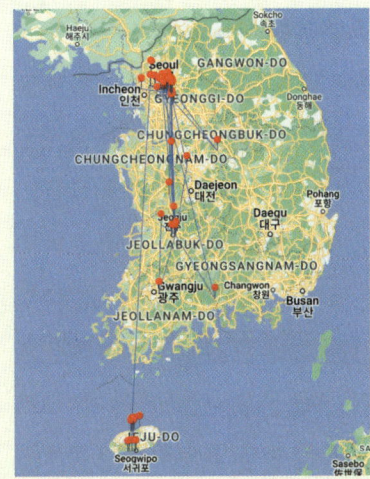 

11월 1일(월) 하동-마산-하동
11월 2일(화) 하동-전주
11월 3일(수) 전주-광주-전주
11월 6일(토) 전주-서울
11월 11일(목) 서울-제주
11월 11일(목)~11월 12일(금) 제주 2일 체류
11월 12일(금) 제주-서울
11월 13일(토) 서울- 완주-전주-서울
11월 18일(목) 서울-괴산-서울
11월 19일(금) 서울-전주
11월 19일(금)~11월 20일(토) 전주 2일 체류
11월 20일(토) 전주-서울
11월 24일(수) 서울- 제주
11월 24일(수)~11월 26일(금) 제주 3일 체류
11월 26일(금) 제주-서울

12월 1일(수) 서울-인천-서울
12월 2일(목) 서울-창원-서울
12월 3일(금) 서울-광주-서울
12월 5일(일) 서울-목포
12월 5일(일)~12월 6일(월) 목포 2일 체류
12월 10일(금) 서울-천안-서울
12월 14일(화) 서울-대전-서울
12월 22일(수) 서울-전주-순창
12월 23일(목) 순창-임실-진안-전주
12월 22일(수)~24일(금) 순창, 전주 3일 체류
12월 24일(금) 전주-서울

2022년 1월 · 2022년 2월

1월 11일(화) 서울-장수
1월 11일(화)~1월 12일(수) 장수 2일 체류
1월 12일(수) 장수-서울
1월 13일(목) 서울-대전-서울
1월 14일(금) 서울-목포
1월 14일(금)~1월 15일(토) 목포 2일 체류
1월 15일(토) 목포-서울
1월 18일(화) 서울-강릉
1월 18일(화)~1월 25일(화) 강릉 8일 체류
1월 25일(화) 강릉-서울

2월 4일(금) 서울-강릉
2월 4일(금)~2월 14일(화) 강릉 11일 체류
2월 14일(화) 강릉-서울
2월 19일(토) 서울-속초
2월 19일(토)~2월 20일(일) 속초 2일 체류
2월 21일(월) 서울-화성-서울
2월 23일(수) 서울-나주
2월 23일(수)~2월 24일(목) 나주 2일 체류
2월 24일(목) 나주-서울

부록2. 하동, 목포, 전주, 강릉 한달살이 기간중 체류 및 방문지역

하동 : 2021년 3~4월, 7월

목포 : 2021년 8~9월

전주 : 2021년 10~11월

강릉 : 2022년 1~2월

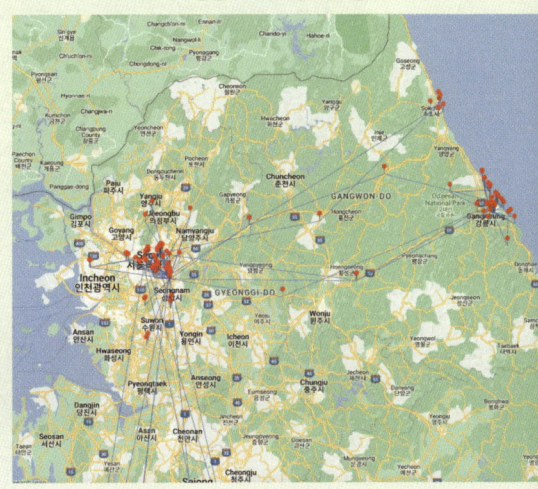

부록 3. 연구년 기간 중 체류 및 방문지역 전체

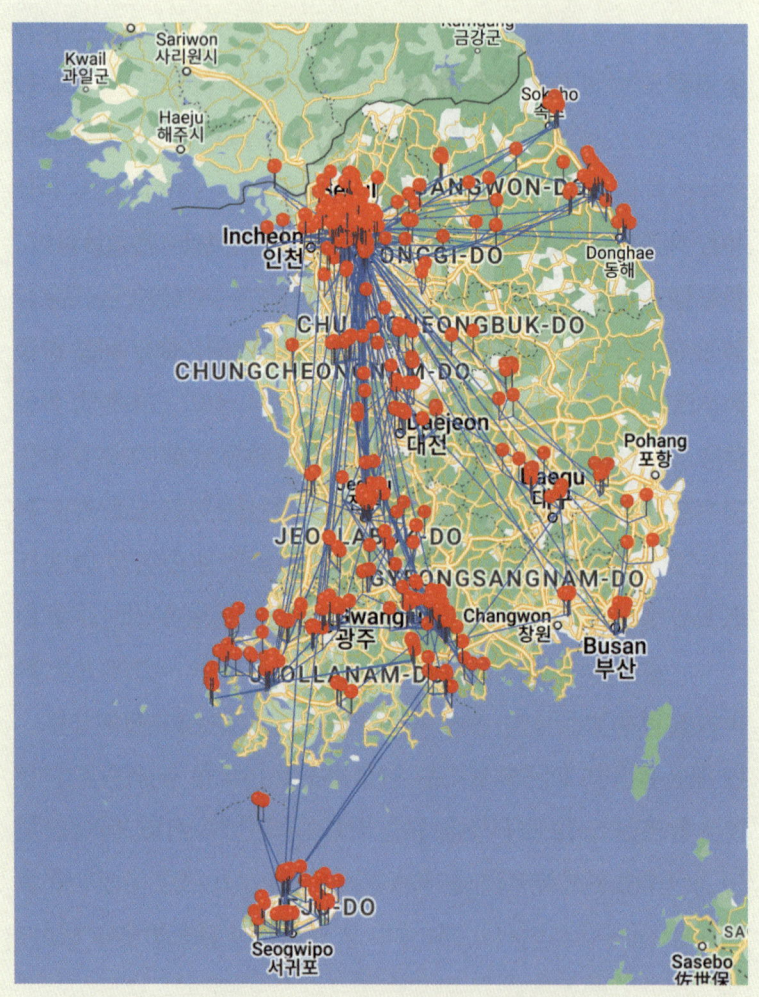